Richard Goedeke

Panoramawege für Senioren Harz

Aussichtsreiche Höhenwanderungen

J. BERG

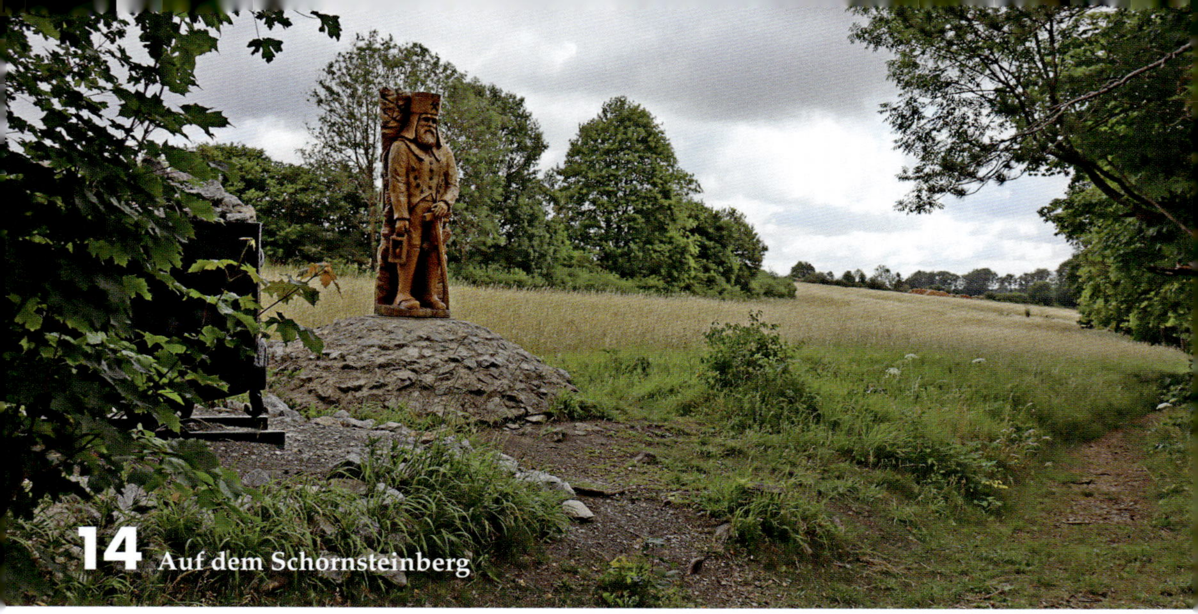

14 Auf dem Schornsteinberg

Inhalt

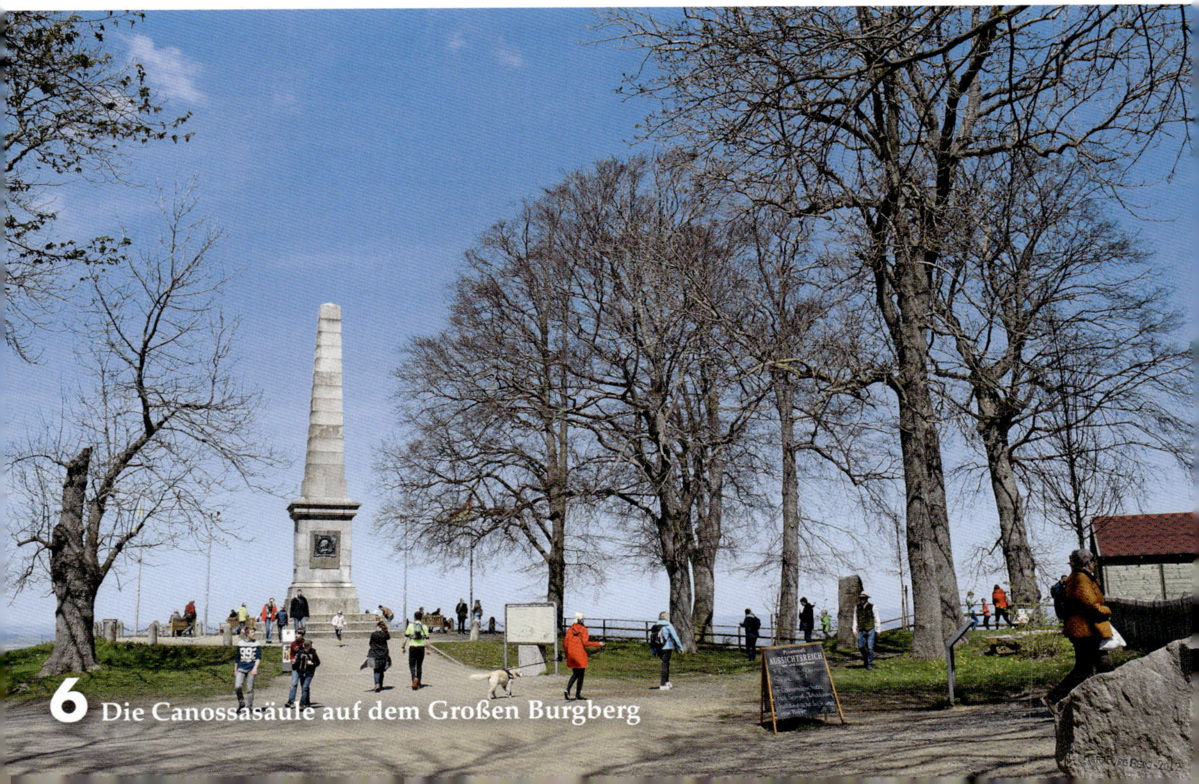

Die Canossasäule auf dem Großen Burgberg

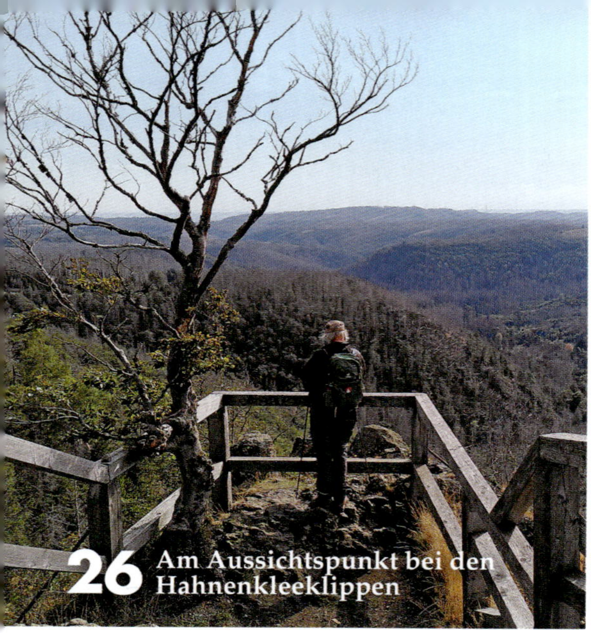

26 Am Aussichtspunkt bei den Hahnenkleeklippen

Tourenüberblick

Tour			Hm	km									
1 ●	Goslar–Steinberg	2	180	5,6	•	•	•		•				•
2 ●	Hahnenklee–Unt. Grumbacher Teich	2.30	80	8	(•)	•			•			•	•
3 ●	Auerhahn–Schalke	1.30	120	3,5	(•)	•	•		•				•
4 ●	Oker–Tanzplatz	2.30	250	6	1	•	•	(•)	•				•
5 ●	Romkerhalle–Treppenstein	2	180	5,6	•	•	•		•				•
6 ●	Burgberg–Uhlenkopf	2	100	5	•	•			•		•		•
7 ●	Ulmer Weg–Skidenkmal	3	80	9	(•)	•			•				•
8 ●	Ilsetal–Plessenburg	4	300	13	•	•	•		•				•
9 ●	Kühnenkopf–Kaiserturm	1.30	80	4	•	•	•		•				•
10 ●	Drei Annen Hohne–Hohnehof	2	170	4,5	•	•			•				•
11 ●	Brocken-Gipfelrunde	1	60	2,5	•	•	•		•				•
12 ● + ●	Regensteinmühle–Burg Regenstein	1 + 0.45	80 + 80	3 + 1	•	•	•		•				•
13 ●	Zum Rotestein	0.45	60	1,8	•	•	•		•				•
14 ●	Rübeland–Schornsteinberg	1.15	100	3	•	•	•		•				•
15 ●	Timmenrode–Hamburger Wappen	1	40	2	•	•	•		•				•
16 ●	Neinstedter Teufelsmauer	2	80	5,5	(•)	•	•		•				•
17 ●	Hexentanzplatz–Prinzensicht	2	80	6	•	•	•		•		•		•
18 ●	Gartenhaus–Burg Falkenstein	1	30	2,5	•	•	•			•			•
19 ●	Rundgang Stiege	1.30	50	3,5	•	•	•		•				•
20 ●	Hasselfelde–Hasselvorsperre	2	100	5,5	(•)	•			•			•	•
21 ●	Tanne–Kapitelsberg	1.30	100	3		•	•			•			•
22 ●	Benneckenstein–Buchberg	3	140	8,5	•	•			•				•
23 ●	Bad Sachsa–Kranichteiche–Neuhof	2.30	40	6,5	(•)	•			•			•	•
24 ●	Bad Lauterberg–Kummelsberg	3	180	5	•	•	•			•	•		•
25 ●	St. Andreasberg–Jordanshöhe	3	200	9	•	•	•		•		•		•
26 ●	Königskrug–Hahnenkleeklippen	2	60	6	•	•			•				•
27 ●	Rodelhaus–Wurmberg	1.30	250	4	•	•			•		•		•
28 ●	Schierke–Edelmannshäuweg	1.30	120	5	(•)	•			•				•
29 ●	Ackerkamm	1.30	50	4		•			•				•
30 ●	Altenau–Dammgraben	2	150	6	•	•	•		•				•
31 ●	Widerwaage–Schmidt-Stein	3	50	7		•	•		•				(•)
32 ●	Buntenbock–Teiche	2	70	5,5	(•)	•	•			•		•	•
33 ●	Sösestausee	2	50	8		•			•				(•)
34 ●	Sternplatz–Schnapsplatz	2	70	7		•				•			(•)
35 ●	Hohegeiß Bechlerstein–Ebersberg	2.30	150	7		•		(•)	•				

Vorwort

Es gibt heute viele ältere Menschen. Die wollen nach wie vor etwas von der Welt erkunden. Dazu müssen wir unsere aktuellen Grenzen respektieren. Die können nur wir selbst abschätzen. Wir müssen also selbst bestimmen, wann unterwegs eventuell auch frühere Umkehr ratsam ist.

Vor Jahren habe ich bereits mit *Wanderungen für Senioren* – und weniger fitte Jüngere – Wege im und am Harz erkundet. Dabei ging es um Wege für Menschen mit deutlichen Einschränkungen, bis hin zu denen, die auf technische Hilfsmittel wie Rollis angewiesen sind. Dem gegenüber sind jetzt diese *Panoramawege für Senioren* eine etwas anspruchsvollere Ergänzung. Natürlich auch für Jüngere, die es sachte angehen lassen wollen. Sie stellen Wege zu besonders schönen und eindrucksvollen Ausblicken vor. Die sollen relativ einfach zu gehen sein. Sie sind oft etwas länger als die Kurztouren für Senioren. Aber Interessantes und Schönes zu sehen beflügelt uns ja auch.

Auf dem Dammgraben (Tour 30)

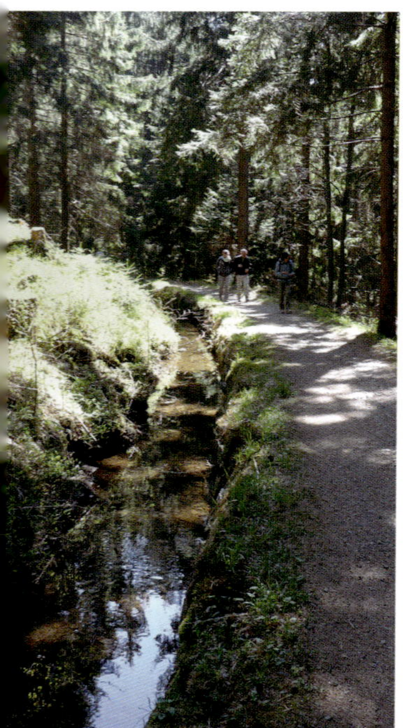

Der Harz ist ein Gebirge. Wer nicht mehr weit oder steil oder über Hindernisse steigen kann, für den ist Gebirge rasch schwierig und manchmal bedrohlich. Auch ein so zahmes wie der Harz. Der ist immerhin so nett, nicht nur steile Hänge, sondern auch sanft gewellte Hochflächen und ein flacheres Vorland zu bieten. Es gibt einige Bergbahnen zu Aussichtsplätzen. Und die Harzquerbahn, die Selketalbahn und der Bus bringen uns zu vielen Ausgangspunkten für Ausflüge. Die Freude an Bewegung und Begegnung mit originaler Natur und besonders reizvollen Orten lässt sich im Harz also auch von Senioren ohne Auto erfahren. Und was noch geht, wird zum besonders kostbaren Erleben.

Klimaerwärmung und gefräßige Käfer haben im Harz besonders die Fichten getroffen. Weithin sind sie abgestorben. Darüber wird oft gejammert. Da stimme ich nicht ein, denn es zeigt Fehler der Vergangenheit. So wächst die Chance für besser angepassten und vitaleren Wald. Bereits eine Saison nach dem traurigen Anblick toter Bäume sprießt auch dort wieder heiteres Grün. Erst Kräuter und Gräser, bald schon junge Bäume. Weithin haben sich die früher oft als Unkraut des Waldes beschimpften Birken und Weiden ausgebreitet, befestigen mit ihren Wurzeln den Boden und schützen ihn vor Abspülung. Teils haben auch bereits einzelne andere verbliebene Laubbäume neue ausgesät. Oder es sind neue gepflanzt worden. Von den Kuppen und Berghängen sehen wir heute mehr von der Landschaft. Das lässt sich auch genießen. Für Wandernde ist es sogar ein Sonderangebot, das in wenigen Jahren wieder vergehen wird. Viele, die heute den abgestorbenen Wald beklagen, werden dann jammern, dass wir vor lauter Bäumen nicht mehr weit schauen können …

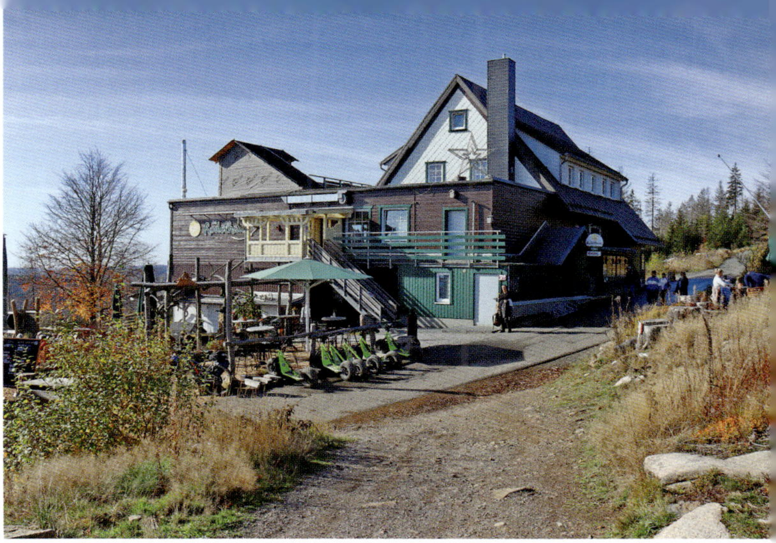

Das Rodelhaus bei der Mittelstation der Wurmberg-Kabinenbahn (Tour 27)

Der Harz ist auch jetzt ein herrliches Wandergebiet mit vielfältigen Zielen. Dieses Buch stellt gut gangbare Wege in handlichen Portionen vor. Sie alle richten sich an Leute, die hier schon lange wohnen und ihre Heimat näher kennenlernen wollen. Aber natürlich auch an alle, die hier neu hergekommen sind und mit der Region als neuer Heimat vertraut werden wollen.

Wie auch sonst, habe ich mich bemüht, die Wanderungen genau zu erkunden und zu beschreiben. Wo sich trotzdem Fehler eingeschlichen haben, oder wenn sich die Landschaft schon wieder verändert hat, freue ich mich über Hinweise für spätere Auflagen.

Ich wünsche viel Freude unterwegs!

Richard Goedeke

Wandern in fortgeschrittenem Alter

Senioren sind heute eine große Bevölkerungsgruppe. Sie sind selbstbewusst geworden. Auch wer schon das eine oder andere Handicap eingefangen hat, kann das, was noch geht, um so bewusster genießen. Weil viele nicht mehr ein eigenes Auto unterhalten, habe ich versucht, Tourenvorschläge möglichst von Orten aus beginnen zu lassen, die mit dem öffentlichen Nahverkehr erreicht werden können. Weniger interessante Teilstrecken vom Bahnhof oder Busstopp dorthin können gelegentlich per Taxi verkürzt werden. Zu mehreren ist das ja auch besser bezahlbar. Wo es zu einem Ort nur wenige ÖPNV-Angebote gibt, lassen sich Touren oft gut mit einer Übernachtung realisieren. Die Zeit dazu haben Senioren ja gewöhnlich.

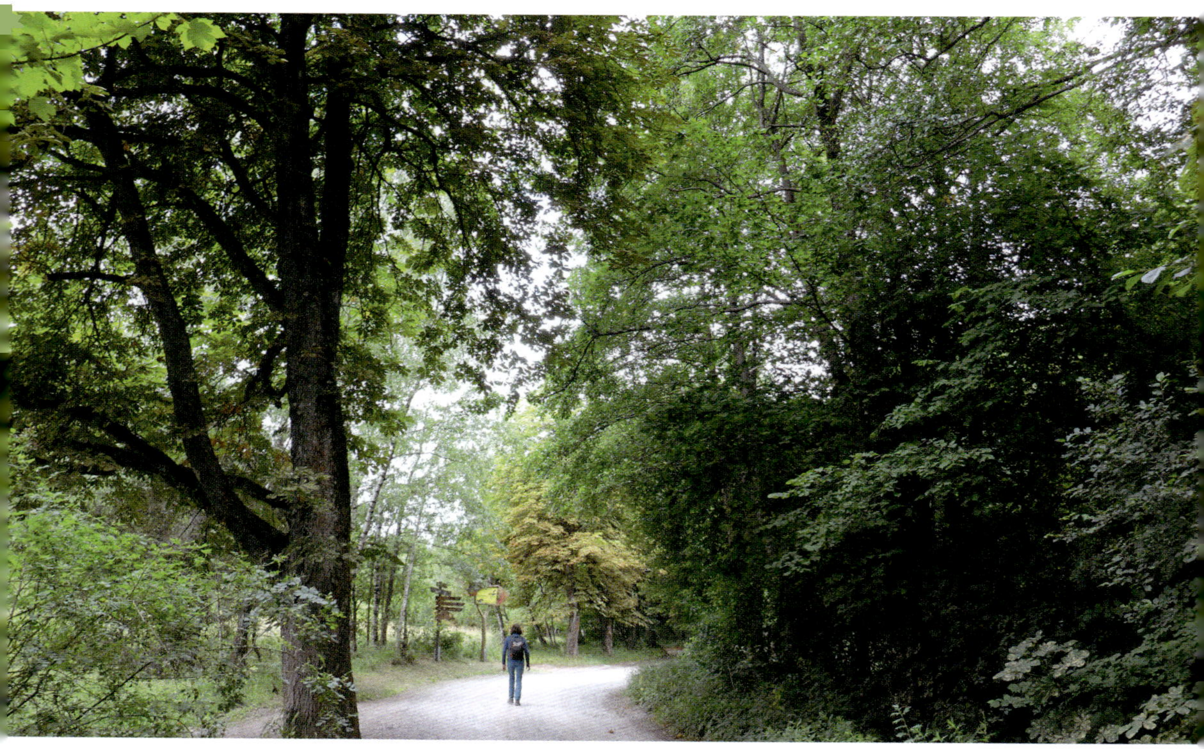

An der Straße zum Hohnehof bei Drei Annen (Tour 10)

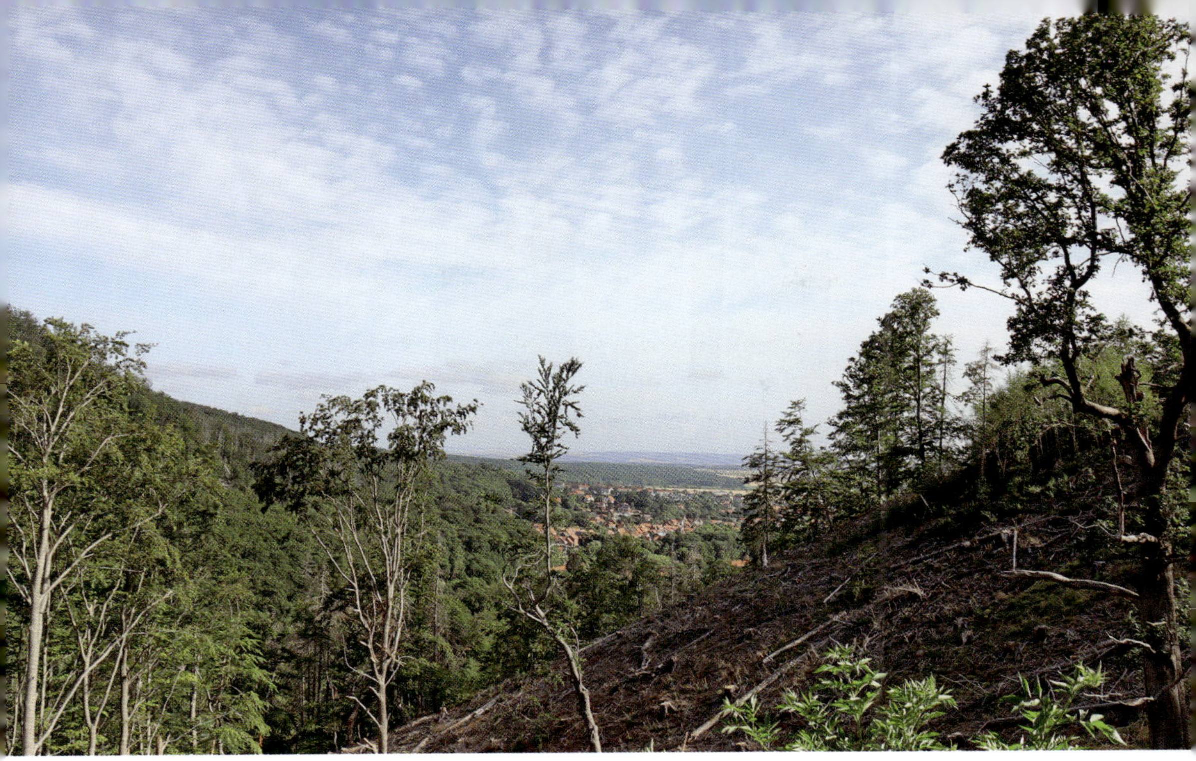

Im Ilsetal auf dem Weg zum Ilsestein (Tour 8)

Schwierigkeitsgrad der Touren

Zu den Anforderungen gibt es in der Übersicht Hinweise. Aber was wirklich geht und was nicht, lässt sich nur im konkreten Fall sagen. Auf jeden Fall wurde versucht, hübsche oder interessante Strecken mit relativ glatten Wegen und möglichst wenigen Stufen und Stolperhindernissen auszuwählen. Wo solche an einzelnen Stellen doch einmal kurz vorkommen, wird das in der Beschreibung genannt. Versuch macht klug. Wer unterwegs merkt, dass der Tourenvorschlag zu anspruchsvoll ist, dem bleibt ja immer noch die Umkehr nach einer Teilstrecke. Die lässt sich auch dann auf jeden Fall erleben. Und in der Gegenrichtung sieht ohnehin alles anders aus. Ebenso gebe ich Zusatztipps und Varianten. Weniger kann mehr sein!

Zeiten und Höhen

Die Zeitangaben sind nur übliche Gehzeiten. Besonders bei größeren Einschränkungen und meist bei mitwandernden Enkeln und deren Interesse an jedem neuen Detail

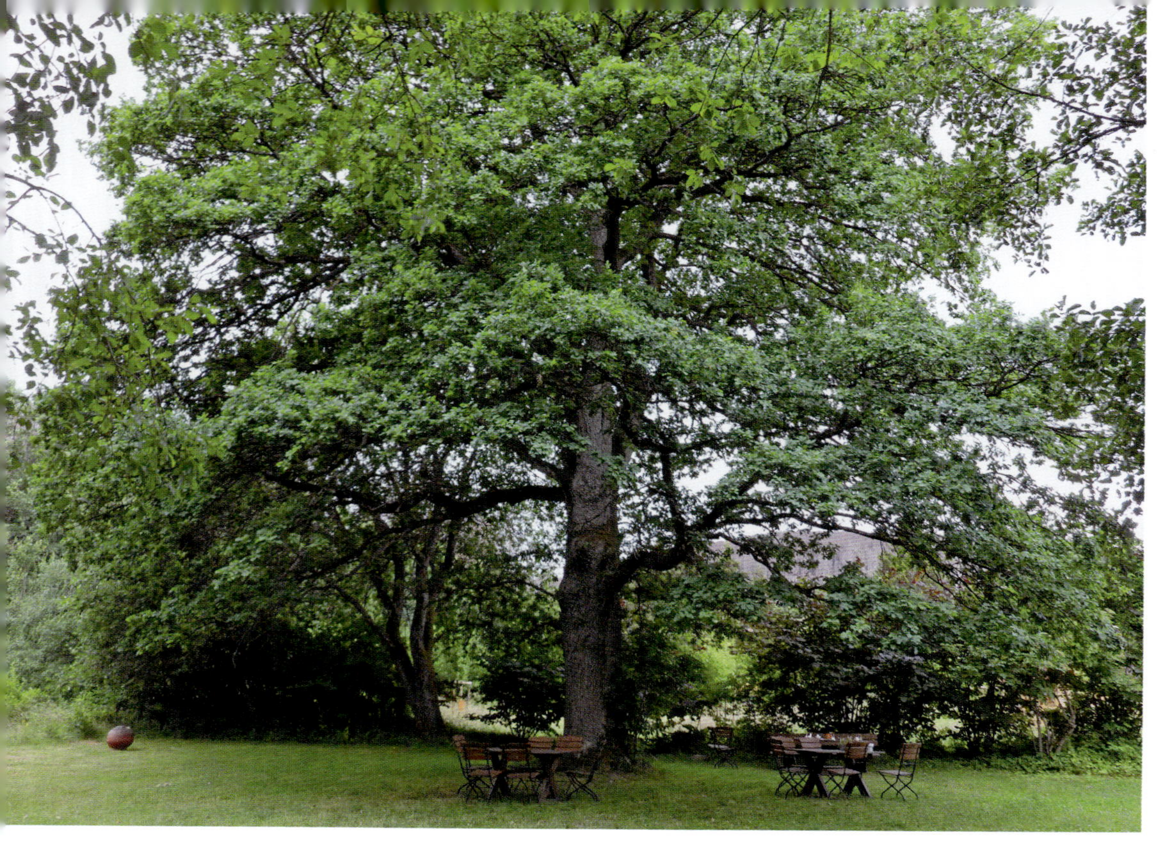

An der Nationalparkstation Hohnehof (Tour 10)

am Weg, sind sie mühelos deutlich auszuweiten. Das ist ja dann auch sinnvoll.

Einkehrtipps

Die Tipps für Einkehren sind Momentaufnahmen. Da kann sich rasch auch mal was ändern. Aber wer ganz sicher gehen will, macht sich dazu vorweg im Touristenbüro oder Internet schlau.

Ausrüstung

Natürlich will niemand viel schleppen. Aber festes Schuhwerk, angemessen warme Kleidung, ein Regen- und Windschutz und die persönlichen Medikamente sollten unterwegs nie fehlen. Stöcke helfen zur besseren Gewichtsverteilung und damit zu schonender Belastung der Gelenke und für sichere Balance. Und wenn auch nicht in jedem hintersten Winkel des Harzes ein starkes Mobilnetz verfügbar ist, so bleibt für Eventualitäten immer ratsam, das Handy oder Smartphone dabeizuhaben.

Weitere Tourenvorschläge

All denen, die mit den Vorschlägen dieses Buches nicht ausgelastet sind, empfehle ich meine anderen Führer mit Wanderungen im Harz. Sie sind jeweils nach bestimmten Schwerpunkten beschrieben: *Für Langschläfer* (markant harztypisch, kurze Routen), *Vergessene Pfade* und *Entdeckertouren* (ruhige, auch längere), *Geheimnisvolle Pfade* (mit besonderem Erlebniswert) und *Historische Pfade* (zu Orten mit Spuren der Geschichte). Für besonders rüstige Senioren sind deren Vorschläge erwiesenermaßen auch bis deutlich jenseits der 80 Jahre machbar ...

Am Teich in Stiege (Tour 19)

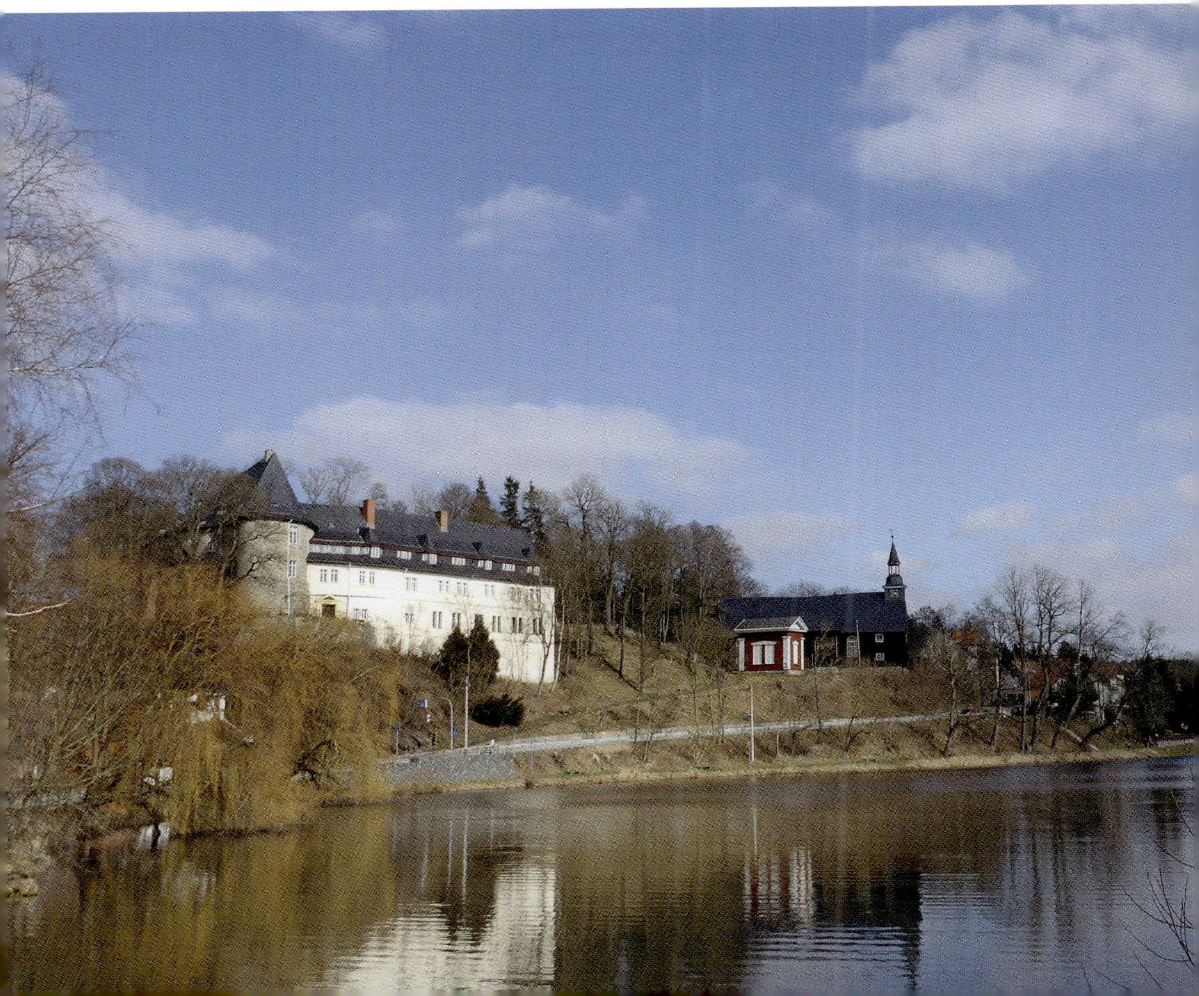

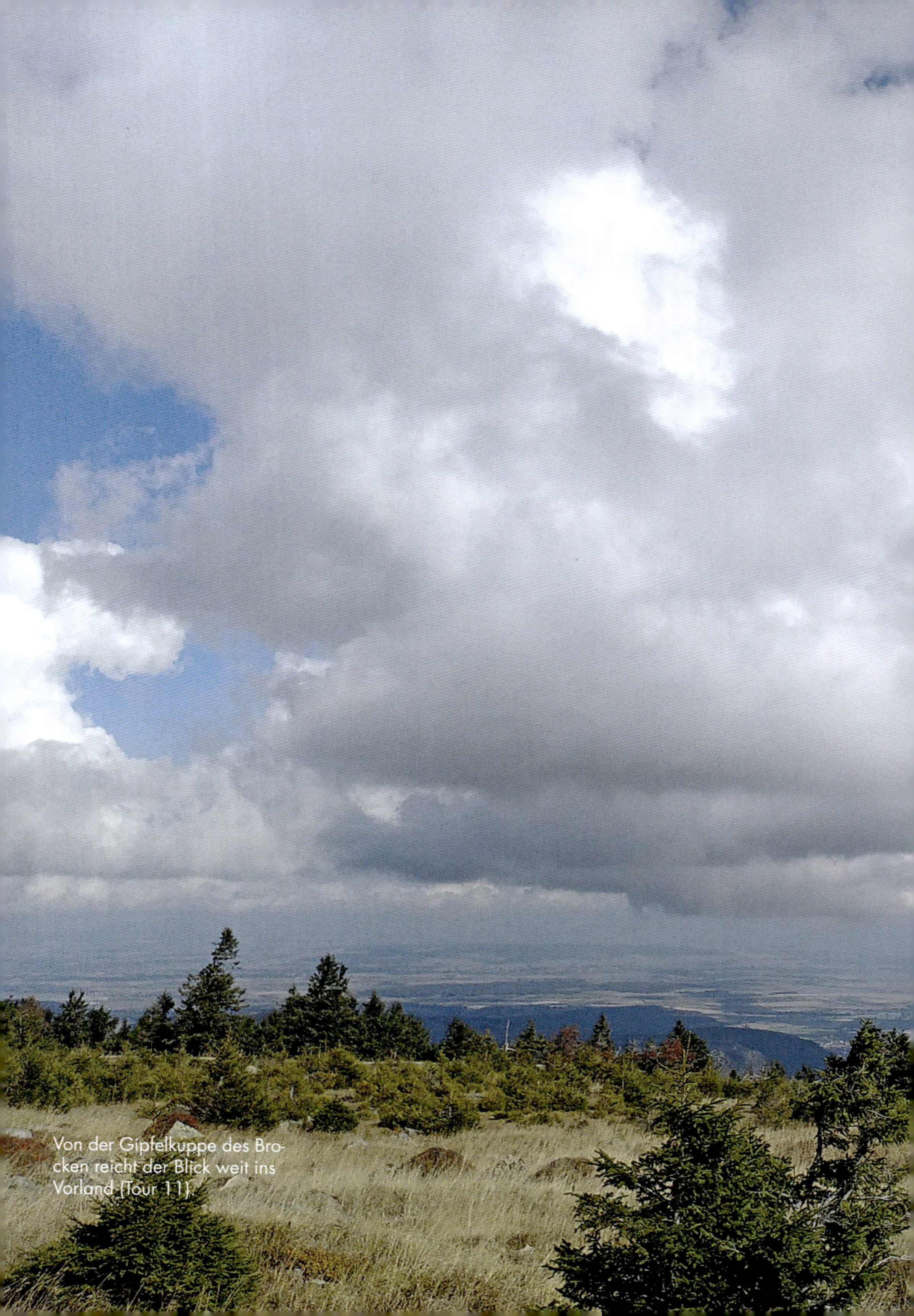

Von der Gipfelkuppe des Brocken reicht der Blick weit ins Vorland (Tour 11).

Nordharz

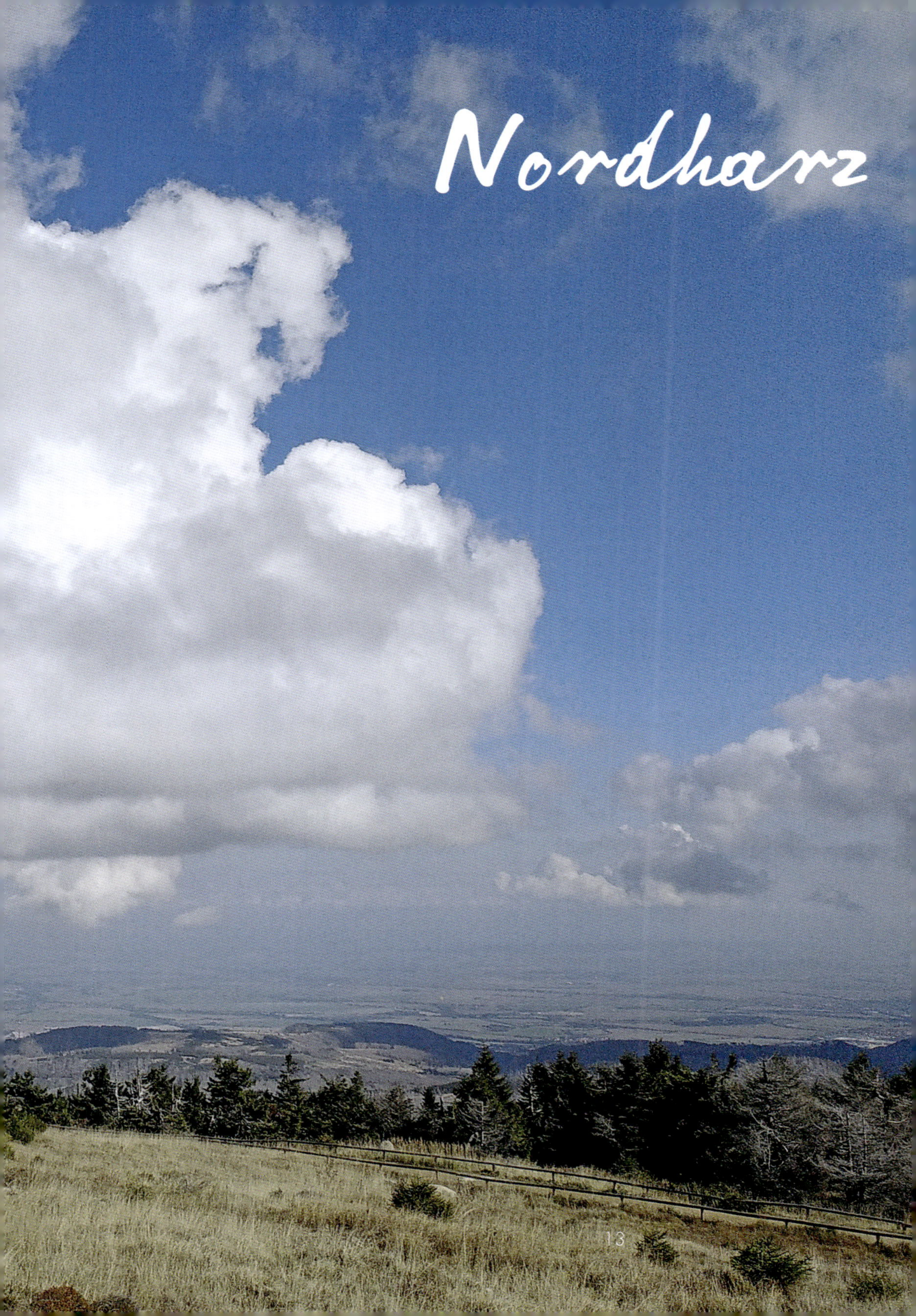

1 Wiesen- und Waldwege zum Aussichtsturm

Zur Aussicht auf Goslar und das Vorland

- leicht
- 2 Std.
- 180 Hm
- 5,6 km

Die stadtnahe Wanderung auf den Steinberg führt durch das hübsche Wiesental des Bächleins Trülke zu einem offenen Bergsattel und von dort hinauf zur bewaldeten Gipfelkuppe. Dort steht ein aus Kreidesandstein vom Sudmerberg gemauerter Turm. Vor der Rundsicht auf die Kaiserstadt, die Randberge des Harzes und das Vorland muss jedoch die steile Wendeltreppe bewältigt werden.

Zur Steinbergalm Vom **Bushalt Claustorwall** Ⓐ/Ⓔ gehen wir hinauf, queren die B82. Wir gehen die kleinere

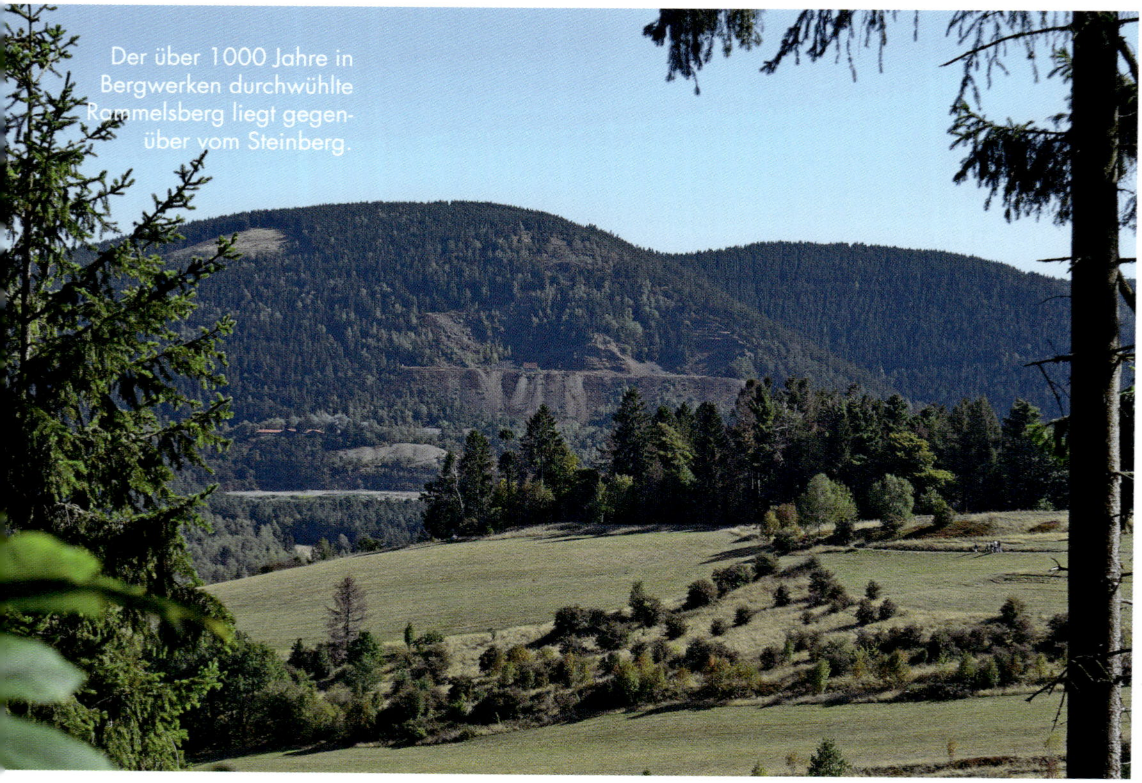

Der über 1000 Jahre in Bergwerken durchwühlte Rammelsberg liegt gegenüber vom Steinberg.

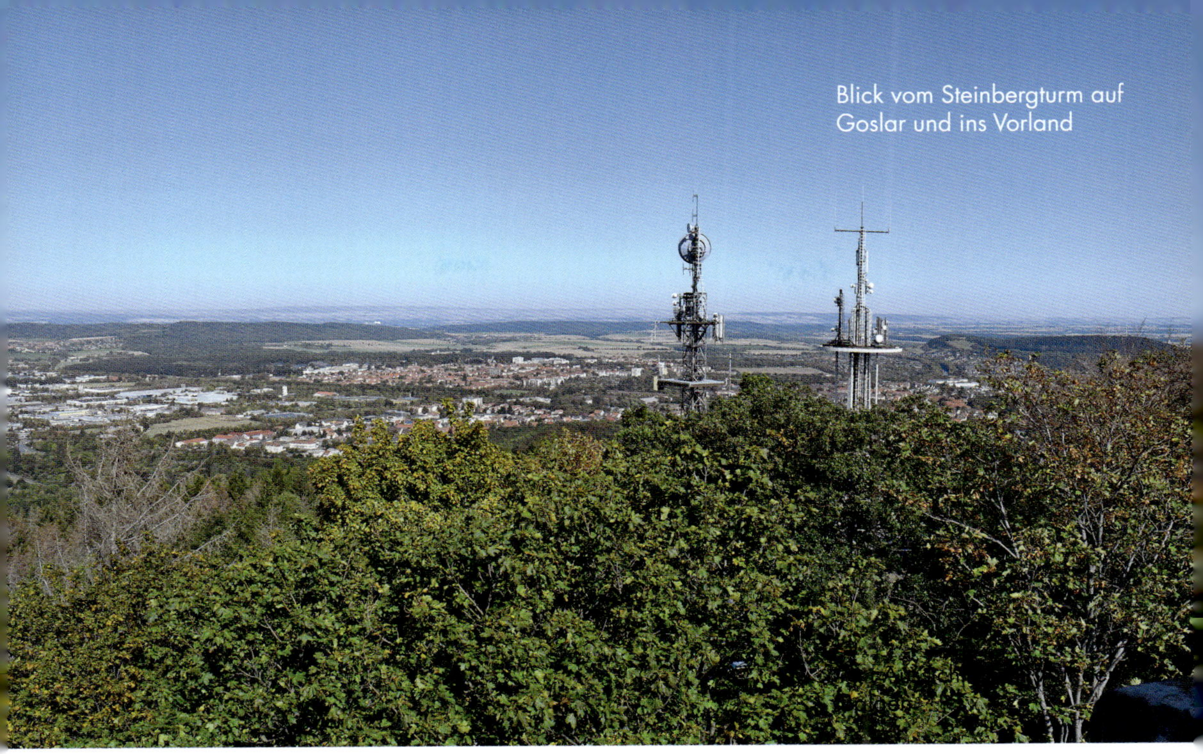

Blick vom Steinbergturm auf Goslar und ins Vorland

Straße weiter ansteigend zum hübschen **Frankenberger Teich** 1 und dann südwestwärts den kaum befestigten Weg nahe dem Talgrund der Trülke weiter. Er führt hübsch zwischen Wiesen und teils entlang von Hecken an kleinen Teichen vorbei.

Danach leitet er als fester breiterer Weg zwischen Wiesen weiter hinauf und, nochmals an kleinen Teichen vorbei, zur **Steinbergalm** 2. Von dort und dem Wiesensattel beim Rabenkopf bietet sich ein reizvoller Blick zurück zur Stadt. Hier und da laden Bänke zum Verweilen und Ausruhen ein.

Goslar

Die Welterbestadt Goslar ist mit kostbaren Fachwerkhäusern und dem Besucherbergwerk Rammelsberg längere Besuche wert. Im Museumsbergwerk Rammelsberg gibt es neben Rundgängen und Mineraliensammlungen auch ein besonderes Angebot für noch rüstige Besucher (nur für solche machbar!): Der hier begehbare historische Roederstollen führt durch enge Gänge mit hautnahem Kontakt zu dem erzhaltigen Primärgestein und den von Sickerwässern teils farbig darauf abgesetzten Sinter. Über Treppen entlang von historischen Wasserrädern und durch sich verzweigende Tunnel erleben wir so, anstelle eines Panoramas, die Welt der Bergleute. Mehr dazu in meinem Wanderführer *Historische Pfade Harz*. Ein Rundgang durch die gut erhaltene historische Fachwerk- und Schieferstadt ist rollstuhlgerecht eingerichtet, siehe *Wanderungen für Senioren im Harz*.

Zum Steinbergturm Wenig südwestlich der Steinbergalm führt vom **Parkplatz** ❸ beim üppig ausgestatteten Kinderspielplatz ein asphaltiertes Sträßchen weiter. Es leitet zuerst nordwestwärts in Richtung Königsberg, dann stetig ansteigend nach rechts. Dabei bieten sich Ausblicke quer über das weite Gosetal zum mehr als 1000 Jahre lang auf Erze durchwühlten Rammelsberg. Schließlich führt das Sträßchen im Wald steiler hinauf zu einem hübschen Rastplatz und dann zum **Steinbergturm** ❹. Die Turmbesteigung ist gratis, aber mit hohen, dunklen Stufen etwas herausfordernd. Der Rundblick von der Mauerkrone auf die Stadt und die nahen Waldkuppen Königsberg und Nordberg und das weite Vorland lohnt die Mühen des Aufstiegs.

Tipps

Mit Auto lässt sich auch vom Ausgangspunkt an der B 241 aus auf dem Nonnenweg östlich vom Talgrund hinauffahren zum Parkplatz und Kinderspielplatz am Bergsattel südöstlich vom Königsberg, etwa 300 Meter von der Steinbergalm. (Die Tour misst dann vom und zum Parkplatz 3,6 Kilometer und 100 Höhenmeter.)
Vom Spielplatz bietet sich auch eine kurze Wanderung zum Granestausee an: Wir steigen zuerst kurz wie zum Steinberg an und gehen dann links, nach Südwesten auf einer Straße durch das Schlüsseltal hinab. Unten folgen wir der horizontalen festen Hangstraße nach rechts zur kleinen Kuppe mit dem Aussichtspavillon über dem Granestausee (30 Min.).
Die Wiesen südlich oberhalb der Stadt Goslar bieten von der Jugendherberge aus Spaziergänge mit Blick auf die nahe Altstadt. Die lassen sich gut verbinden mit einem Besuch des oberhalb am Wald gelegenen historischen runden Maltermeisterturms. Daneben bietet eine beliebte Gaststätte neben Gastronomie als Zubrot einen Ausblick auf die Stadt.

Abstieg Etwa 100 Meter südwestlich vom Turm führt beim Rastplatz nach Norden ein unbefestigter Weg steil hinab zu einem grasigen Hangweg. Auf diesem gehen wir nach links mit Ausblicken unter der Gipfelkuppe entlang und zuletzt nach einem Wegekreuz deutlich abwärts zum Sträßchen zurück. Diesem folgen wir wieder hinab.
(Vom Hangweg ist auch nach rechts und dann über die Nordseite hinab die Stadt auf hübschen Wegen zu erreichen. Weil diese teilweise steil und streckenweise oft rutschig sind, werden sie in diesem Buch ausdrücklich nicht empfohlen.)

Wichtiges zur Tour

Tourencharakter
Beliebte Wanderung auf guten Wegen, im Talgrund zuerst kaum befestigt, später breiter und ab dem Parkplatz auf asphaltierten Sträßchen

Ausgangs-/Endpunkt
Bushalt am Claustorwall, an der B 241

Anfahrt
Bus & Bahn: Bahn bis Goslar, Bus in Richtung Hahnenklee bis Claustorwall
Auto: Mit Auto auch bis Bergsattel am Königsberg (siehe Tipps)

Einkehr
Steinbergalm, www.steinbergalm.de

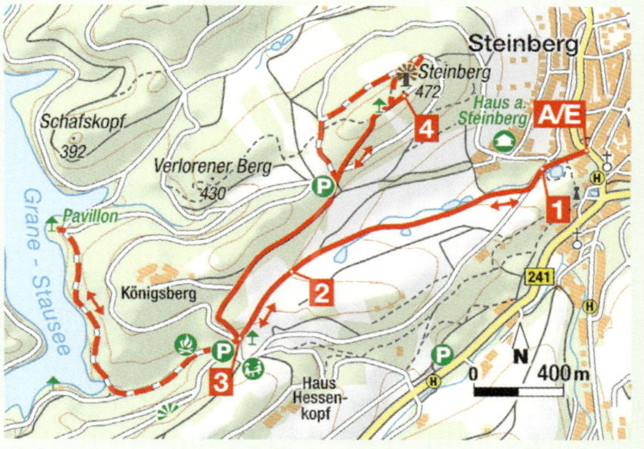

Karte
Blatt »Oberharz« von »Der Harz in 4 Teilen«, 1:30 000, Schmidt-Verlag Wernigerode

Information
www.goslar.de

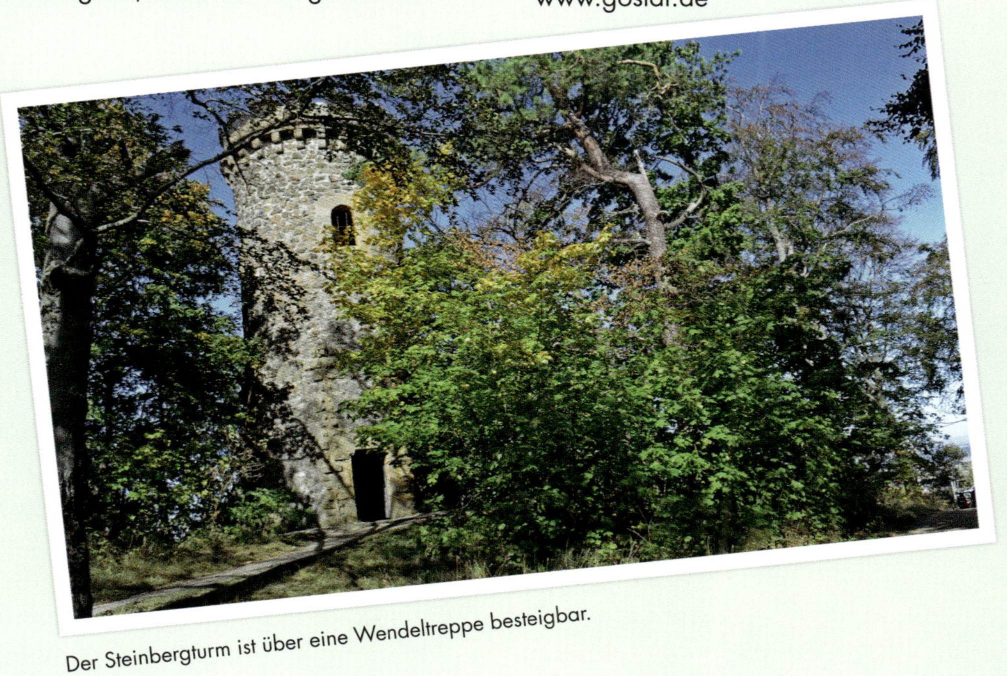

Der Steinbergturm ist über eine Wendeltreppe besteigbar.

2 Wege am Wasser von Bergwerksteichen

Von Hahnenklee zum Unteren Grumbacher Teich

leicht

2.30 Std.

80 Hm

8 km

Diese Wanderung führt vom Kurort Hahnenklee entlang von idyllischen Teichen in einem Waldtal sanft hinab und auf gleichem Weg zurück wieder hinauf. In der Gegenrichtung sieht ja Landschaft ganz anders aus. Im Sommer laden die einst für den Bergbau angelegten Teiche auch zum Baden ein. Am per Seilbahn erschlossenen Bocksberg gibt es ein deutliches Kontrastprogramm.

Der Untere Grumbacher Teich ist das Ziel der Wanderung.

Von der Stabkirche zum Kuttelbacher Teich Vom **Parkplatz** A/E gehen wir westwärts rasch zur markanten **Stabkirche** 1 und hinab zum Weg am südlichen Ufer des **Gro-**

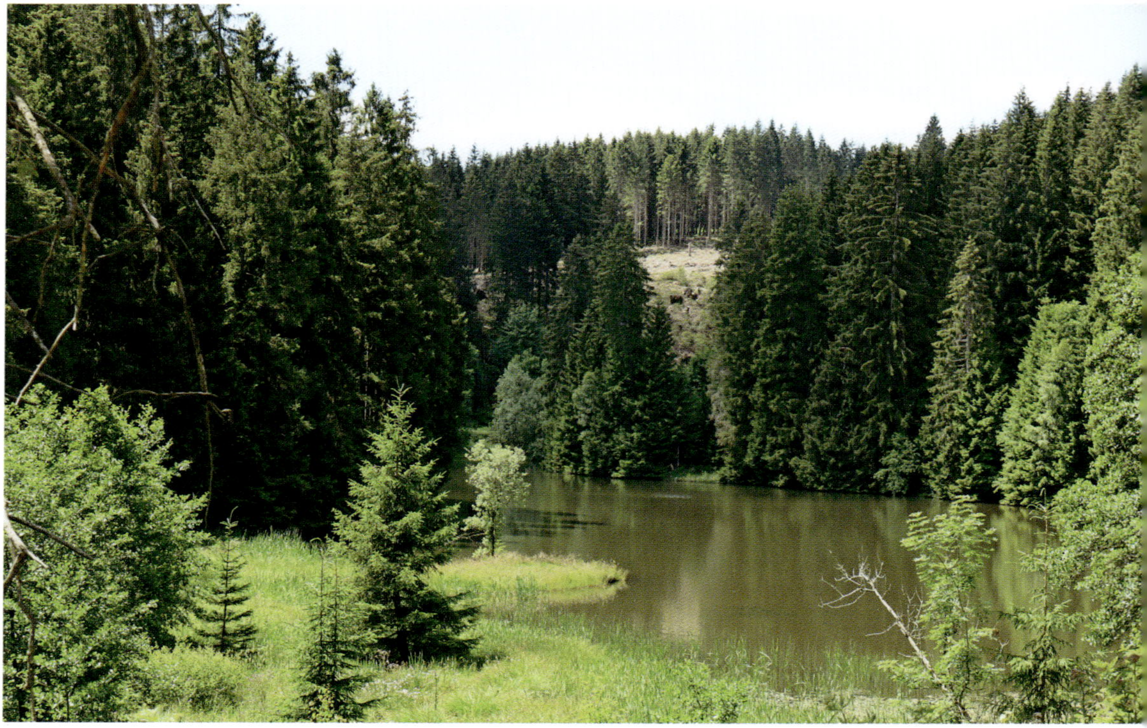

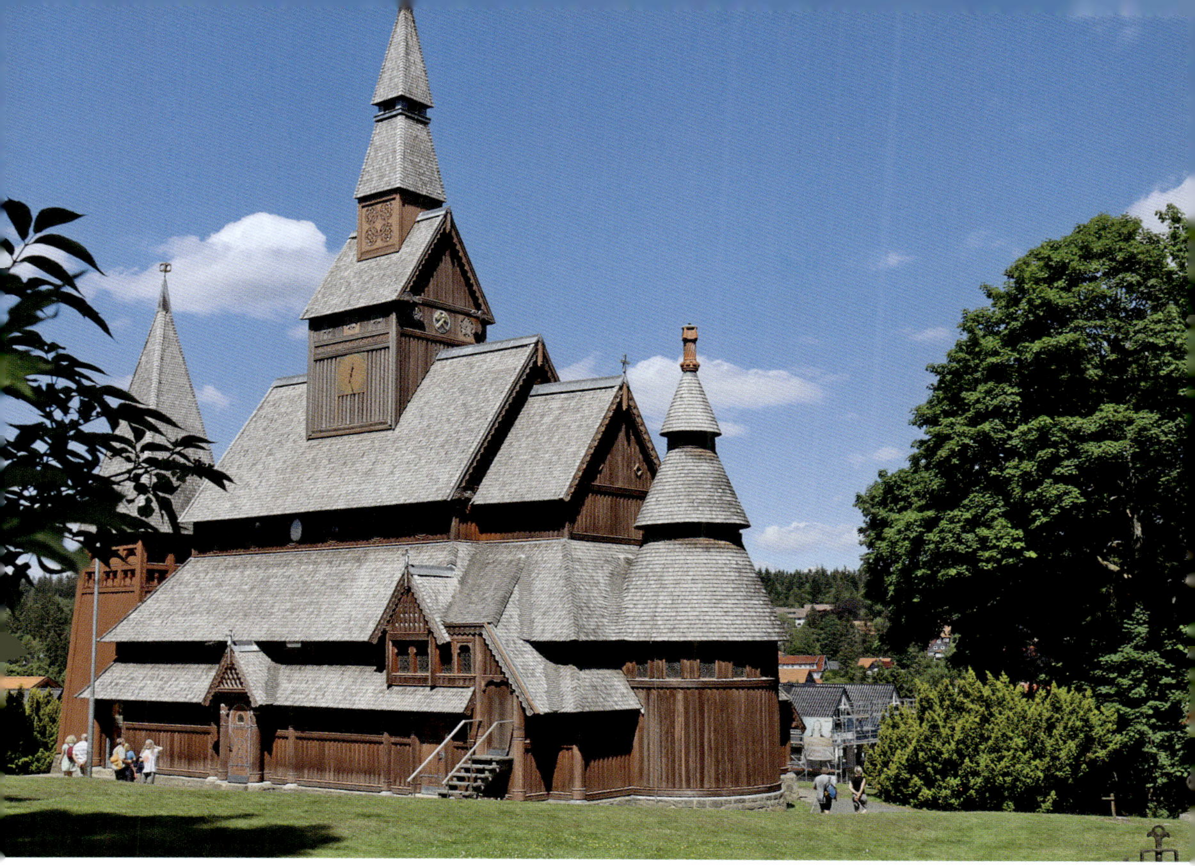

Die Stabkirche Hahnenklee

ßen Kranichteichs 2. Er führt oberhalb vom Schilfgürtel am Teich entlang zum Staudamm. Über diesen gehen wir zur Nordseite. Nun folgen wir nach links, westwärts hinab einem teils steinigen steilen Weg. Im Talgrund führt er im Wald fast eben weiter zum **Kuttelbacher Teich** 3. An dessen Nordufer bringt uns ein hübscher schmaler Weg bis vor den abgezäunten Badebereich. Im Wald passieren wir seinen Eingang und gelangen nach rechts rasch zur Autostraße.

Weiter zum Unteren Grumbacher Teich Rechts des langen Holzplatzes überqueren wir die Straße. Gegenüber führt uns die breite

Bocksberg

Am Bocksberg richtete man seit den 1920er-Jahren jährlich aus Schnee und Eis eine Bobbahn ein und veranstaltete dort Bobrennen. Dieses Projekt wurde 1970 mit dem Betriebsbeginn der neuen Seilbahn beendet. Dafür gibt es jetzt oben eine Vielfalt von anderen Spaßangeboten. Man kann vom Ort ganzjährig auf den Bocksberg fahren. Zur Aussicht ja, zur Stille nein.

Waldstraße (Grumbacher Straße) stetig abwärts. Dabei gehen wir auch entlang von Bereichen mit neuen Waldschäden und deswegen abgeräumten Berghängen. Wir gelangen unten schließlich zum **Unteren Grumbacher Teich** 4. An diesem entlang führt die Straße oberhalb von sehr steilen Hängen weiter und zuletzt nach links zum hübschen Rastplatz beim Staudamm. Der Rückweg erfolgt auf dem gleichen Weg.

Hahnenklee

Hahnenklee war ursprünglich ein Ort des Oberharzer Bergbaus. Am Hahnenklee-Bockswieser Gangzug ließ sich Erz zuerst oberflächennah abbauen. Später musste man dem Gang folgend tiefer und tiefer gehen. Damit wuchsen die Gefahren durch nachstürzendes Gestein, einfließendes Wasser, mangelde Belüftung und es entstanden größere Mühen beim Herauf- und Herausschaffen des losgehackten Gesteins. Es mussten also richtige Bergwerke gebaut werden. Für deren Betrieb brauchte es fachkundige Leitung, spezialisierte Arbeiter und zunehmend technische Einrichtungen. Nicht nur solche in den Gruben, sondern auch zur Bereitstellung der Energie dafür. Die treppenartig im Grund der Täler angelegten Teiche fingen und stauten die Bäche und waren über kunstvolle Grabensysteme verbunden. Sie leiteten reichlich Wasser zu den Bergwerken bis nach Clausthal-Zellerfeld. Dort setzte man es zum Betreiben von Fahrkunst und Förderung und zum Betreiben von Pochwerken zum Zerkleinern der Erzbrocken zur besseren Verhüttung ein. In Hammerwerken half es beim Schmieden. Diese Teiche und Grabensysteme sind heute Teil des Weltkulturerbes Oberharzer Wasserwirtschaft. Aber irgendwann waren die gut abbaubaren Erzlager erschöpft und der Bergbau lohnte nicht mehr.

So begann Hahnenklee schon im 19. Jahrhundert mit Fremdenverkehr. Bereits 1882 wurde der Ort als Kurort staatlich anerkannt. Um 1900 wurde eine Kirche geplant. Die zuerst angestrebte Backsteinkirche erwies sich als zu teuer. Das inspirierte den in der Hannoverschen Landeskirche für Bauten zuständigen Konsistorialrat Professor Karl Mohrmann zu einer billigeren Lösung. Er hatte damit wohl auch selber Freude an dem Projekt, denn er passte selbst das norwegische Vorbild der Stabkirche von Borgund den lokalen Gegebenheiten an. Die Stabkirche wurde dann kunstvoll ohne Verwendung von Eisenteilen aus heimischen Fichten errichtet und 1908 eingeweiht. Benannt wurde sie nach dem im Dreißigjährigen Krieg auf protestantischer Seite kämpfenden schwedischen König Gustav Adolf. Die nebenan verlaufende Straße ist nach Karl Mohrmann benannt.

Wichtiges zur Tour

Tourencharakter
Kurwege und Waldstraßen

Ausgangs-/Endpunkt
Am großen Parkplatz am Fuße des Bocksberges, 100 m östlich der Stabkirche

Anfahrt
Bus & Bahn: Bahn bis Goslar, von dort Bus nach Hahnenklee
Auto: Mit dem Auto direkt zum Ausgangspunkt

Einkehr
Unterwegs keine, in Hahnenklee vielfältig

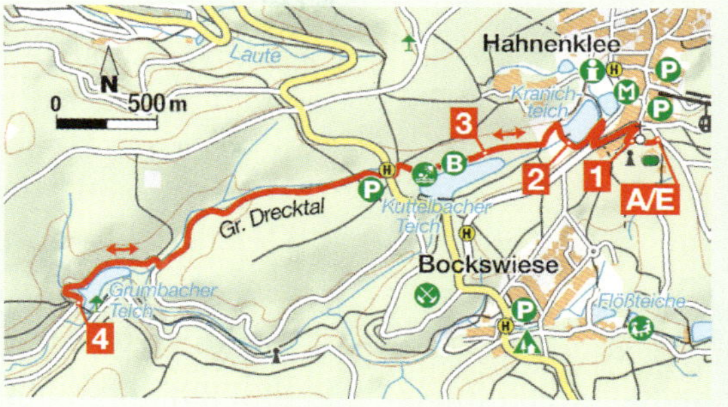

Karte
Blatt »Oberharz« von »Der Harz in 4 Teilen«, 1:30000, Schmidt-Verlag Wernigerode

Information
www.hahnenklee.de

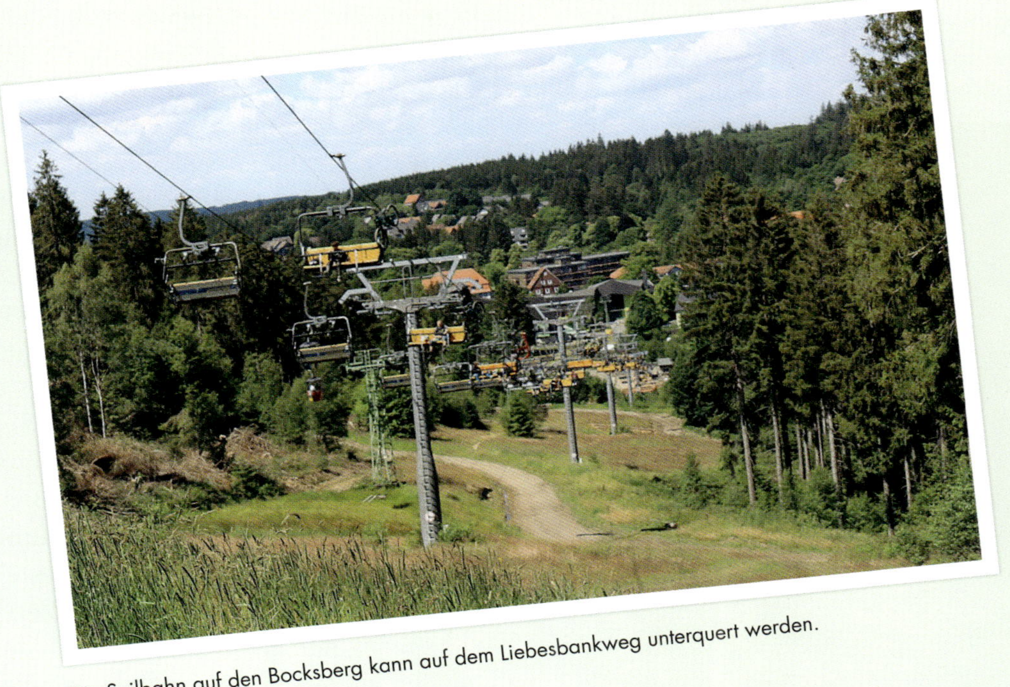

Die Seilbahn auf den Bocksberg kann auf dem Liebesbankweg unterquert werden.

3 Auf den Höchsten des Westharzes

Vom Auerhahn auf die Schalke

leicht

1.30 Std.

120 Hm

3,5 km

Die Schalke ist die höchste Bergkuppe des Westharzes. Der Blick vom historischen eisernen Aussichtsgestell des Gipfels reicht zum Brocken, zum lang gestreckten Bergkamm Acker, zur Clausthaler Hochfläche und westlich gegenüber zum Bocksberg. Wer noch weiterwandern will, kann dem Bergrücken nordostwärts noch ein Stück folgen, aber nirgends dort ist die Aussicht umfassender.

Aufstieg **Vom Parkplatz Auerhahn** Ⓐ/Ⓔ gehen wir auf der breiten asphaltierten Straße ostwärts im schütter gewordenen Wald hinauf. Die Steigung nimmt bald zu. An einer Gabelung folgen wir der asphaltierten Straße nach rechts weiter hinauf und stetig steiler bis zur Gipfelkuppe. Dort lädt nach einer Rechtskurve links auf einer Lichtung eine Wanderhütte mit Rastplatz zum Verweilen. Daneben steht ein eiserner **Aussichtsturm** ❶. Der hat schon einiges mitgemacht: Als im Kalten Krieg die Gipfelkuppe für einen Militärsender belegt wurde, störte das historische Wanderrequisit. So hatte der Turm sich für Jahrzehnte weiter südlich vor dem Militärkomplex aufzuhalten. Erst nach 1990 wurde das Militärgelände geräumt. Und das Aussichtsgestell wurde wieder auf die Bergkuppe gebracht. Die durch das Camp jahrzehntelang strapazierte Fläche wurde von allen

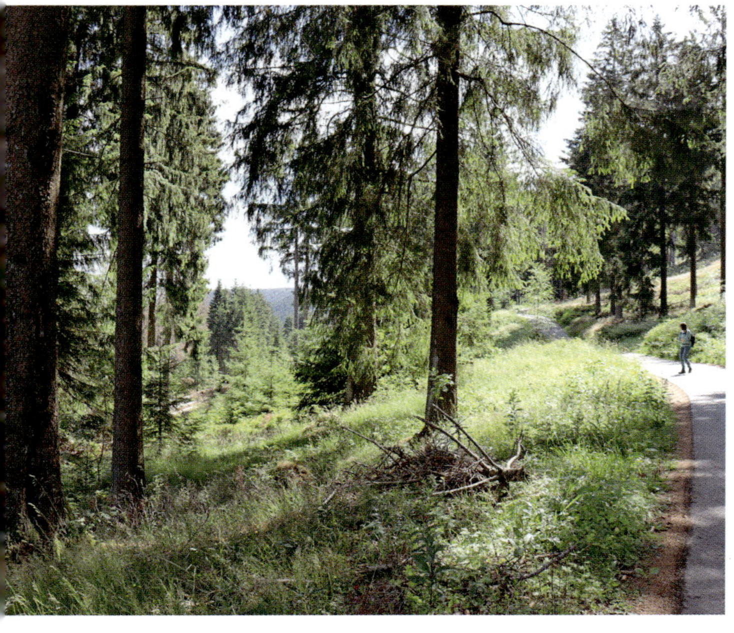

Lichter Wald begleitet den Aufstiegsweg.

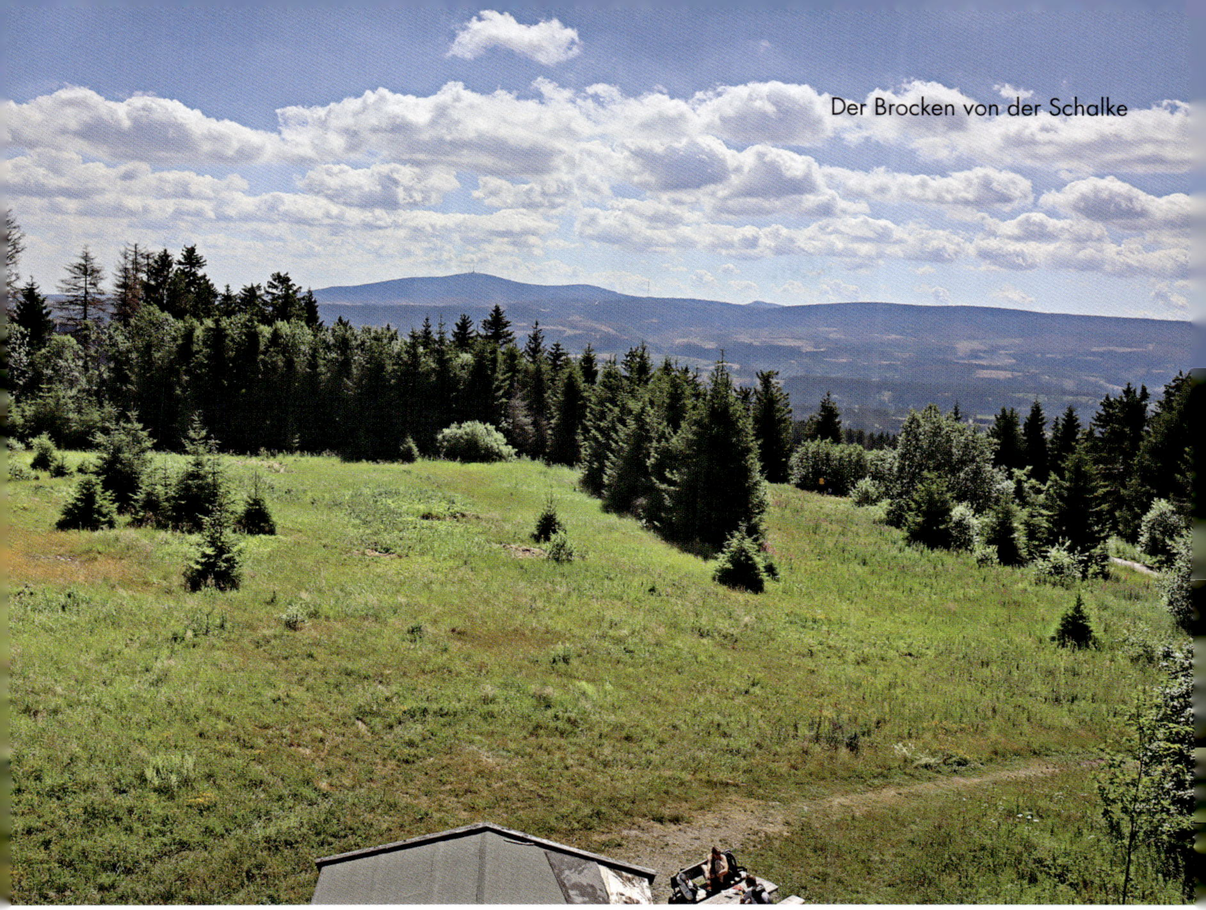

Der Brocken von der Schalke

Gerätschaften und Ablagerungen befreit und sich selbst überlassen. Tatsächlich ist sie inzwischen in den letzten 30 Jahren wieder von Trockenrasen und zunehmend auch von angeflogenen Weiden und Fichten besiedelt. Das ist ein tröstlicher Anblick und ermutigt auch für anderswo, auf die Kräfte der Renaturierung zu hoffen.

Zurück zum Ausgangspunkt
Die Rückkehr zum Parkplatz erfolgt am besten auf dem gleichen Weg.

Wegehaus Auerhahn

Im Bergsattel zwischen Bocksberg und Schalke liegt das Wegehaus Auerhahn. Es lag an einem der uralten Handelswege über den Harz. Dort bot es für die Kaufleute nach der ersten Tagesetappe erholsames Quartier. Diese Etappe war besonders anspruchsvoll mit dem steilen, verschleißenden Anstieg über die Alte Harzstraße und ostseitig unter dem Bocksberg durch zum Beginn der Clausthaler Hochfläche. Das Wegehaus war bis ins neue Jahrtausend hinein eine beliebte Gaststätte. Leider wurde es dann geschlossen. Der Bushalt Auerhahn der Strecke Goslar–Clausthal-Zellerfeld besteht weiter und erlaubt, die Tour auch nur mit ÖPNV zu gehen.

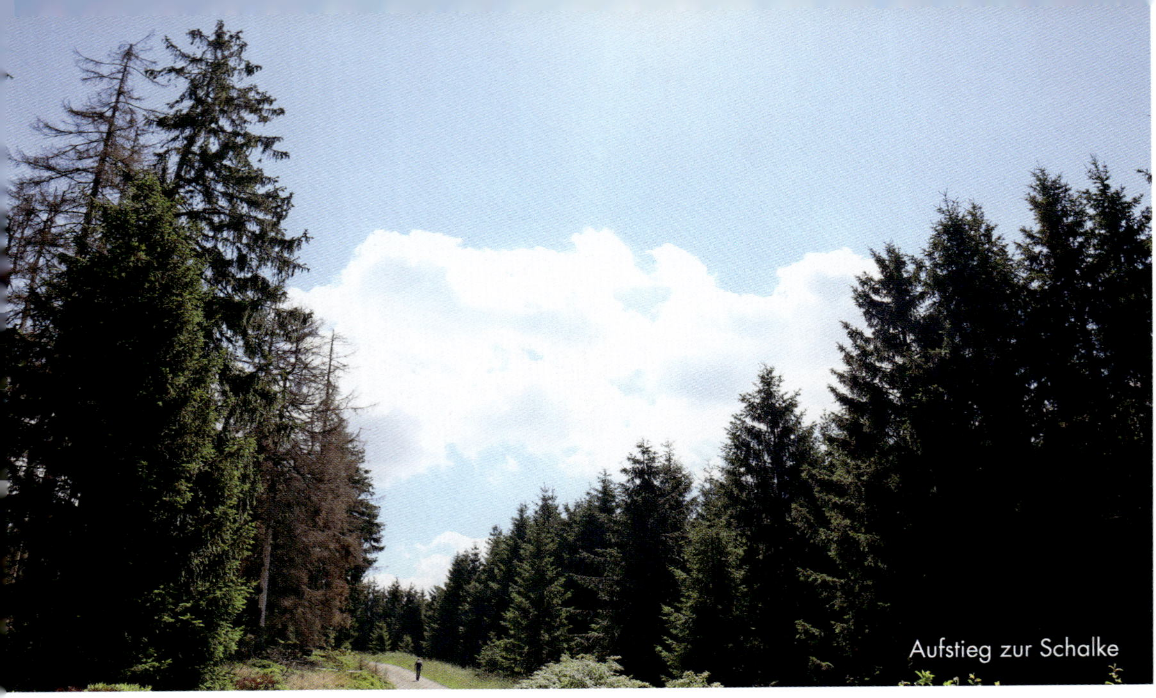

Aufstieg zur Schalke

Varianten

Wer eine etwas **längere Rundwanderung** unternehmen möchte, aber zurück zum Auerhahn will, folgt vom Rastplatz auf der Gipfelkuppe der Schalke der Asphaltstraße weiter nordostwärts sanft abwärts. Dabei passieren wir das links oberhalb gelegene, kleine Hochmoor. Nach 1500 Metern erreichen wir eine markante Kreuzung. Hier gehen wir links kurz den Schalkeweg in Richtung Goslar, zweigen aber gleich wieder links ab. Dieser kaum befestigte Weg steigt an, führt in einem weiten Bogen nach links über den flachen Bergrücken und jenseits hinab zum breiten Hangweg (Herzberger Weg). Diesem folgen wir nun nach links, südwestwärts. Er bietet Durchblicke zum gegenüber gelegenen Bocksberg. Weiter unten bringt er uns wieder auf die zu Beginn gegangene Asphaltstraße und zurück zum Ausgangspunkt beim Auerhahn (etwa fünf Kilometer zusätzlich).

Bei der Anreise mit Bus und Bahn bietet sich auch eine **Streckenwanderung** nach Goslar an. Dazu gehen wir statt der Abzweigung über den Bergkamm den Schalker Weg weiter nordostwärts. Wegen der aktuell offenen Berghänge bietet das weite Ausblicke. Am Bergsattel Volksbankhütte empfehle ich den Weiterweg links über den Herzberger Weg an den Westhängen des Herzberges hinab und dann bei einer großen Rechtskurve gerade hinab. Dann gelangt man auf schönen Wiesenwegen zur Mündung der Rammelsberger Straße auf die Bundesstraße und zum Rand der Innenstadt von Goslar. Von hier zum Bahnhof (gesamt etwa zehn Kilometer, ab Gipfel meist allmählich abwärts).

Wichtiges zur Tour

Tourencharakter
Zielwanderung auf breiter asphaltierter, zuletzt steilerer Waldstraße bis zum panoramareichen Gipfel

Ausgangs-/Endpunkt
Ostseitig neben dem alten Wegehaus Auerhahn an der B 241 gelegener Parkplatz, auch Bushalt

Anfahrt
Bus & Bahn: Bahn bis Goslar, Bus in Richtung Hahnenklee bis zum Bushalt Auerhahn
Auto: Mit dem Auto direkt zum Ausgangspunkt

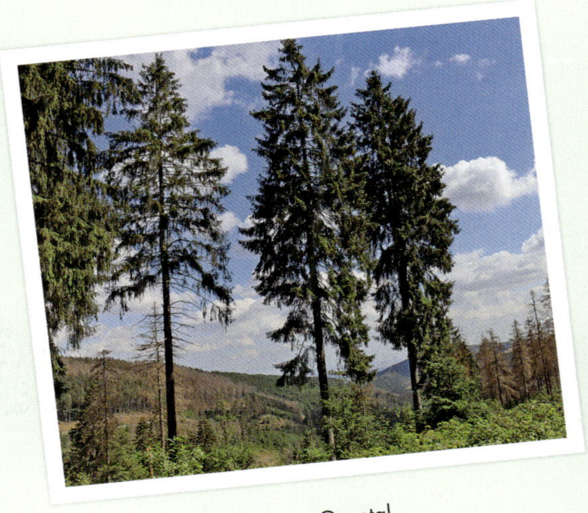

Blick vom Aufstiegsweg ins Gosetal

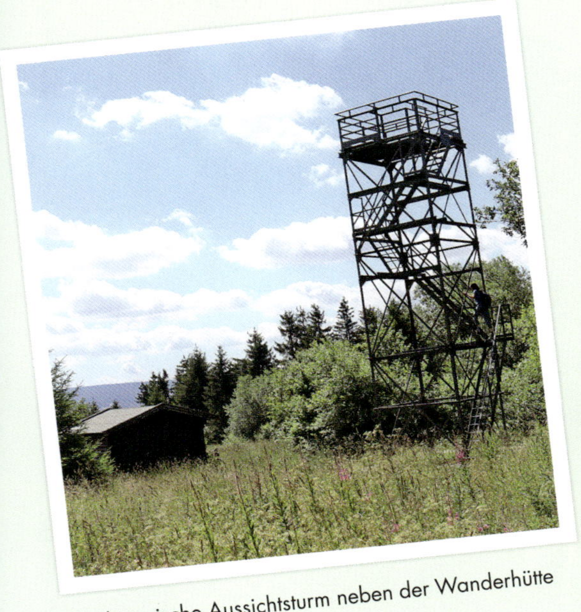

Der historische Aussichtsturm neben der Wanderhütte

Einkehr
1 km südlich vom Auerhahn Gaststätte Kreuzeck, beim Zeltplatz

Karte
Blatt »Oberharz« von »Der Harz in 4 Teilen«, 1:30 000, Schmidt-Verlag Wernigerode

Information
www.hahnenklee.de,
www.harzinfo.de

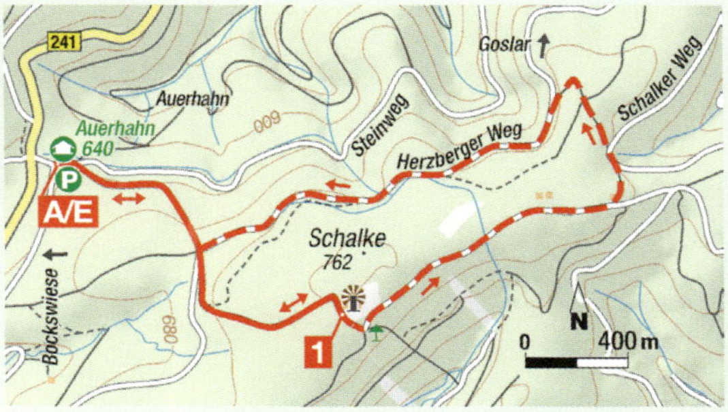

4 Über Hangwege zum Aussichtsplatz

Von Oker zum Tanzplatz

- leicht
- 2.30 Std.
- 250 Hm
- 6 km

Diese Wanderung gewinnt ihren Reiz durch den Kontrast zwischen der Weite des Vorlandes und dem steilen Rand des Gebirges und führt zu einem seit alten Zeiten bekannten Wanderziel bei einem Bergsattel. Die großflächigen Schäden an den fast reinen Fichtenbeständen durch Trockenheit und Borkenkäfer haben neue Ausblicke zur anderen Talseite und ins Vorland geöffnet.

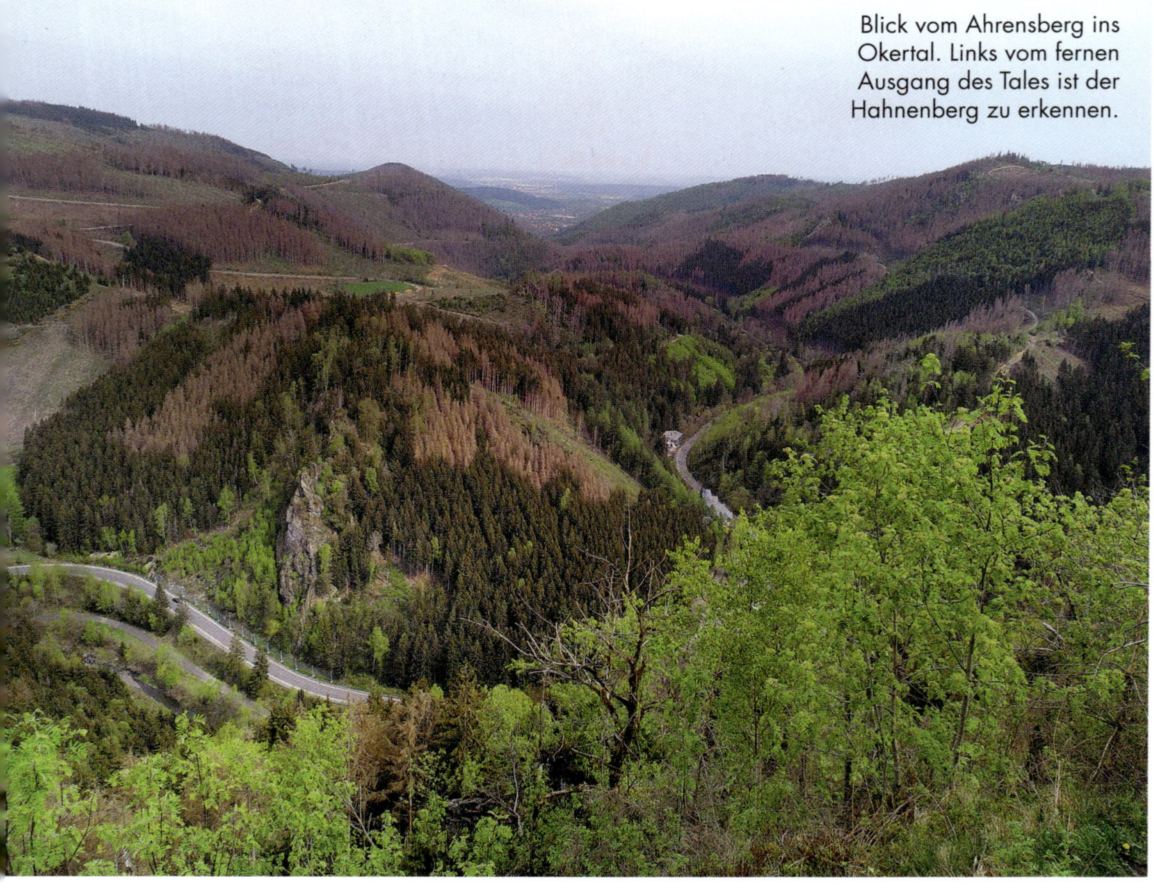

Blick vom Ahrensberg ins Okertal. Links vom fernen Ausgang des Tales ist der Hahnenberg zu erkennen.

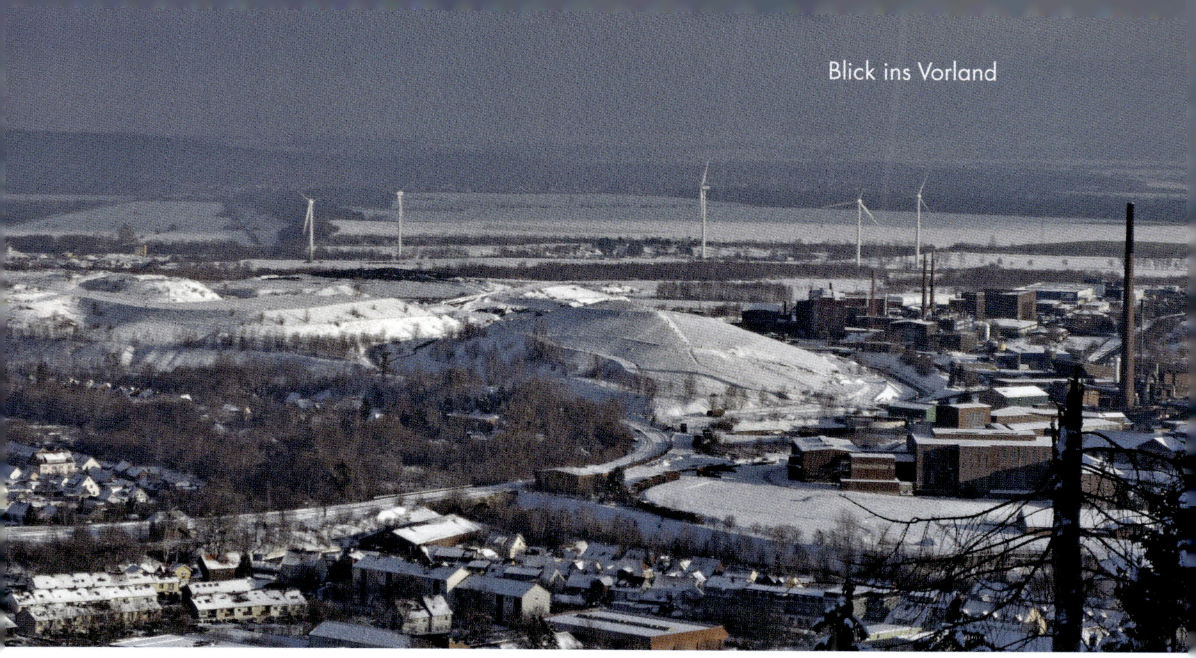
Blick ins Vorland

Zum ehemaligen Forsthaus Ammental Vom Parkplatz oben am **Kirschenbrink** A/E führt ein kurzer Fußweg zu einem unbefestigen Hangweg. Auf diesem gehen wir im Wald kurz westwärts bis vor Wiesen. Nun wenden wir uns links und folgen dem Weg an einem Wasserbehälter und Teich vorbei in einem Tälchen steiler hinauf zu einer breiten Forststraße beim **ehemaligen Forsthaus** 1.

Zum Tanzplatz Die Forststraße führt in einem Rechts-Links-Bogen rasch hinauf zu einer Gabelung im Grund des Ammentales. Wir folgen dem Wegverlauf nun nach links, ostwärts der oberen weiterführenden Straße

Tipps

Die Wanderung geht mit etwas Vorsicht auch im Winter, wenn Schnee liegt. Wer noch Kraft und Lust für eine Zugabe übrighat, kann vom Tanzplatz nordwärts über einen Grasweg auf dem breiten, derzeit kahlen Bergrücken noch zum Gipfel des Hahnenberges aufsteigen (zusätzlich ein Kilometer, 70 Höhenmeter und noch mehr Ausblicke in Richtung zum vorgelagerten Sudmerberg und bis Goslar).
Ebenso lässt sich auch vom Tanzplatz die Hangstraße mit offenen Ausblicken weiter stetig aufsteigend verfolgen bis zum Wegekreuz Auerhahnplatz (nicht zu verwechseln mit dem Wegehaus Auerhahn!) nahe der Höhe der Harzhochfläche. (Wer vom Auerhahnplatz nordwärts noch weiter aufsteigt bis vor die Kuppe des Brautstein, auf dem östlichen Hangweg unter dem Gipfel des Brautsteins und unter dem Gelmkeberg durchgeht und dann mit einem Links-Rechts-Bogen zum Tanzplatz zurückkehrt, gewinnt eine noch vielfältigere Aussicht. Das ist aber deutlich weiter und folglich nur eine Sache für sehr rüstige Senioren.)

(Hahnenbergweg). Sie quert bald ein Tälchen und bringt uns dann mit weiten Ausblicken auf Oker und das Vorland zur Einmündung in das breite Okertal. Wir biegen nun in südliche Richtung ab und steigen auf der breiten Straße durch alten Laubwald mit Eichen und Buchen weiter an. Später bieten sich an den hier früher von Fichten bestandenen Hängen weite Ausblicke ins Okertal zu den Klippen der Käste (siehe Tour 5). Immer auf der breiten Straße, gelangen wir schließlich zum Straßendreieck an der quer verlaufenden Straße vor dem behäbigen Gelmkeberg und damit zur Bank am **Tanzplatz** 2.

Der Rückweg Zurück gehen wir auf dem gleichen Weg. Der führt nun abwärts und gestaltet sich damit um einiges flotter …

Holzwirtschaft im Wandel

Auf den abgeernteten Hängen liegt teilweise das Altholz von Ästen und Zweigen und harrt der Zersetzung zu neuem Boden. Ansonsten breiten sich nach der Entwaldung erst einmal rasch flächenhaft Kräuter und Gräser aus. Sie binden rasch den Boden neu, aber nicht unbedingt verlässlich. Nebenher lässt sich bei dieser Wanderung an vielen Stellen sehen, wie tiefgreifend die heute eingesetzten Kolosse von tonnenschweren Holzerntemaschinen an den Hängen die ohnehin dünne Bodenschicht verletzt und extrem verdichtet haben. Damit geben sie bei Starkregen an Steilhängen bis zum Aufkommen von neuem Bodenbewuchs Ansatzpunkte für Bodenerosion. Obendrein zerstören sie mit der starken Verdichtung des Bodens auf den viel zu engen parallelen Rückegassen die Chance auf flächige Regeneration der für vitalen Wald wichtigen feinen Pilzgeflechte im Unterboden. Es ist zu hoffen, dass in der Forstverwaltung der gute alte Gedanke der nachhaltigen Forstwirtschaft sich wieder stärker durchsetzt und die schweren Harvester auch bei uns im Harz bald als Irrweg erkannt werden. Das muss nicht unbedingt die komplette Rückkehr zum traditionellen Holzfällen und Holzrücken allein mit Pferden sein. Die anderswo heute bereits in ähnlichem Gelände eingesetzten Methoden des Holztransportes mit Hilfe von kurzfristig installierten Seilbahnen können das auch technisch effektiver und mit weniger Risiken. Sie sollten also auch bei uns künftig breiter Anwendung finden.

Wichtiges zur Tour

Tourencharakter
Breite, stetig ansteigende Straße aktuell durch weithin abgeräumte, sich wieder begrünende Talhänge mit weiten Ausblicken ins Vorland und ins steilhängige Okertal

Ausgangs-/Endpunkt
In Oker kleiner Parkplatz am Ende des Sträßchens Am Kirschenbrink

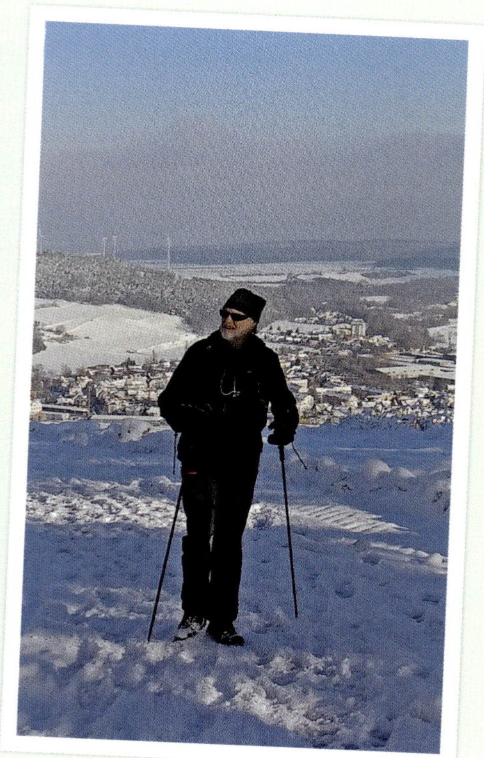

Unterwegs auf dem Weg bei winterlichen Bedingungen

Anfahrt
Bus & Bahn: Mit Bahn bis Oker oder bis Goslar, dann Bus in Richtung Waldhaus bis Halt Goslar Messingbrücke, zu Fuß kurz nordwärts, abwärts und vor dem ersten Haus links, westwärts die Rosenstraße und dann Am Kutscherweg hinauf
Auto: Mit dem Auto direkt zum Sträßchen Am Kirschenbrink, zu erreichen von der Talstraße B 498 des Okertales westwärts hinauf über Rosenstraße und Am Kutscherweg

Einkehr
Oker

Karte
Blatt »Oberharz« von »Der Harz in 4 Teilen«, 1:30 000, Schmidt-Verlag Wernigerode

Information
www.goslar.de, www.harzinfo.de

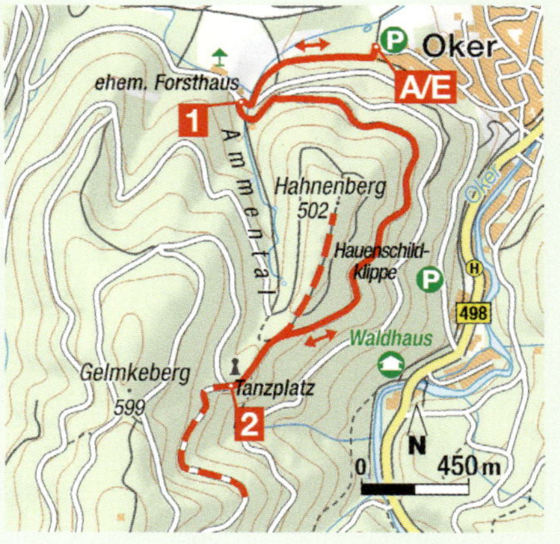

5 Talhangweg zu steilen Granitfelsen

Von Romkerhalle zum Treppenstein

- mittel/schwer
- 2 Std.
- 180 Hm
- 5,6 km

Dieser Aufstieg leitet auf moderaten Wegen bis direkt zu einem der Wahrzeichen des felsreichen und bei Kletterern beliebten Okertales. Nur die letzten Meter Aufstieg zum Gipfel des Treppensteins stellen die Frage, ob die Muskeln und Gelenke das wirklich mitmachen. Aber wer dort verzichtet, kann vom leicht erreichbaren Fleck davor auch schon eindrucksvolle Ausblicke erhaschen.

Aufstieg zum Wasserfall Vom **Gasthaus Romkerhalle** A/E am Fuß des Wasserfalls gehen wir nach rechts, südwärts und folgen dem Weg in Richtung Käste in den Wald. Der ist breit ausgetreten, aber durch Felsblöcke und nach Regen auch durch Pfützen interessant. Wir folgen ihm bis zu der Stelle, wo vom rechts verlaufenden Bach nach links der Graben mit dem Zulauf zum Wasserfall führt. Wir können diesem Weg nach links hinaus immer auf der Grabenkrone folgen bis zur Terrasse, von der das Wasser hinabstürzt. Hier lässt sich vom sicheren **Geländer** 1 aus ein echter Tiefblick zum Gasthaus genießen.

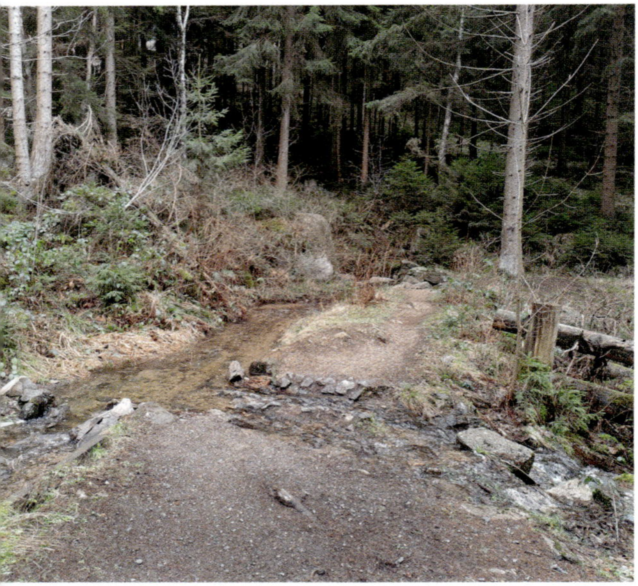

Der Hangweg entlang dem Wassergraben leitet Wasser vom Tränkebach im Tal zum Felsen. Dort stürzt es dann als Romkerhaller Wasserfall hinab.

Zum Treppenstein Wir gehen entlang des Grabens zurück zum Bach und folgen dem teils steinigen Weg in Richtung Käste weiter hinauf bis zu einem Hangweg. Dieser bringt uns nach links in einen **Bergsattel** 2. Wir folgen nun dem Hangweg in nördlicher Richtung weiter. Er führt hoch über dem Talgrund nach einer Viertelstunde unterhalb vom

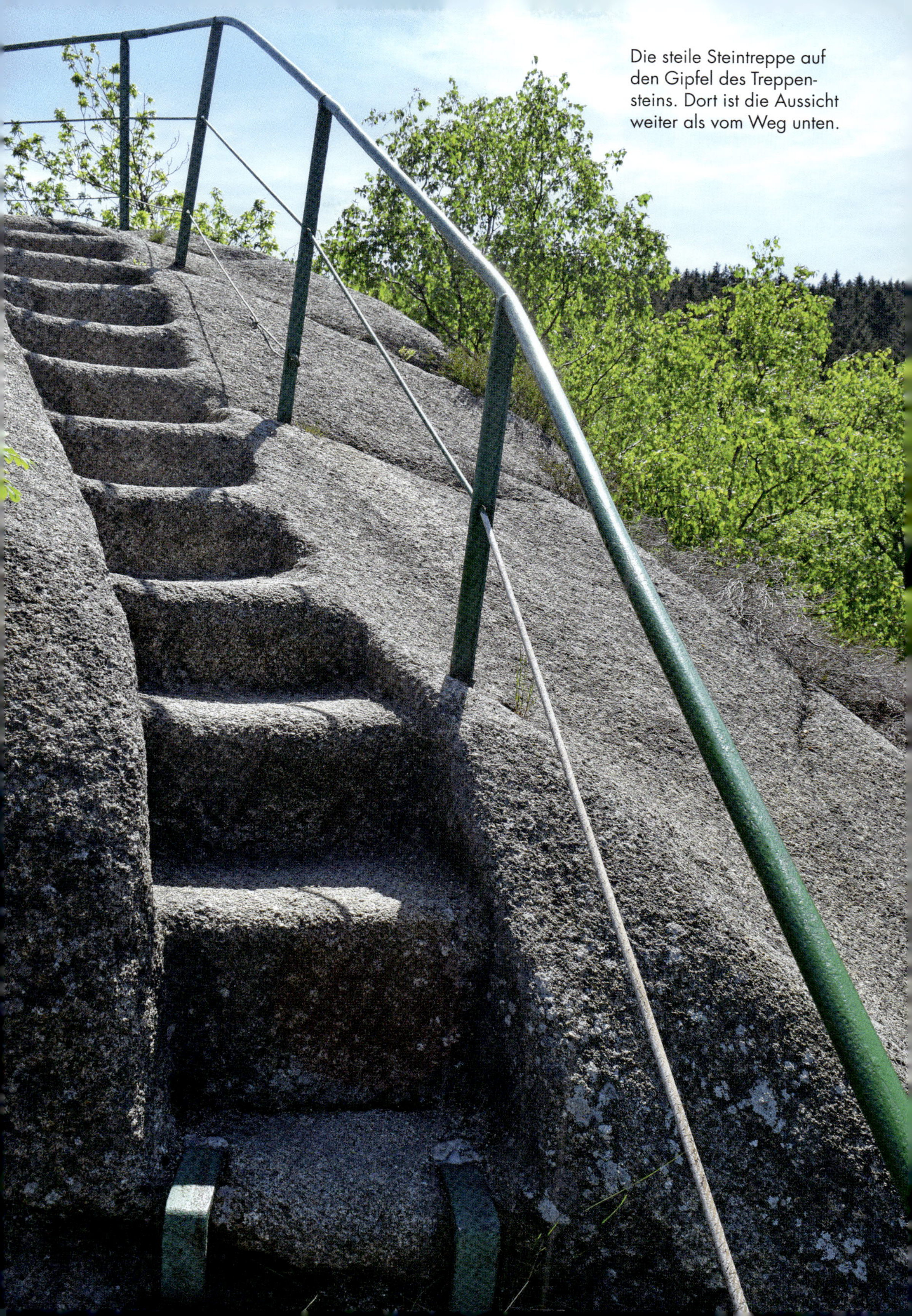

Die steile Steintreppe auf den Gipfel des Treppensteins. Dort ist die Aussicht weiter als vom Weg unten.

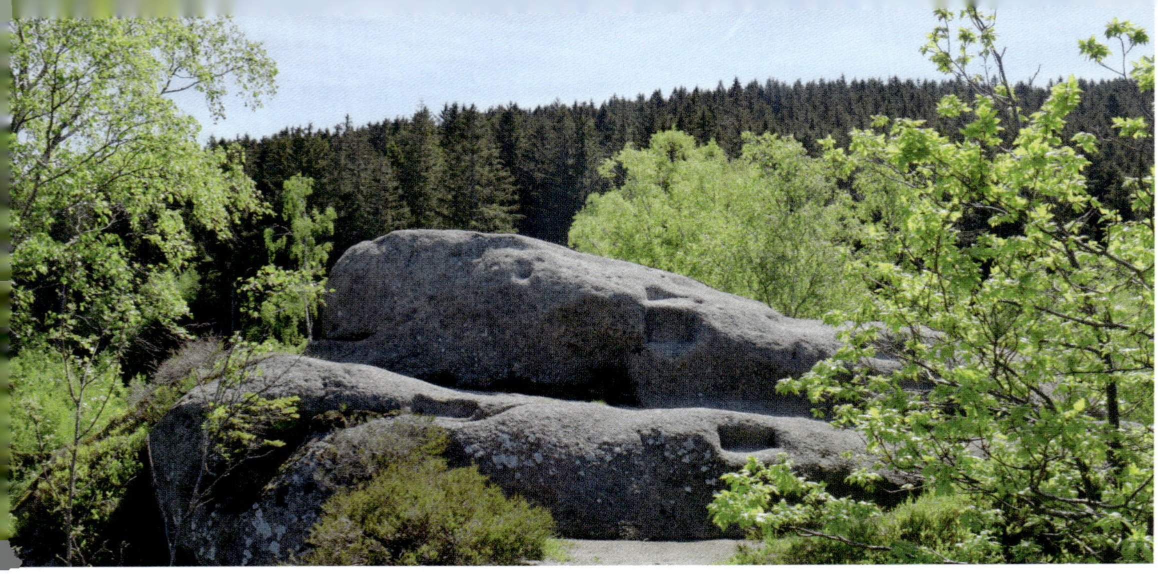

Die Felsen des Treppensteingipfels zeigen Balkenfalze einer kleinen Burg vergangener Zeiten.

mächtigen plattigen Felsgrat **Großer Kurfürst** 3 vorbei und hinauf zur Wegbiegung an einem Bergsporn mit einer alten Bank. Kurz danach passieren wir einen Funkmasten. Nach weiterem Anstieg an einigen kleineren Felsen vorbei gelangen wir zu einer weiteren Wegbiegung mit **Rastplatz** 4 und Stempelstelle. Genau gegenüber führt ein unbefestigter Weg hinab zur Ostseite der großen Granitklippe Treppenstein. Er leitet auf einem breiten Felsband der Südseite weiter zu einem Felsabsatz mit Geländer am Westrücken des Felsens. Dort öffnet sich der Blick ins Okertal. Der Weiterweg zum höchsten Punkt verlangt nun den Aufstieg über eine steil aus dem Fels gehauene Treppe (hohe Stufen, aber mit Geländern) zum luftigen Ausguck vom Gipfel des **Treppensteins** 5.

Kurfürst und Treppenstein

Die bei der Wanderung passierten Felsen Kurfürst und Treppenstein werden gerne zum Klettern aufgesucht. Treppenstein Nordwand und Kurfürst Südwand bieten besonders schöne und schwierige Routen. Hier lässt sich auch für Nichtkletterer ein Einblick in diesen naturnahen Sport gewinnen. Die beiden gratartigen Felsen weisen große Abstände zwischen den Klüften auf. Der Zerfall der Felsen durch Frostsprengung und chemische Lösungsvorgänge setzt an den Klüften an. Die weiter oben gelegenen Felsen der Kästeklippen bieten gleichfalls schöne Ausblicke und obendrein bald wieder ein Gasthaus. Diese Bereiche sind für Menschen mit eingeschränkter Mobilität besser mit Nutzung der Buslinie von Bad Harzburg hinauf zur Käste zu erreichen.

Zurück zum Wasserfall Der Rückweg erfolgt am besten auf dem Aufstiegsweg.

Wichtiges zur Tour

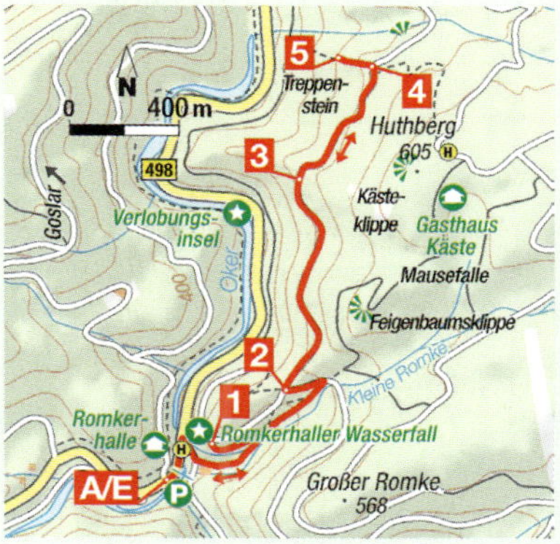

Tourencharakter

Abwechslungsreiche und landschaftlich eindrucksvolle Wanderung zu einem Highlight des Okertales. Bei der Querung zum Wasserfall und den letzten Metern zum Treppensteingipfel ist kritische Selbstprüfung nötig, ob das geht. Aber die Tour lohnt auch ohne diese beiden besonders anspruchsvollen Passagen.

Ausgangs-/Endpunkt

Gaststätte Romkerhaller Wasserfall im Okertal

Anfahrt

Bus & Bahn: Bahn bis Oker oder Goslar, Bus bis Waldhaus, danach 4 km zu Fuß oder Taxi
Auto: Mit dem Auto bis zum Parkplatz südlich der Gaststätte

Einkehr

Gasthaus Romkerhaller Wasserfall

Karte

Blatt »Oberharz« von »Der Harz in 4 Teilen«, 1:30 000, Schmidt-Verlag Wernigerode

Information

www.harzinfo.de,
www.goslar.de

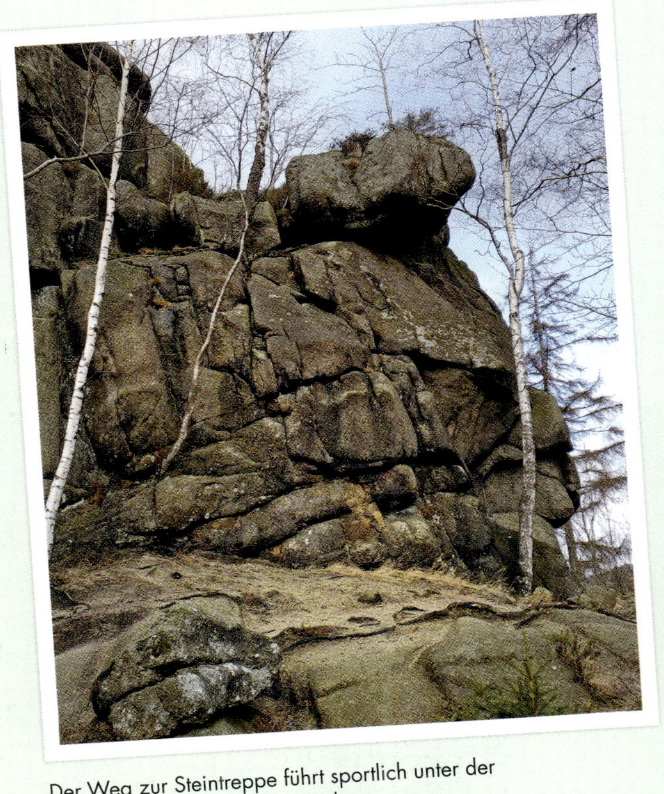

Der Weg zur Steintreppe führt sportlich unter der Südseite des Gipfelaufbaus entlang.

6 Hoch über den Weiten des Vorlandes

Vom Bad Harzburger Burgberg zum Uhlenkopf

leicht
2 Std.
100 Hm
5 km

Der Burgberg am Rand des Gebirges hoch über dem Ort an der Mündung des Radautales wurde schon früh für den Bau einer Befestigung genutzt. Von ihren heute per Seilbahn erreichbaren Resten aus bietet sich ein großartiger Blick ins Vorland bis zum Harli, Großen Fallstein und Elm. Die Aussicht begleitet uns mit buntem Wechsel des Vordergrunds auf den Wegen bis zu den Uhlenköpfen.

Vom Burgberg zum Kreuz des Ostens Zunächst bietet sich auf dem **Burgberg** A/E eine Schnupperrunde zur Aussicht bei der Canossasäule und zum Burgbrunnen an. Dann gehen wir südostwärts am östlichen Wall vorbei den breiten Weg rasch hinab zum Wegekreuz **Antoniusplatz** 1 (hier steht auch der Startplatz der Anwender einer Seilrutsche über den bewaldeten Berghang hinab zum Baumwipfelpfad). Von hier folgen wir an einem Stein mit Inschrift vorbei dem breiten Kaiserweg zum Wegekreuz **Säperstelle** 2. Dort verlassen wir den nach rechts ziehenden Kaiser-

Vom Kreuz des Ostens lässt sich weit ins Vorland schauen.

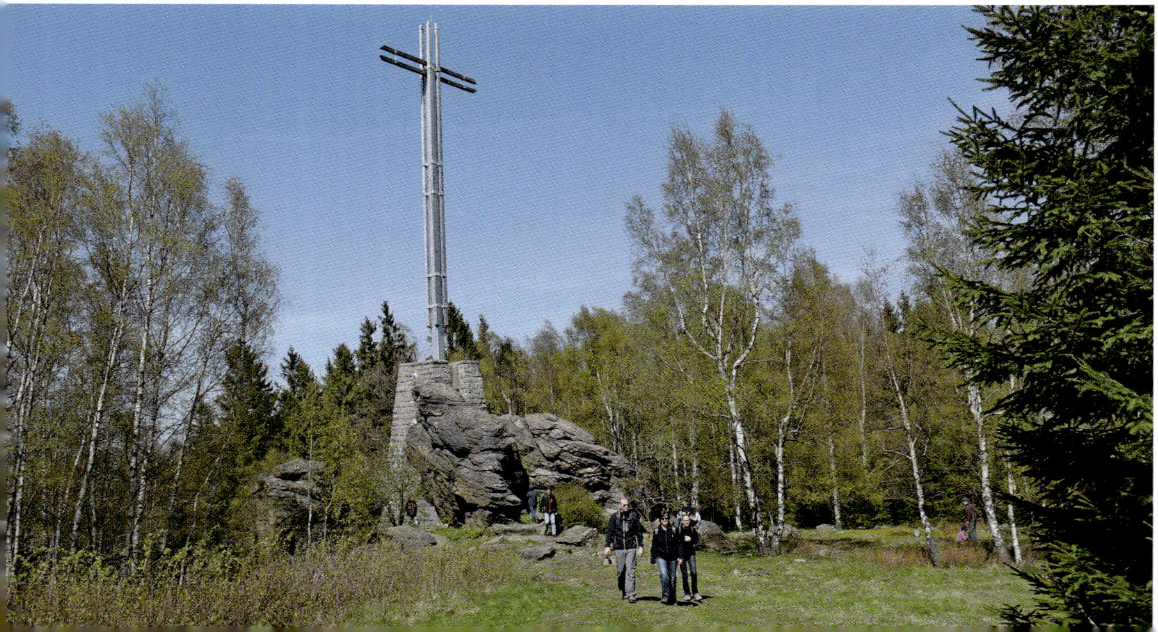

weg. Stattdessen gehen wir geradeaus, an einer Sachsenquelle vorbei, und folgen nun nordseitig dem breiten Hangweg in der Flanke des Sachsenberges mit Windungen beim Queren von Tälchen. Schließlich bringt uns dieser Hangweg zum Bergsporn bei einer Schutzhütte und der Felsklippe Uhlenkopf mit dem großen **Kreuz des Ostens** ❸. Nochmals bietet sich weite Aussicht. Von hier gehen wir auf dem gleichen Weg zurück zur Seilbahn.

Die Burgberg-Seilbahn

Die Bahn ist ein Hingucker und originelles Verkehrsmittel mit einem Hauch von Nostalgie. Sie wurde 1929 gebaut und überwindet 186 Höhenmeter vom Kurhaus zum Rand der Ruinen der Harzburg. Von dort lässt sich auch der Brocken sehen. Nach über 90-jähriger verlässlicher Arbeit wurde die Bahn 2023 gründlich überholt und saniert. Sie wird also auch weiterhin solide Dienste leisten und voraussichtlich in ein paar Jahren ihr 100. Jubiläum feiern können. Auch mit Rollstuhl kann sie benutzt werden. Sie eröffnet außer der vorgestellten Wanderung eine Reihe weiterer Wege und Kombinationen, siehe Tipps.

Als Zugabe können wir vom Kreuz des Ostens die Hangwege weitergehen zum hübsch auf einer Hangkante gelegenen **Gasthaus Rabenklippen ❹.** Es bietet von seiner Terrasse offenen Blick zum Brocken. Nebenan stehen die beiden Gipfelköpfe der traditionsreichen Kletterfelsen Rabenklippen. Sie bestehen aus Granit. Besonders in der hohen, senkrechten und überhängenden Südwand gibt es eine Reihe teils sehr schwieriger Kletterrouten. Über eine

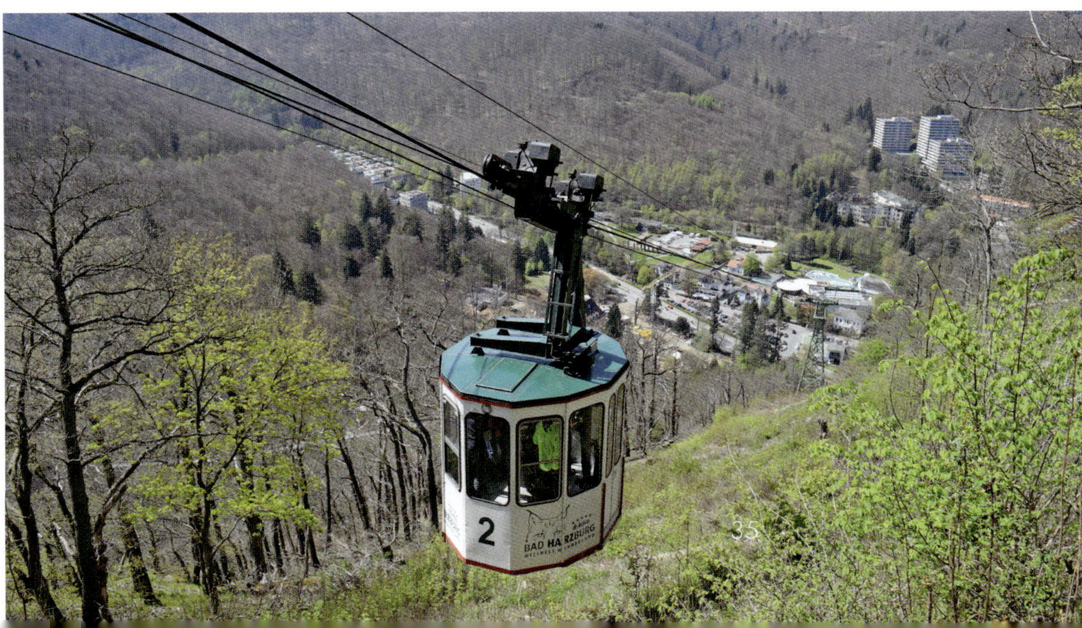

Tiefblick von der Bergstation zur Juliustherme in Bad Harzburg

Tipps

Keine Panoramen, aber ungewohnte Ausblicke bietet in Bad Harzburg der **Baumwipfelpfad**. Er beginnt östlich vom Kurhaus nach Überquerung der B 4 auf einer Fußgängerbrücke und ist sogar behindertengerecht zu begehen, mit Rückkehr auf gleichem Weg oder im Grunde des Kalten Tales.

Wer den Burgberg sportlich auf eigenen Füßen besteigen will, nimmt am besten den **Herzogweg**. Der zweigt nach der Fußgängerbrücke vom Zugang zum Baumwipfelpfad nach links, nordwärts ab und führt breit in weiten Zickzacks hinauf zum Antoniusplatz. Er wurde auch schon nachweislich von einem 79-Jährigen mit frisch eingepflanzter Hüft-TEP, vulgo »neue Hüfte«, mit Stützen ohne Komplikationen begangen.

steile Treppe kann die mit Eisengeländern eingefasste Felskanzel des Nordwestgipfels auch touristisch bestiegen werden. Von dort aus kann man die hohe Südwand von der Seite her einsehen. Auf der Kuppe westlich des Gasthauses erstreckt sich das eingezäunte Luchsgehege. Vom nebenan stehenden hölzernen Beobachtungsturm lässt sich das Gehege überblicken (vom Kreuz des Ostens zusätzliche zwei Kilometer). Von den Rabenklippen über die Hangwege auf den Südhängen zurück zum Burgberg verlangt nochmals 3,5 Kilometer. Statt dieser langen Runde lässt sich auch mit Gewinn per Erdgasbus morgens zu den Rabenklippen fahren und von dort zum Burgberg gehen, wo dann die Kabinenbahn wartet.

Blick vom Gasthaus Rabenklippen zum Brocken

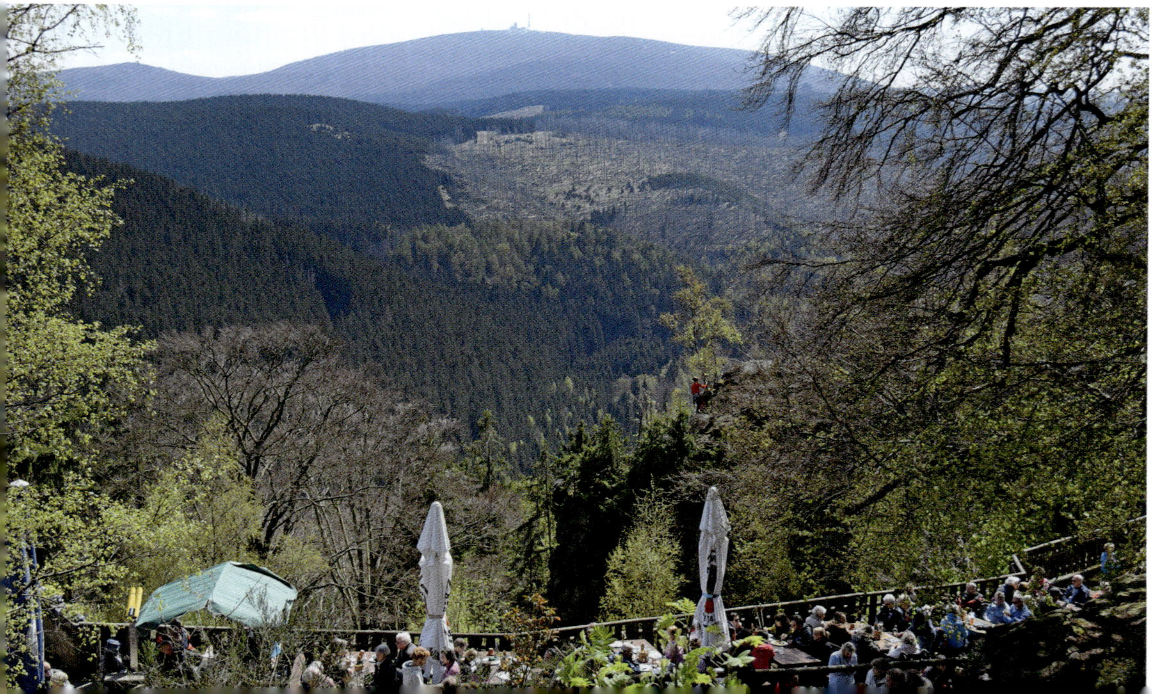

Wichtiges zur Tour

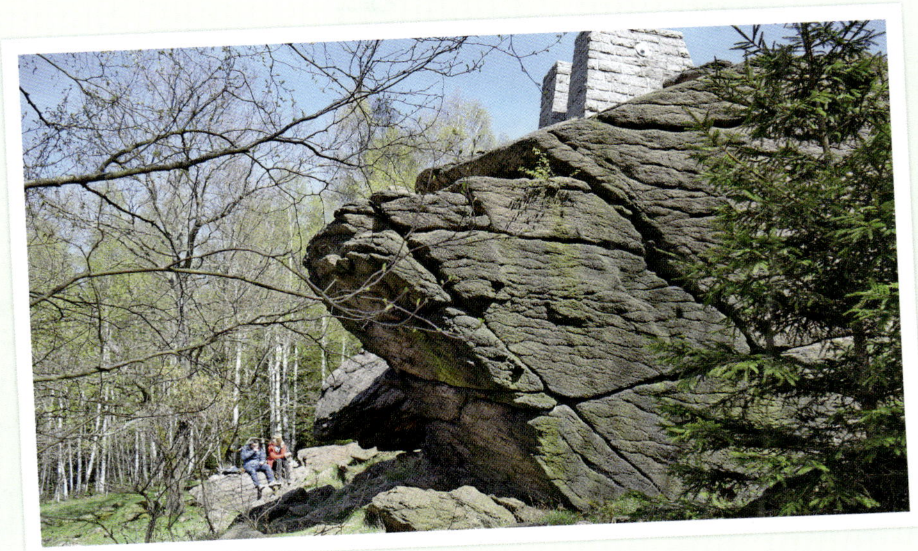

Das Kreuz des Ostens wurde auf einer Felsklippe errichtet.

Tourencharakter
Der Aufstieg lässt sich hier durch eine Fahrt mit der nostalgieträchtigen Kabinenbahn ersetzen. Danach führen breite Hangwege im Wald mit Ausblicken ins Vorland zum Ziel.

Ausgangs-/Endpunkt
Burgberg-Bergstation

Anfahrt
Bus & Bahn: Bahn bis Bad Harzburg, Bus in Richtung Braunlage bis Bushalt Kurhaus, Kabinenbahn. Ohne Bahn vom Kurhaus 170 Höhenmeter Aufstieg/Abstieg über den Herzogweg

Einkehr
Aussicht auf dem Burgberg

Karte
Blatt »Oberharz« von »Der Harz in 4 Teilen«, 1:30 000, Schmidt-Verlag Wernigerode

Information
www.bad-harzburg.de

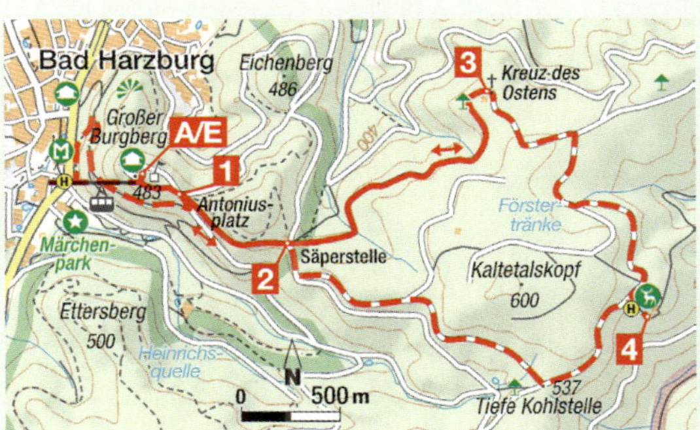

7 Hangweg über der Harzhochfläche

Auf dem Ulmer Weg zum Skidenkmal

- leicht
- 3 Std.
- 80 Hm
- 9 km

Diese Wanderung ist wenig bekannt. Sie bietet aktuell weite Ausblicke über Teile der Harzhochfläche und zum nördlichen Vorland. Sie verläuft auf breiten Waldstraßen. Die warten jetzt zwar noch auf den neuen Wald, aber bis der wieder gewachsen ist, lohnt die Wanderung auch so. Bei Sommersonne unbedingt Sonnenschutz und reichlich Trinkbares mitnehmen.

Zum Skidenkmal Vom **Parkplatz** Ⓐ/Ⓔ folgen wir der Straße (Ulmer Weg) ostwärts zuerst ansteigend und dann eben am Fuß des zentralen Berglandes entlang. Der Blick geht über die unterhalb weniger geneigten Teile der alten Harzhochfläche. Nach 700 Metern mündet von links herauf der unbefestigte Salzstieg (siehe ÖPNV-Alternative). Die Straße führt abwärts weiter. Sie quert bald ein kleines Tal und steigt dann wieder allmählich an zur **Kreuzung mit dem Kaiserweg** ➊. Auch hier gehen wir geradeaus weiter. Zuletzt abwärts erreichen wir eine quer verlaufende Straße. Auf dieser gelangen wir oberhalb vom weiter östlich unterhalb gelegenen Eckertal und Eckerstausee nordwärts. Bald erreichen wir so das an Granitblöcken gelegene **Skidenkmal** ➋ mit Rastplatz.

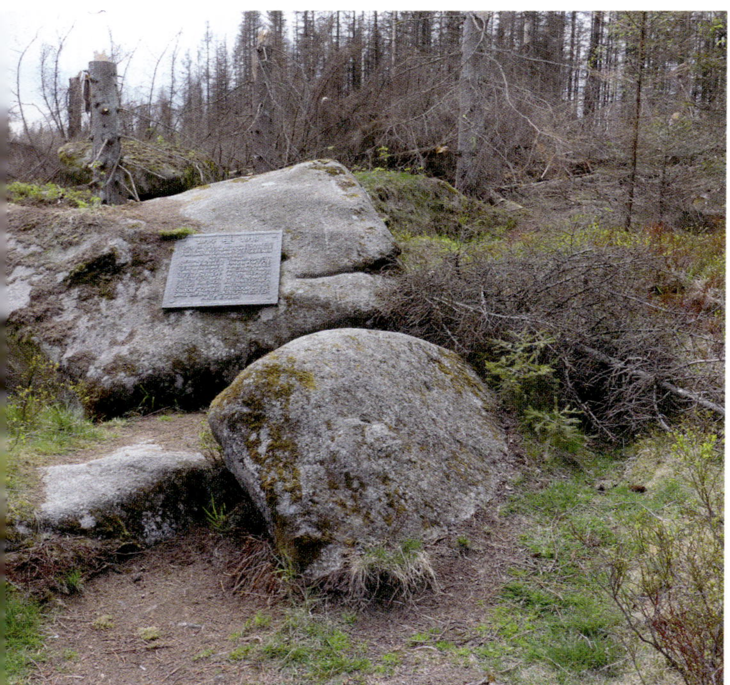

Das Skidenkmal auf den wuchtigen Granitblöcken

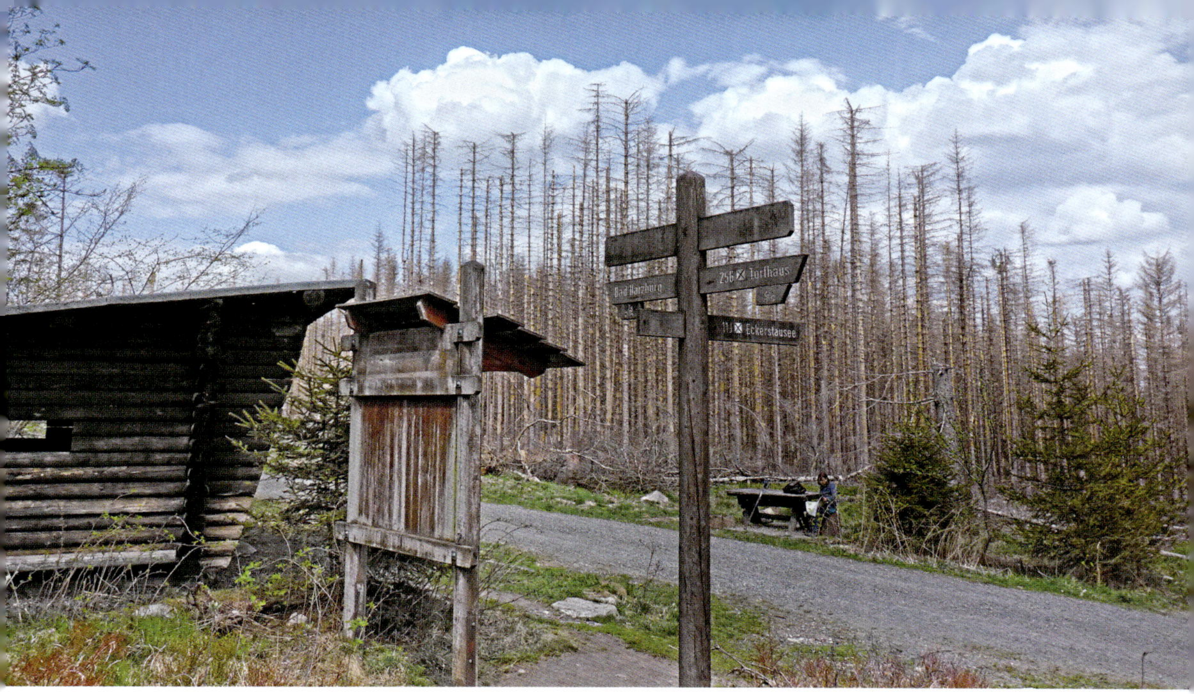

Rastplatz am Skidenkmal

Zurück zum Ausgangspunkt Wir folgen der Straße noch fünf Minuten nordwärts. Dann gehen wir auf der hier einmündenden Straße nach links, westwärts über eine Kuppe.

Skidenkmal und Basteborn

Die Gedenkplatte für im Ersten Weltkrieg gefallene Sportsfreunde wurde 1921 vom Skiklub Braunschweig gestiftet und an einem Granitblock angebracht. Nahe dieser Stelle besteht jetzt am Forstweg ein Rastplatz mit Schutzhütte. Die nicht weit entfernte Quellmulde des Basteborns liegt an der alten Handelsstraße Heidenstieg. Diese Bezeichnung aus frühchristlicher Zeit unterstreicht das hohe Alter des Weges. Dessen Trasse überquerte den Harz vorzugsweise auf den festeren Bergrücken. Im 19. Jahrhundert wurde der Heidenstieg dann von frühen Touristikern in devoter kaiserzeitlicher Denke in Kaiserweg umbenannt. Aufhänger dafür war die 1074 erfolgte Flucht von Heinrich IV. aus der belagerten Harzburg nach Walkenried und Tilleda. Aber der legte den Weg nicht an, sondern benutzte lediglich den alten Handelsweg wie auch sonst Hinz und Kunz … Der bei der Wanderung umgangene Basteborn war damals sicher eine willkommene Tränke. Beim Blick nach Norden ist im offenen Gelände der Verlauf des historischen Weges deutlich zu erkennen. Der heute markierte Verlauf des Kaiserweges über die schnurgerade Sellenbergstraße ist in diesem Bereich eigentlich wanderästhetische und unhistorische Barbarei.

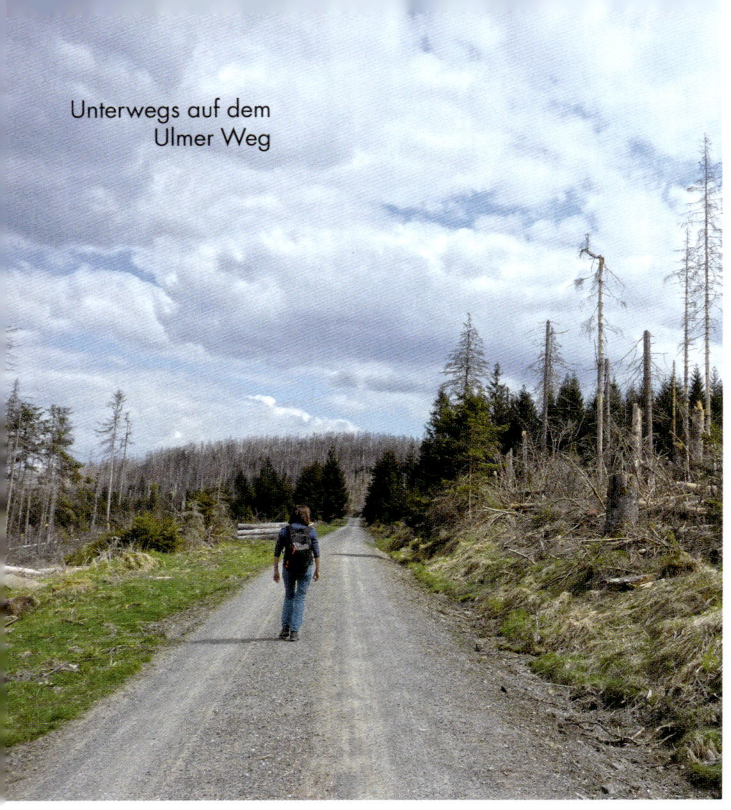

Unterwegs auf dem Ulmer Weg

Bald danach führt die Straße zur Einmündung des Kaiserweges (Rastplatz). Auf diesem gehen wir weiter, an der rechts bleibenden Quellmulde Basteborn vorbei. Nach 150 Metern führt der Kaiserweg nun nach links hinauf (wer zum Busstopp Bastesiedlung zurück will, geht hier geradeaus weiter). Der Kaiserweg führt nun ansteigend durch aktuell offenes Gelände zur bereits früher passierten **Kreuzung des Kaiserweges mit dem Ulmer Weg** 1. Auf diesem gehen wir westwärts zurück zum Parkplatz.

Die Wanderung ohne Auto per ÖPNV

Mit der Bahn bis Bad Harzburg, dort vom Bahnhofsvorplatz Bus in Richtung Braunlage bis zum Busstopp Bastesiedlung. Von dort gehen wir an den Häusern vorbei ostwärts die Forststraße 1,5 Kilometer weiter. Dann steigen wir auf dem grasigen Naturweg Salzstieg in Richtung Torfhaus 100 Höhenmeter auf zur oben beschriebenen Route. Der folgen wir wie beschrieben weiter. Wo nach dem Skidenkmal wieder der Kaiserweg erreicht ist, können wir geradeaus westwärts eine Straße weiter zurückgehen zum Busstopp Bastesiedlung.

Alternative: Mit dem Bus bis zum Busstopp Torfhaus. Von dort gehen wir von den beim Nationalparkhaus stehenden drei großen Steinen (Granit, Gabbro, Diabas) ostwärts den steilen Fußweg hinab zum Wegedreieck unterhalb einer Wiese. (Wer einen bequemeren Abstieg wünscht, geht vom nördlichen Ende der großen Parkplätze auf dem breiten Forstweg schräg rechts, südwärts hierher.) Vom Wegedreieck führt nun der Ulmer Weg nordwärts breit hinab zur Wanderroute. Das bedeutet zu Beginn zusätzlich gut 100 Höhenmeter Abstieg zur beschriebenen Route. Dem Ulmer Weg folgen wir dann nach rechts, ostwärts zum Skidenkmal und bis zum Basteborn. Von dort gehen wir wie oben westwärts zum Busstopp Bastesiedlung (dann insgesamt 10 Kilometer).

Wichtiges zur Tour

Tourencharakter
Breite hindernisfreie Straßen mit nur geringen Steigungen und mit weiten Ausblicken aus anderem Blickwinkel als denen von den gewohnten Orten

Ausgangs-/Endpunkt
Der Parkplatz auf 700 m Höhe an der B 4, östlich vom steilen Anstieg zum Torfhaus. Der ist direkt nur mit Auto erreichbar.

Anfahrt
Bus & Bahn: Siehe Infokasten
Auto: Mit dem Auto von Bad Harzburg über die B 4 in Richtung Torfhaus–Braunlage zum Parkplatz

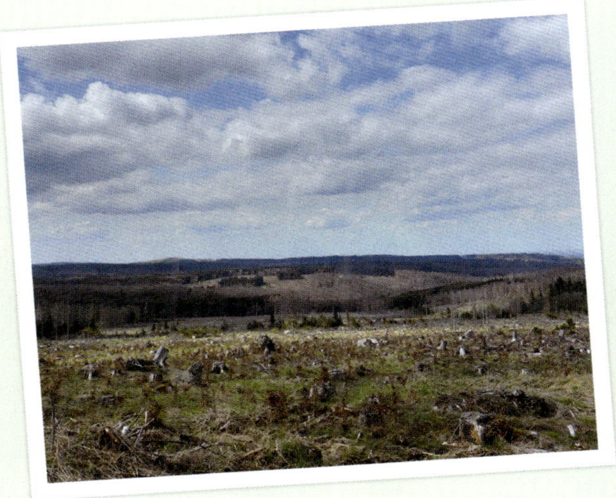

Aktuell kahle Flächen am Ulmer Weg, fern das Vorland

Einkehr
Unterwegs keine, 1 km nördlich vom Busstopp Baste Marienteich-Baude

Karte
Blatt »Oberharz« von »Der Harz in 4 Teilen«, 1:30 000, Schmidt-Verlag Wernigerode

Information
www.bad-harzburg.de, www.harzinfo.de, www.nationalpark-harz.de

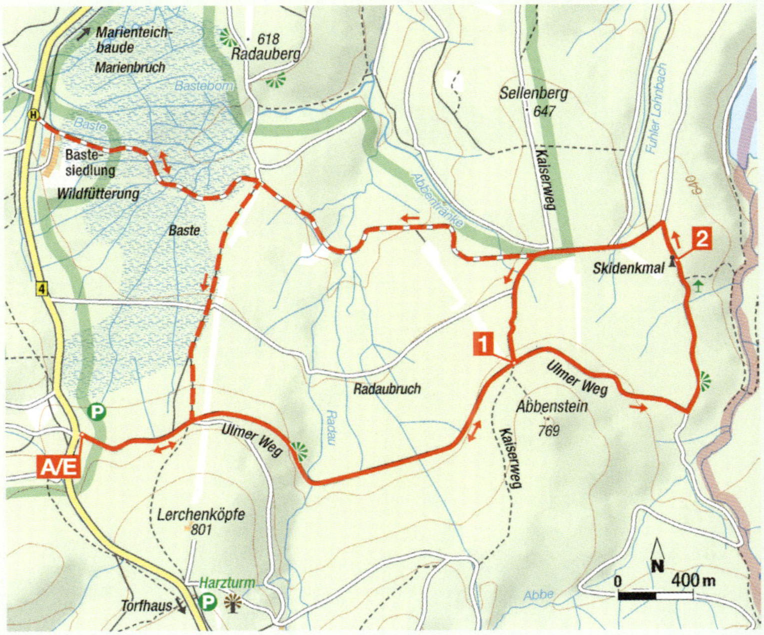

8 Panoramarunde an steilen Talhängen

Zum Ilsestein und über Plessenburg und Ilsefälle zurück

- mittel
- 4 Std.
- 300 Hm
- 13 km

Das unten enge und teils felsige Tal des Flusses Ilse beginnt hoch oben östlich der Kuppe des Brockens. Diese Runde durch den unteren Teil des Tales bietet einen bunten Wechsel herrlicher Ausblicke. Für die Zielgruppe Senioren ist die Tour recht lang. Sie bietet jedoch auch zwei Möglichkeiten, sie zu verkürzen. Die Wege sind meist gut, aber mit einigen steinigen oder schrägen Stellen.

Zum Ilsestein Vom **Parkplatz Blochauer** (A)/(E) gehen wir am besten zuerst rechts, westlich der Straße auf dem hübschen Waldweg bis zu einem gepflasterten Sonderparkplatz, danach besser entlang der Straße bis vor das **Hotel Ilsetal** (1). Von dessen Parkplatz folgen wir links, ostwärts einem breiten, festen Weg schräg links ansteigend, bald mit freiem Blick, bis zu einer markanten Kurve mit einer **Wanderhütte** (2). Hier zweigt auch nach links ein Weg ab. Wir steigen nun nach rechts, südwärts weiter an und gelangen so auf dem teils steinigen, aber insgesamt guten Weg, zuletzt in erhaltenem hohem Buchenwald, zur **Gaststätte am Ilsestein** (3). Der Aufstieg zum Gipfel des Felsens ist kurz, führt jedoch über glattgewetzte Felsstufen bis vor das große Kreuz. Für alle,

Ilsetal und Ilsenburg

Im Ilsetal steht Granit an. Besonders eindrucksvoll hoch ist der fast im Bach fußende Ilsestein. Aber auch die oberhalb der Ilsequelle ragende Stumpfrückenspitze, die Paternosterklippe, die Spukeloksklippe und die Gebbertsklippe bestehen daraus und sind ebenso markante Felsgestalten.
In der Stadt Ilsenburg ist das wieder besuchbare alte romanische Kloster beim erst später entstandenen Schloss wirklich sehenswert. Beim geführten Rundgang im Kloster sind unter anderem auch erhaltene alte Fußbodenmosaiken zu sehen. Ich empfehle auch einen Gang in den ostseitig anschließenden Park mit seinen mächtigen Eichen und Buchen. Von hier führt ein markierter alter Pilgerweg weiter zum gleichfalls alten romanischen Kloster Darlingerode.

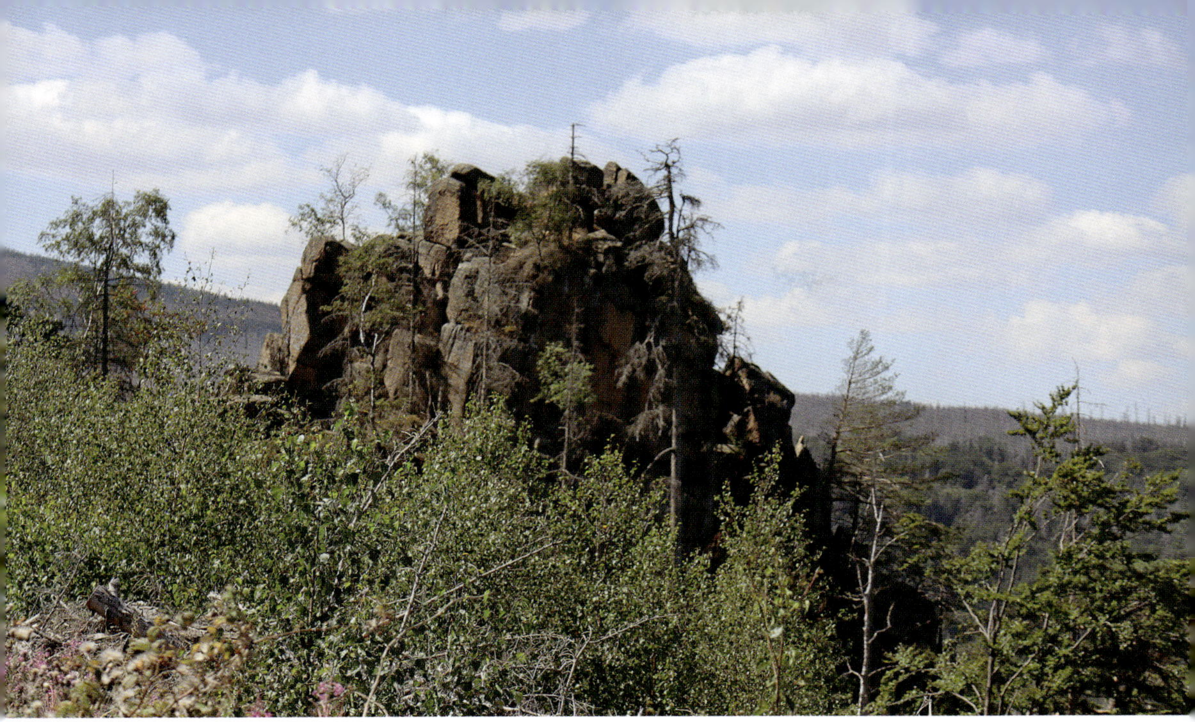

Die Paternosterklippe

denen dies zu heikel erscheint: Der weitere Weg bietet ähnliche Ausblicke zum Brocken wie der Ilsestein selbst. (Bei Umkehr von hier und Abstieg auf dem Herweg ist die Tour 3,5 Kilometer lang).

Weiterweg zur Plessenburg Wir folgen dem Weg südostwärts weiter. Nach etwa 150 Metern nehmen wir den rechts abzweigenden, schmaleren Weg. Er leitet, hier teils durch Steine und schräge Stellen schwieriger zu gehen, aber mit nur geringer Steigung weiter. Unterhalb der oben am Hang aus Granit hervorragenden, plattigen Stumpfrückenspitze, gelangen wir zur blockigen Rinne der meist trockenen Ilsequelle und danach zu einem breiteren Weg. Der bringt uns südwestwärts nun deutlich ansteigend zum nächsten Bergsporn mit der **Paternosterklippe** 4. Danach leitet der Hangweg südwärts mit aktuell weiten Ausblicken, aber teilweise schon wieder zwischen jungen Birken, weiter. Nach einer Wegeinmündung von links her gelangen wir so zu einem großen **Straßenkreuz Eschwegestraße** 5. (Wer die Tour kürzt und von diesem großen Straßenkreuz rechts, westwärts die Straße hinab ins Ilsetal und dort die Talstraße zurückgeht zum Ausgangspunkt,

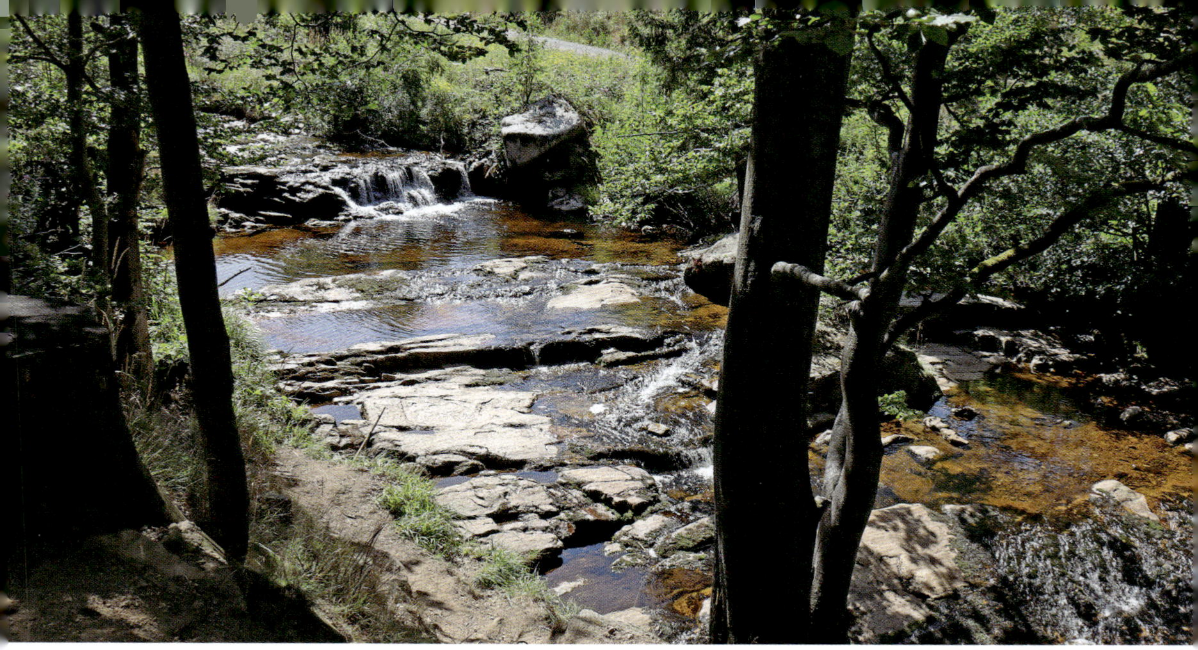

Obere Ilsefälle

hat eine Wegstrecke von insgesamt 7,7 Kilometern. Hier ist auch ein Busstopp des selten fahrenden Erdgasbusses.) Wir folgen vom Straßenkreuz der Eschwegestraße noch 200 Meter südostwärts und steigen dann rechts einen unbefestigten, teils ausgewaschenen Fußweg hinauf zur urigen Waldgaststätte **Plessenburg** 6.

Zur Bremer Hütte und auf der Talstraße zurück Gleich von der Südseite der Gaststätte gehen wir einen schmalen Weg westwärts in den Wald. Als Hangweg auf gleicher Höhe bleibend, führt dieser quer durch ein kleines Tal und danach auf steinigem Weg etwas abwärts zu einem Wegedreieck. Hier bringt uns der jetzt als breite Straße ausgebaute Jagdweg weiterhin westwärts. Die Straße leitet mit hübschen Nah- und Fernblicken um die zwei markanten Bergsporne der Spukeloksklippe und später der höheren Gebbertsklippe herum und schließlich ins Ilsetal zum **Pavillon Bremer Hütte** 7. Wir gehen nun rechts, nordwärts auf der anfangs recht steilen Talstraße das gesamte Ilsetal hinab zurück zum Ausgangspunkt. (Die durchaus schöneren Wanderwege entlang den oberen und unteren Ilsefällen und auch danach auf der anderen Seite des Tales sind deutlich anspruchsvoller zu gehen und werden deshalb für unsere Zielgruppe hier leider ausdrücklich nicht empfohlen.)

Wichtiges zur Tour

Tourencharakter
Lange landschaftlich vielfältig eindrucksvolle Wanderung auf meist guten Wegen. Bei Bedarf ist sie abzukürzen.

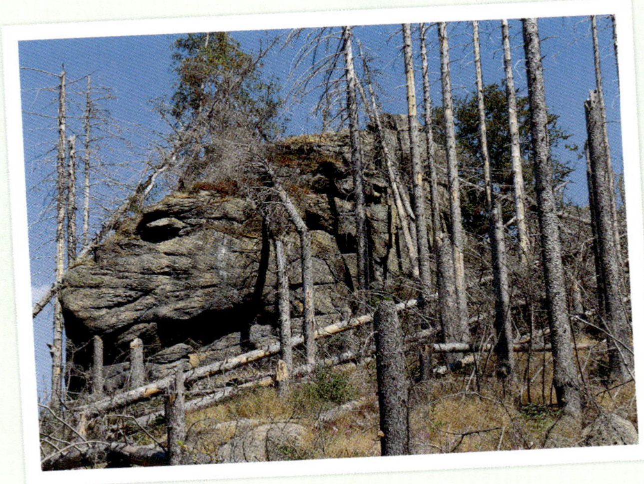

Die Granitklippe oberhalb vom Spukelok

Ausgangs-/Endpunkt
Parkplatz Blochauer im Ilsetal

Anfahrt
Bus & Bahn: Bahn bis Ilsenburg, dann noch 1 km durch den Ort aufwärts ins Ilsetal
Auto: Mit dem Auto direkt zum Ausgangspunkt. Der kostenpflichtige Parkplatz ist an schönen Tagen und später am Vormittag auch schon mal überbelegt.

Einkehr
Plessenburg

Karte
Blatt »Mittlerer Harz« von »Der Harz in 4 Teilen«, 1:30 000, Schmidt-Verlag Wernigerode

Information
www.stadt-ilsenburg.de, www.nationalpark-harz.de

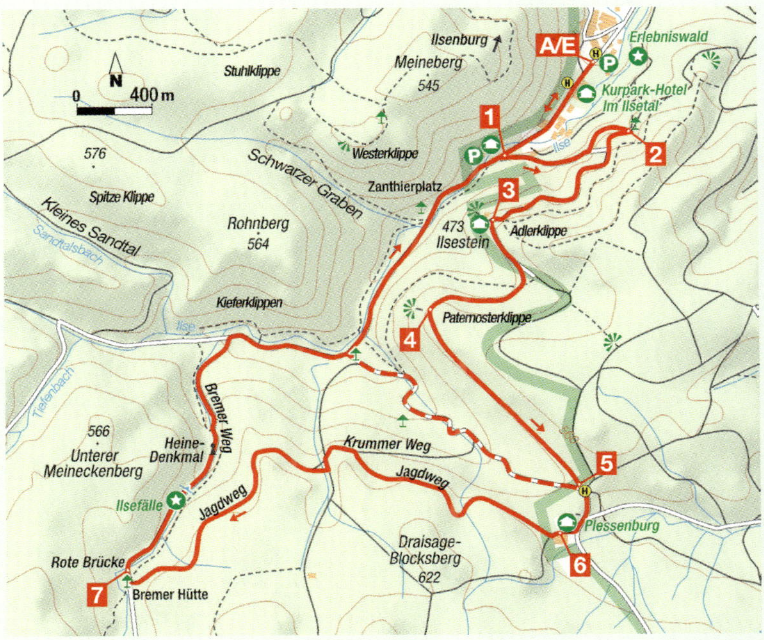

9 Über den Kammweg mit Schlossblick

Vom Parkplatz am Ende der Wernigeroder Straße »Die Winde« zum Kaiserturm

- leicht
- 1.30 Std.
- 80 Hm
- 4 km

Diese reizvolle Kammwanderung hoch über der hübschen Fachwerkstadt führt von einem hoch gelegenen Parkplatz mit nur geringen Mühen zu weiten Ausblicken auf eindrucksvolle Weiten der Harzlandschaft sowie das Vorland und zwei alte Burgen. Diese Aussicht haben wir auch durchaus eindrucksvoll, wenn wir uns die Wendeltreppe des Kaiserturms sparen.

Auf den Kühnenkopf Vom **Parkplatz** A/E gehen wir erst abwärts zurück bis hinter ein bebautes Grundstück und danach rechts eine kleine Straße aufwärts. Noch vor der Gaststätte biegen wir bei einer **Gabelung** 1 rechts ab

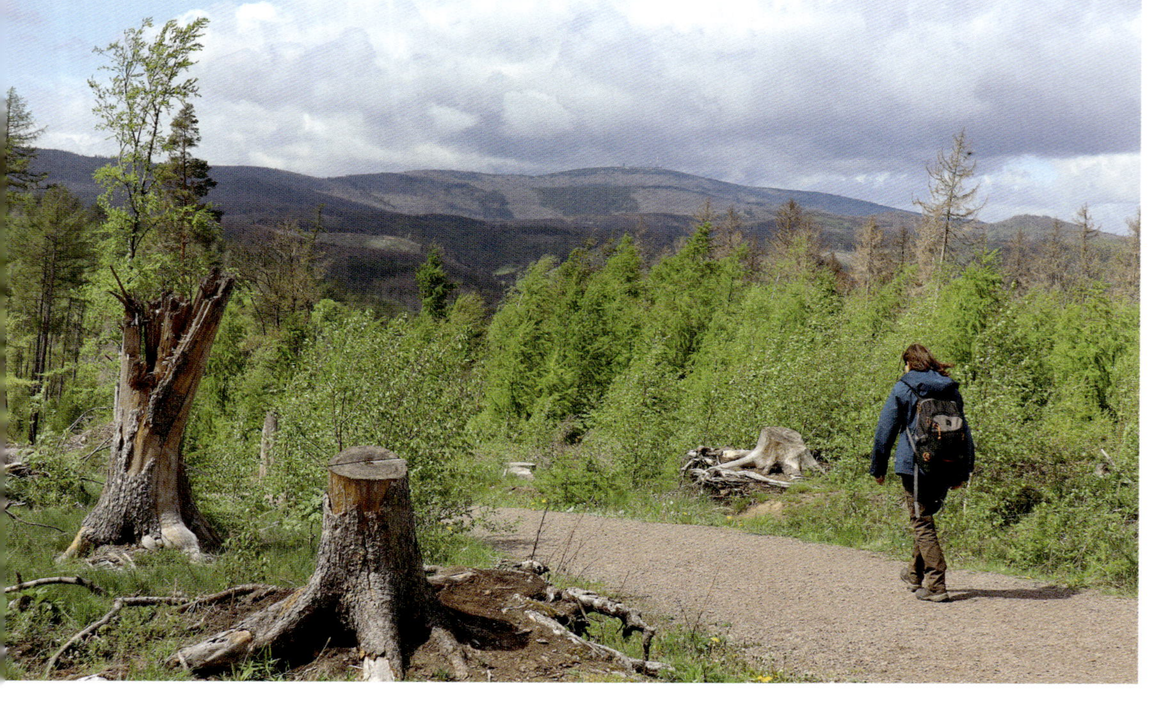

Beim Abstieg zum Gasthaus Armeleuteberg sehen wir in der Ferne den Brocken.

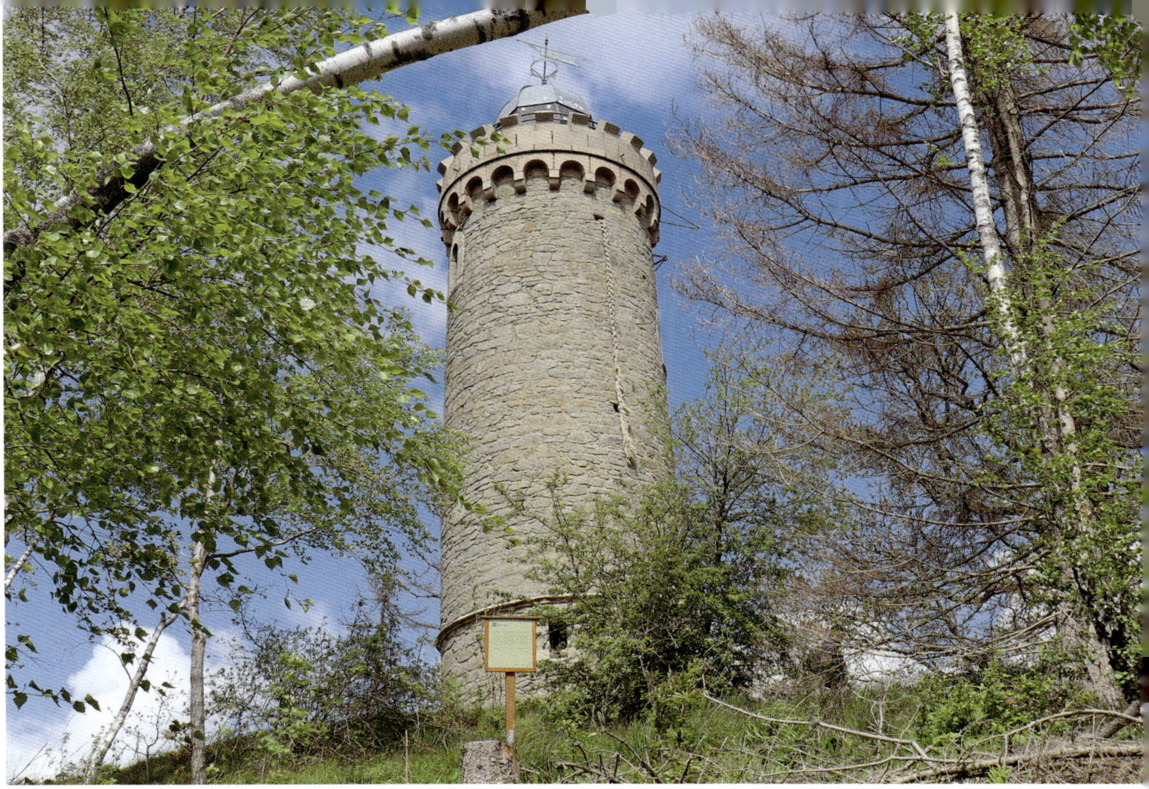

Der Kaiserturm

und steigen direkt hinauf zu einem Wegekreuz im breiten **Bergsattel** ❷ (links oberhalb steht der Kaiserturm). Hier gehen wir nach rechts, ostwärts den Kammweg hinauf und südseitig unter der Kuppe des Kühnenkopfs (480 m) vorbei. Kurz danach führt der Weg wieder direkt auf dem Bergkamm mit weiten Ausblicken weiter. Nach dem flacheren Kühnekopf gelangen wir zu einem **zweiten Bergsattel mit Wegekreuz** ❸.

Über den Hangweg und Kaiserturm zurück Wir verlassen hier den Bergkamm und gehen nun westwärts auf dem Hangweg (Ernst-Moritz-Arndt-Weg). Er führt zuerst durch Wald, dann nach einem links oberhalb gelegenen Rastplatz mit großartigem Blick zur nahen

Alternative zum Everstein

Vom Parkplatz können wir auch in südwestlicher Richtung auf der Straße nahe dem Bergkamm kilometerweit mit weiten Ausblicken in Richtung Everstein gehen und irgendwann umkehren und auf dem gleichen Weg zurückkehren. Der Abstieg zum tiefer am Berghang gelegenen Everstein ist zuletzt steil und ruppig und wird hier der Zielgruppe nicht empfohlen. Aber auch von oberhalb bietet sich ein reizvoller Blick zur Bahnlinie der Harzer Schmalspurbahn.

Bergkuppe der Harenburg und dahinter zum markant türmereich auf einem Bergsporn stehenden Schloss. Wir folgen dem Hangweg weiter bis zum schon bekannten **Sattel** 2. Nun steigen wir auf zu einem Pfälzer Wanderfreunden gewidmeten Platz mit einer markanten Eiche beim **Kaiserturm** 4. Dieser ist über einen steilen Naturweg zu erreichen. Der Turm kann von Menschen mit überschüssigen Kräften über eine stufenreiche Wendeltreppe bestiegen werden, was natürlich nochmal den Blick weitet. Mit gleichfalls großartigem Blick zum Brocken führt dann ein breiter Weg direkt hinab zur gastlichen **Gaststätte Armeleuteberg** 5 und zurück zum Parkplatz.

Wernigerode

Die Bergkuppe nördlich unterhalb trägt die unspektakulären Reste der Harenburg sowie ein Restaurant. Weiter unten ist auf einem markanten Bergsporn das aufwendigere Schloss der Stolberger Grafen zu sehen. Der Hangweg unterhalb vom Bergkamm war Ernst Moritz Arndt gewidmet. Der entwickelte in den napoleonischen Freiheitskriegen schwungvoll nationalistische Thesen, die in der wilhelminischen Kaiserzeit ebenso wie in der NS-Zeit und auch der DDR-Zeit gern ideologisch überhöht ausgebeutet wurden. Das Schloss Wernigerode wurde immer wieder neuen Baustilen angepasst. Zu den Grafen pflegten die selbstbewussten Wernigeröder Bürger kritische Distanz. Die zeigten mit den schmucken, liebevoll gestalteten Fachwerkhäusern, Kirchen und dem originellen Rathausbau eigenständige Qualitäten von Schönheitssinn und handwerklichem Können. Teils öffnen sich zwischen den Fachwerkhäusern auch Durchgänge in hübsche Hinterhöfe. Sucht, so werdet ihr finden. In der DDR-Zeit war im auch per Stadtrundfahrt-Bimmelbahn erreichbaren Schloss ein Feudalmuseum untergebracht. Es beleuchtete diesen Kontrast, musste aber nach der Wende bald wieder ausziehen. Dass die Stadt in ihrer Fachwerkpracht erhalten blieb, verdankt sie dem letzten Kommandeur Oberst Gustav Petri. Dem zu Ehren wurde nach dem Kriege beim Marktplatz eine Straße benannt. Petri verweigerte 1945 in den letzten Kriegstagen den Befehl auf Verteidigung der Stadt gegen die weit überlegen heranrückenden Amerikaner. Er wurde dafür noch von der SS abgeurteilt und hingerichtet, rettete jedoch mit seiner Entscheidung die Stadt vor der Zerstörung in Häuserkämpfen. Die fanden durch die Verzögerung nicht mehr statt. Mehr zur Geschichte siehe in *Historische Pfade im Harz*.

Wichtiges zur Tour

Tourencharakter
Kammwanderung auf breiten Wegen, nur am Kaiserturm steil

Ausgangs-/Endpunkt
Waldparkplatz am oberen Ende der Straße Die Winde

Anfahrt
Bus & Bahn: Bahn bis Wernigerode, kein Bus hinauf
Auto: Mit dem Auto vom Westerntor südwestwärts in die Salzbergstraße, aber von dieser bald bei Gabelung rechts das Sträßchen Die Winde weit hinauf zum Parkplatz mit Sperrschild

Einkehr
Gaststätte Armeleuteberg

Karte
Blatt »Mittlerer Harz« von »Der Harz in 4 Teilen«, 1:30000, Schmidt-Verlag Wernigerode

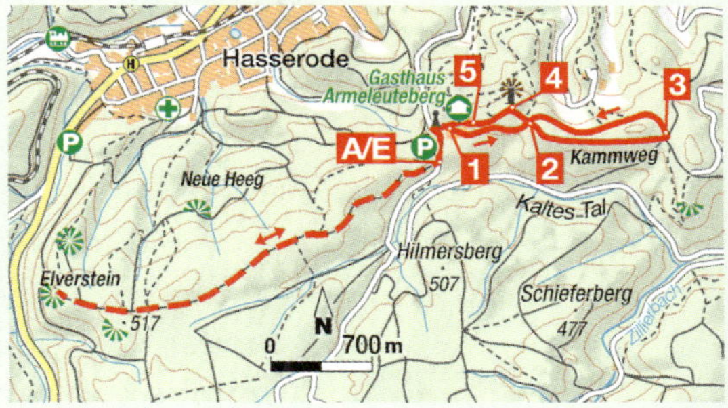

Information
www.wernigerode-tourismus.de

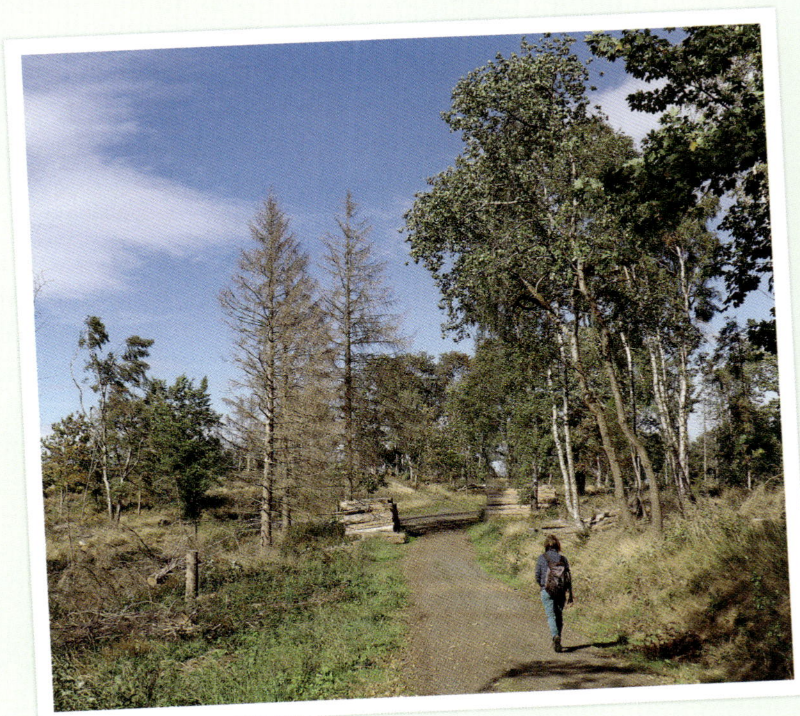

Auf dem Kammweg am (östlichen, niedrigeren) Kühnekopf

10 Bergfußwanderung im Nationalpark

Von Drei Annen Hohne bergwärts und zum Hohnehof

- mittel
- 2 Std.
- 170 Hm
- 4,5 km

Auch wenn wir nicht die markanten Felsburgen des Hohnekamms anstreben, bietet die nähere Umgebung des Bahnhofs Drei Annen Hohne eine panoramareiche Runde. Der Blick über die Harzhochfläche bis zum Ramberg und zum Auerberg ist die Mühe des Steigens wert. Die Wege sind teils breite feste Forststraßen, teils passabel eingelaufene Naturwege mit Steinen hier und da.

Zum Glashüttenweg Von der **Straßenkreuzung** (A)/(E) nördlich vom Bahnhof bei den kostenpflichtigen Parkplätzen steigen wir geradeaus die breite Allee hinauf, rechts von schönen Wiesen mit einer imposanten alten Eiche, zur **Gabelung** (1). Hier gehen wir die linke Straße einen Kilometer hinauf zur **Kreuzung Kirchweg** (2). (Wer die Wanderung kurz halten möchte, kann hier auf dem Kirchweg nach rechts im Bogen hinübergehen zur Eschwegestraße und zum Hohnehof, begegnet nach Regen dabei allerdings eventuell Pfützen oder Matsch). Weiter der Straße im Bogen nach rechts ansteigend erreichen wir schließlich bei 730 Metern NN das **Wegekreuz Glashüttenweg** (3).

Tipp

Es gibt im Hohnehof und beim Parkplatz wohlfeil deftige gastronomische Angebote wie Erbsensuppe, Würstchen und Biere. Das Restaurant Kräuterhof wartet mit feineren Spezialitäten auf. Wer sich angesichts der kecken Hohneklippen am Bergkamm mit der hier beschriebenen Tour unterfordert fühlt, findet in *Vergessene Pfade Harz, Geheimnisvolle Pfade Harz* und *Entdeckertouren Harz*, wie wir dort hinaufgelangen können.

Über Hohnehof zurück Wir folgen nun nach rechts dem breiten alten Glashüttenweg abwärts mit aktuell weitem Blick über die Fläche des östlichen Harzes bis zum Ramberg. An der ausgeschilderten Abzweigung gehen wir nach rechts den **von-Eichendorff-Weg** ❹ hinab. Der führt als hübscher Naturweg mit einigen moderaten Hindernissen hinunter zum Kirchweg und mit diesem zur breiten Eschwegestraße. Rechts gelangen wir rasch zur **Nationalparkstation Hohnehof** ❺. Sie steht bei einer mächtigen

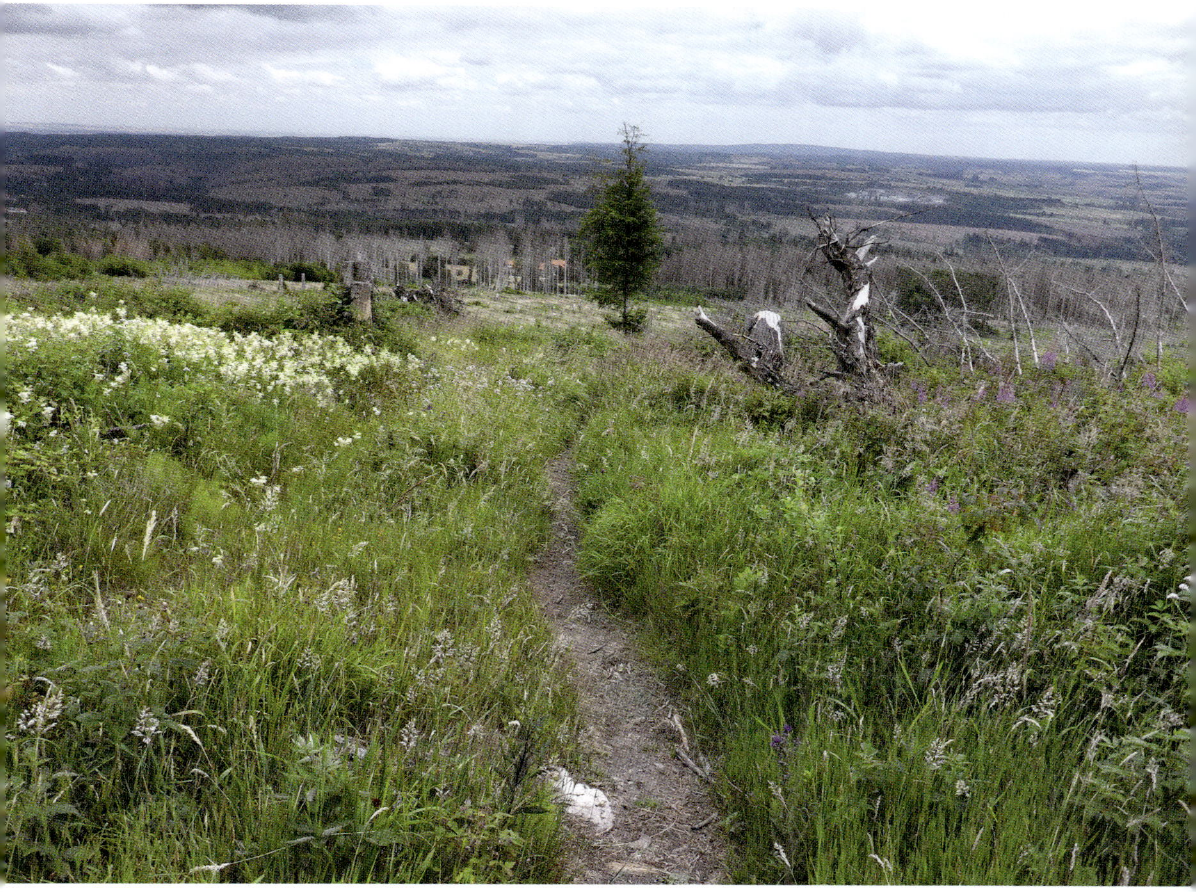

alten Eiche, mit Angeboten von allerlei Wissenswertem und Ess- und Trinkbarem. Von hier aus werden auch in der nahen Umgebung Seminare zur Waldökologie und auf Kinder und Jugendliche abgestimmte Angebote zum spielerischen Erfahren der Naturvorgänge gemacht. Die Eschwegestraße bringt uns dann weiter hinab, zuletzt wieder an der Wiese mit Blick auf die dortige alte Eiche vorbei, zum Ausgangspunkt.

Der Weg hinab zum Hohnehof. In der Ferne der Ramberg und die Hochfläche um Rübeland

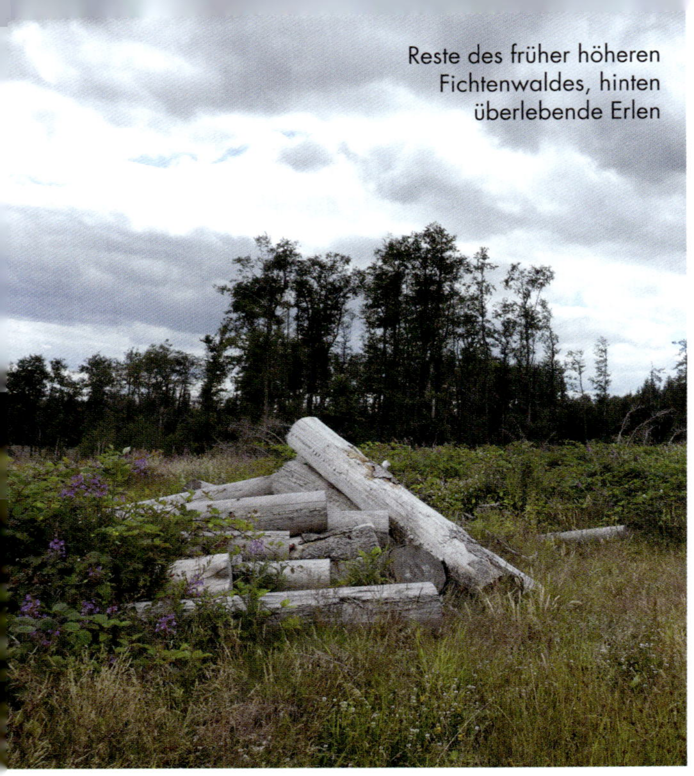

Reste des früher höheren Fichtenwaldes, hinten überlebende Erlen

Variante Abstieg über die Eschwegestraße Statt auf dem von-Eichendorf-Stieg abzusteigen, lässt sich die Runde noch ausdehnen, indem wir auf dem Glashüttenweg weitergehen zum Gebäude am ehemaligen Skihang. Dessen Liftanlage ist schon seit Jahren angesichts der Klimaerwärmung abgebaut worden. Nach einem Rastplatz erreichen wir die breite Eschwegestraße. Diese führt nach rechts, zuerst nordostwärts, später nach rechts, südwestwärts zum Hohnehof (etwa zwei Kilometer mehr, aber einfacher zu gehen).

Der Trudenstein und die Pilze

Mit einem kleinen Abstecher lässt sich vom Wegedreieck am Glashüttenweg nach links in wenigen Minuten der großblockig turmartige Granitfels Trudenstein erreichen. Er kann touristisch handfest über solide Eisenleitern bestiegen werden. Vom Geländer des Gipfelausgucks lässt sich unterhalb noch ein Steinbruch ahnen. In dem wurde noch vor wenigen Jahren gesprengt (inzwischen ist eine solche Tätigkeit nationalparkgerecht beendet).

Die früheren Fichtenwälder dieser Gegend waren trotz ihrer Monokultur, aber dank der weitgehenden Abwesenheit von festen Wegen und damit von Störungen, sehr reich an edlen Pilzen. Man konnte hier Leute Steinpilze wäschekörbeweise abschleppen sehen. Jahr für Jahr. Offenbar hatte sich dort eine reiche *Mykorrhiza* flächenhaft gebildet. Darin kooperieren eine besondere Art von Pilzen mit den Bäumen: Die Mykorrhiza-Pilze können wichtige Nährstoffe aus dem Boden bereitstellen, aus denen bauen die Bäume dann einen Wald mit einem lokal feuchteren und ausgeglicheneren Kleinklima auf, von dem wiederum die Pilze – auch unsere beliebten Speisepilze – profitieren. Als der Wald in ungewöhnlich trockenen Phasen schwächelte und unter dem massenhaften Befall mit Borkenkäfern flächenhaft abstarb, brach offenbar das ganze System zusammen und es verschwanden auch die schönen Steinpilze …

Wichtiges zur Tour

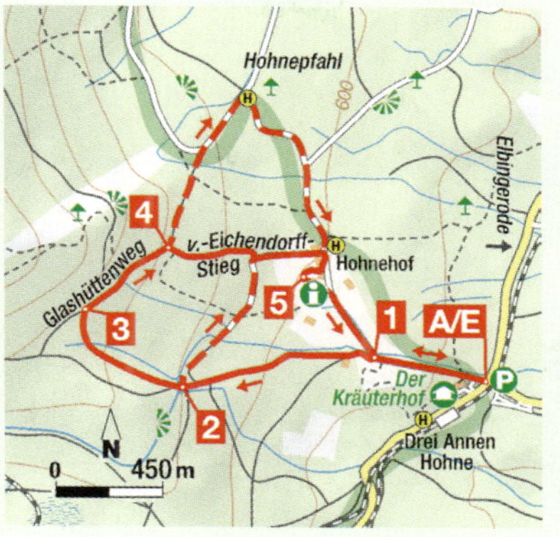

Tourencharakter
Moderate Rundtour mit übersichtlichen Steigungen und schönen, aussichtsreichen Wegen

Ausgangs-/Endpunkt
Bahnhof Drei Annen Hohne

Anfahrt
Bus & Bahn: Bahn bis Wernigerode und dann originell stimmungsvoll per Harzer Schmalspurbahn (HSB) zum Ausgangspunkt
Auto: Mit dem Auto direkt zum Ausgangspunkt. Gebührenpflichtige Parkplätze

Einkehr
Imbiss im Hohnehof und am Parkplatz

Karte
Blatt »Mittlerer Harz« von »Der Harz in 4 Teilen«, 1:30000, Schmidt-Verlag Wernigerode

Information
www.nationalpark-harz.de

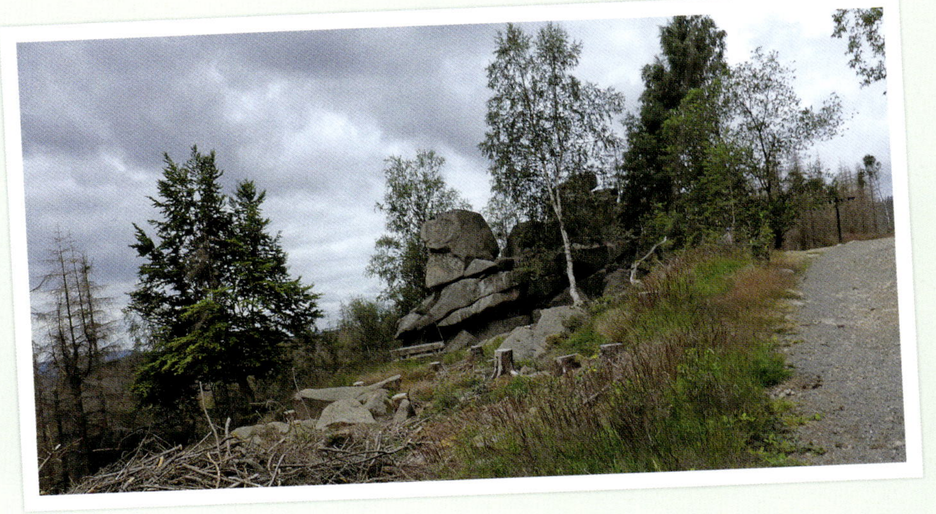

Der Trudenstein

11 Um die kahle Kuppe bei den Wolken

Brocken-Gipfelrundweg

leicht

1 Std.

60 Hm

2,5 km

Diese Runde um die Gipfelkuppe des höchsten Berges im Norden ist ganz einfach per Bahn zu haben. Mit der originellen Harzer Schmalspurbahn lässt sich diese nicht billig, aber unvergesslich von Wernigerode aus erreichen. Das bringt uns in deutlich kühlere und windigere Regionen als am Harzrand und lässt so die Höhe erleben. Bei Wetterglück reicht die Rundsicht bis 200 Kilometer weit.

Einmal rundum Vom **Bahnhof** A/E gehen wir auf der Brockenstraße etwa 300 Meter mit Blick zum Hohnekamm abwärts. Dann biegen wir nach links, ostwärts, ab. Auf dem breiten Kiesweg gehen wir unterhalb vom **Brockenmuseum** 1 vorbei. Danach passieren wir nordseitig ein unterhalb gelegenes Feld großer Granitblöcke. (Hier hält sich nach geeigneten Wintern Schnee bis in den Mai.) Wir erreichen bald danach unterhalb vom markanten rot-weißen Sendemast den alten, von Norden heraufführenden **Hirtenstieg** 2, jetzt Betonstraße, auch Heinrich-Heine-Weg, neuerdings auch als Teufelsstieg etikettiert, mit Blick zur flachen Schulter des Kleinen Brockens. (Nach links führt hier dieser Weg, von Auswaschungen geprägt, direkt zur Gipfelkuppe.)

Wir folgen dem von Holzgeländern abgegrenzten Rundweg erst einmal nach Südwesten hinab

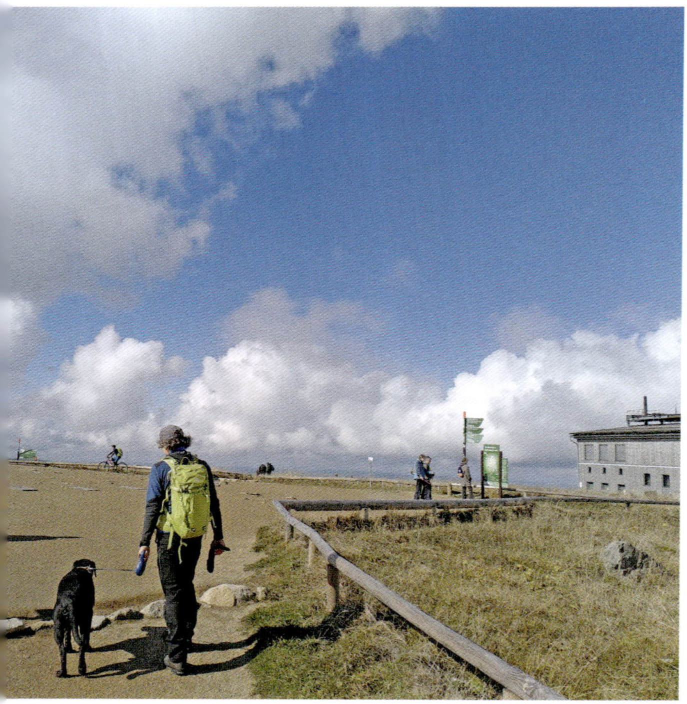

Auf dem Brockengipfel (1141 m)

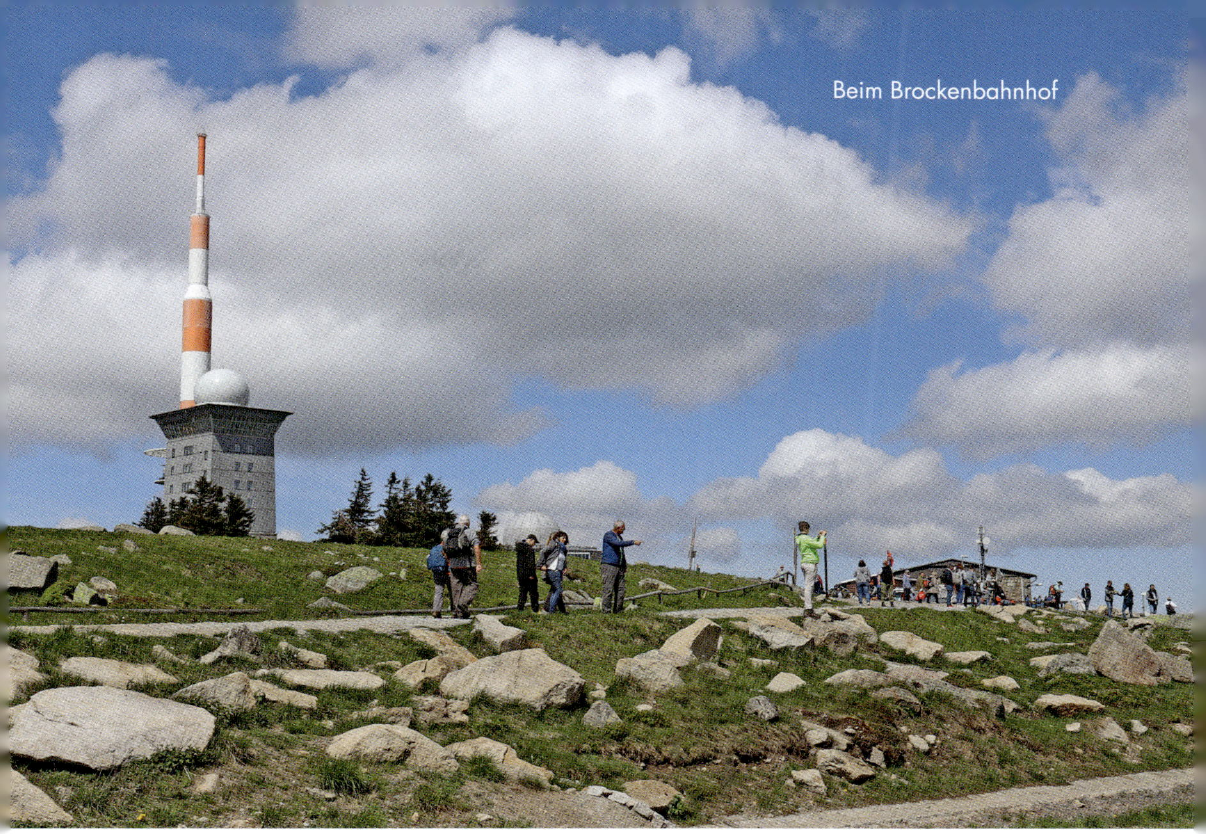
Beim Brockenbahnhof

zu einer Biegung und dann links, südostwärts ansteigend mit Blick zum Torfhaus und Königsberg und Wurmberg zu den markanten **Granitfelsen** ③ Teufelskanzel und Hexenaltar. Danach gelangen wir am Brockengarten vorbei zum Südende der Bahnsteige des Bahnhofs. Wir bleiben oberhalb der Schienen. An der **Wetterwarte** ③ und dem Bahnhofsgebäude vorbei gehen wir zur Brockenstraße und nun nach links zur höchsten Kuppe. Dort liegen wirkungsvoll platzierte **Gipfelblöcke** ④ und bieten eine

Tipps

Warme Sachen und Windschutz sind hier oben auch im Sommer ratsam. Barrierefreier Zugang zum und aus dem Zug der Brockenbahn kann für Wernigerode, Drei Annen Hohne und Brockengipfel auf Voranmeldung spätestens zwei Tage vorher unter Tel. 03943/558153 von Mai–Okt. bereitgestellt werden. Auf dem Gipfel ist nur ein kleiner Teil des Rundgangs rollstuhlfähig. Leider ist die alte historische Wetterwarte nicht mehr bewartet. Früher konnten Besucher/innen dort einen informativen Rundgang machen und Wichtiges über Wetter und Klima hautnah erfahren. Das Wolkenhäuschen stand bereits auf der Gipfelkuppe, als der als Maler Weber verkleidete Goethe dort an einem Wintertag des Jahres 1777 ankam.

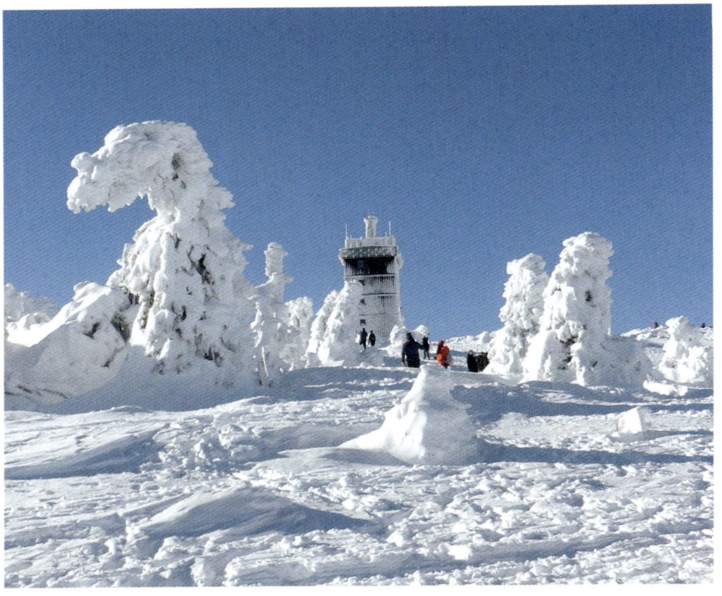

Winterlicher Anblick des Turms der alten Wetterwarte

der beliebtesten Selfie-Kulissen Deutschlands. Im Boden eingelassene Richtungspfeile weisen zu teils sehr fernen Orten. Und live liegt bei geeignetem Wetter bis auf 200 Kilometer eines der rundesten Panoramen der Republik zum Anschauen bereit. Danach bringen uns wenige Schritte nordwärts zum historischen Wolkenhäuschen vor dem zum **Hotel** 5 umgebauten früheren Turm des alten Postgebäudes. Dort lassen sich im per Fahrstuhl zum Café Hexenklause und einem über eine weitere Treppe erreichbaren rundum verglasten Raum noch einige Höhenmeter mehr abfeiern.

Brockenwetter

Der Brocken hat besonders im Gipfelbereich oft extreme Wetterbedingungen. Er ragt in ringsum auf Hunderte von Kilometern hindernisfreie Atmosphäre. So verwundert nicht, dass hier gelegentlich abenteuerliche Windgeschwindigkeiten auftreten. Mir gelang es einmal, mich an einem Tag mit gar nicht mal besonders hoher Windstärke auf dem eisglatten Grund allein vom Wind ohne eigenes Zutun zu den Gipfelblöcken schieben zu lassen. Auf einem Stein sind gemessene Wetterextreme aufgelistet. Die höchste hier oben gemessene Windgeschwindigkeit liegt bei 263 km/h. Das sind patagonische Verhältnisse. Der häufigere Frost bringt an den hier an der Baumgrenze arg zerzausten Baumgestalten durch Raureifbildung als Kunstwerke der Natur vielgestaltige Gebilde hervor. Die allein lohnen schon einen Besuch hier oben. Aber an manchen Tagen mit reichlich Schnee sind auch die kräftigen Dampfrösser schon in den Schneewehen steckengeblieben und mussten umkehren. Andererseits liegt der Gipfel bei winterlichem Hochdruckwetter oft über den Wolken in der Sonne und zaubert schönste Stimmungen.

Wichtiges zur Tour

Tourencharakter

Eher Spaziergang als Wanderung, aber einmalig, auf breiten Wegen, gelegentlich auch interessant mit Stufen und ausgewaschenen und schuttigen Wegstellen. Aber das ist zu jeder Jahreszeit eindrucksvoll.

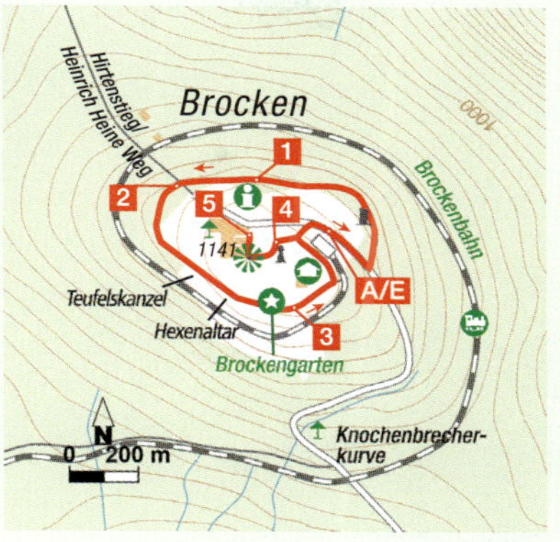

Ausgangs-/Endpunkt

Brockenbahnhof

Anfahrt

Bus & Bahn: HSB von Wernigerode

Information

www.hsb-wr.de,
www.nationalpark-harz.de

Einkehr

Im Goethesaal oder im Bahnhof (Erbsensuppe mit oder ohne Würstchen)

Karte

Blatt »Mittlerer Harz« von »Der Harz in 4 Teilen«, 1:30 000, Schmidt-Verlag Wernigerode

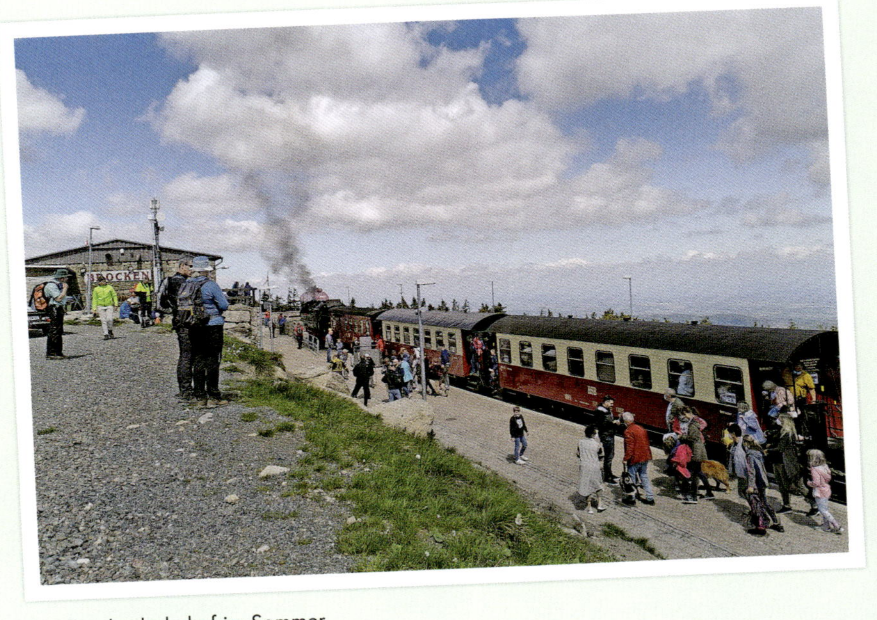

Der Brockenbahnhof im Sommer

Die Höhle Kuhstall beim
Hamburger Wappen (Tour 15)

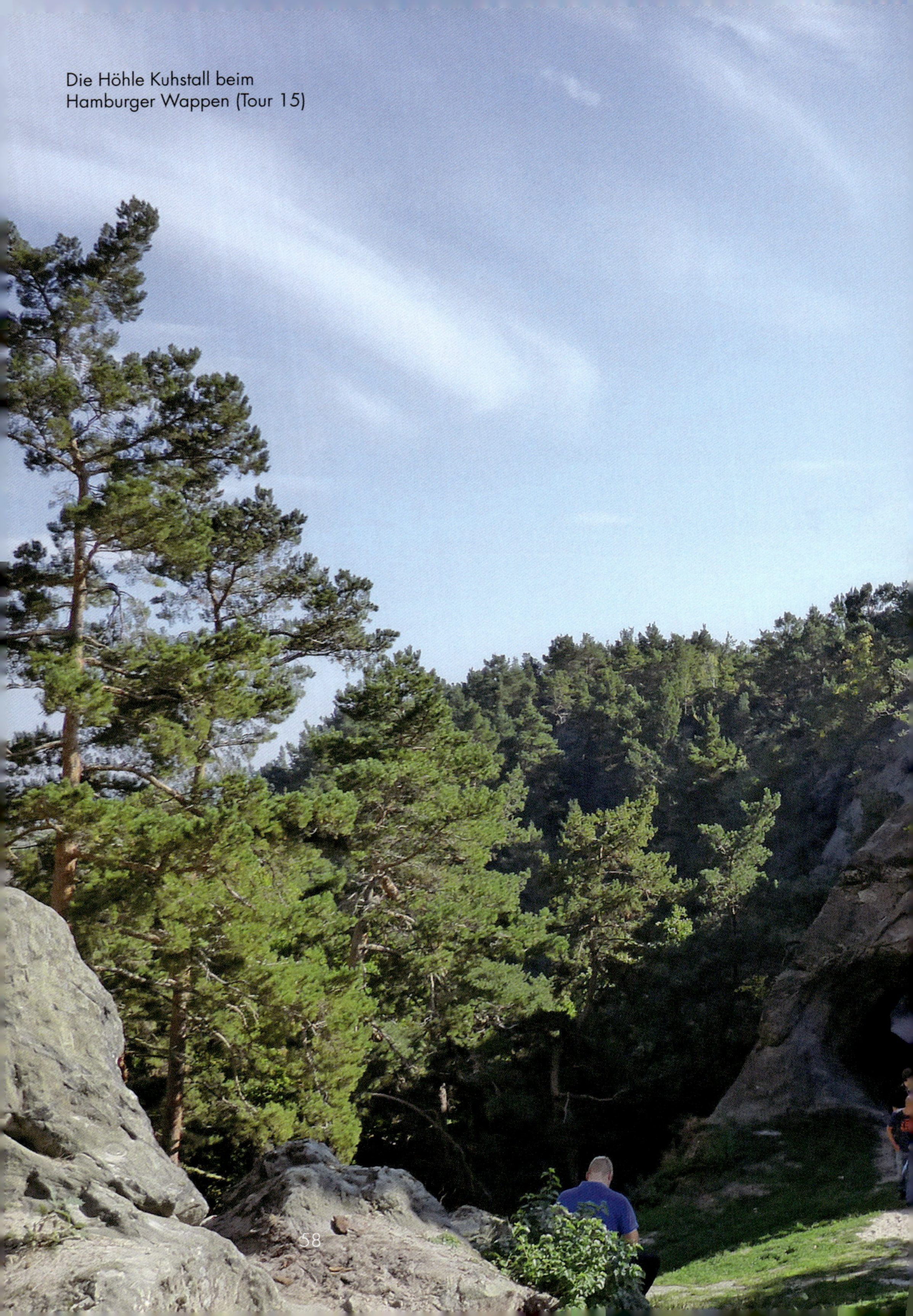

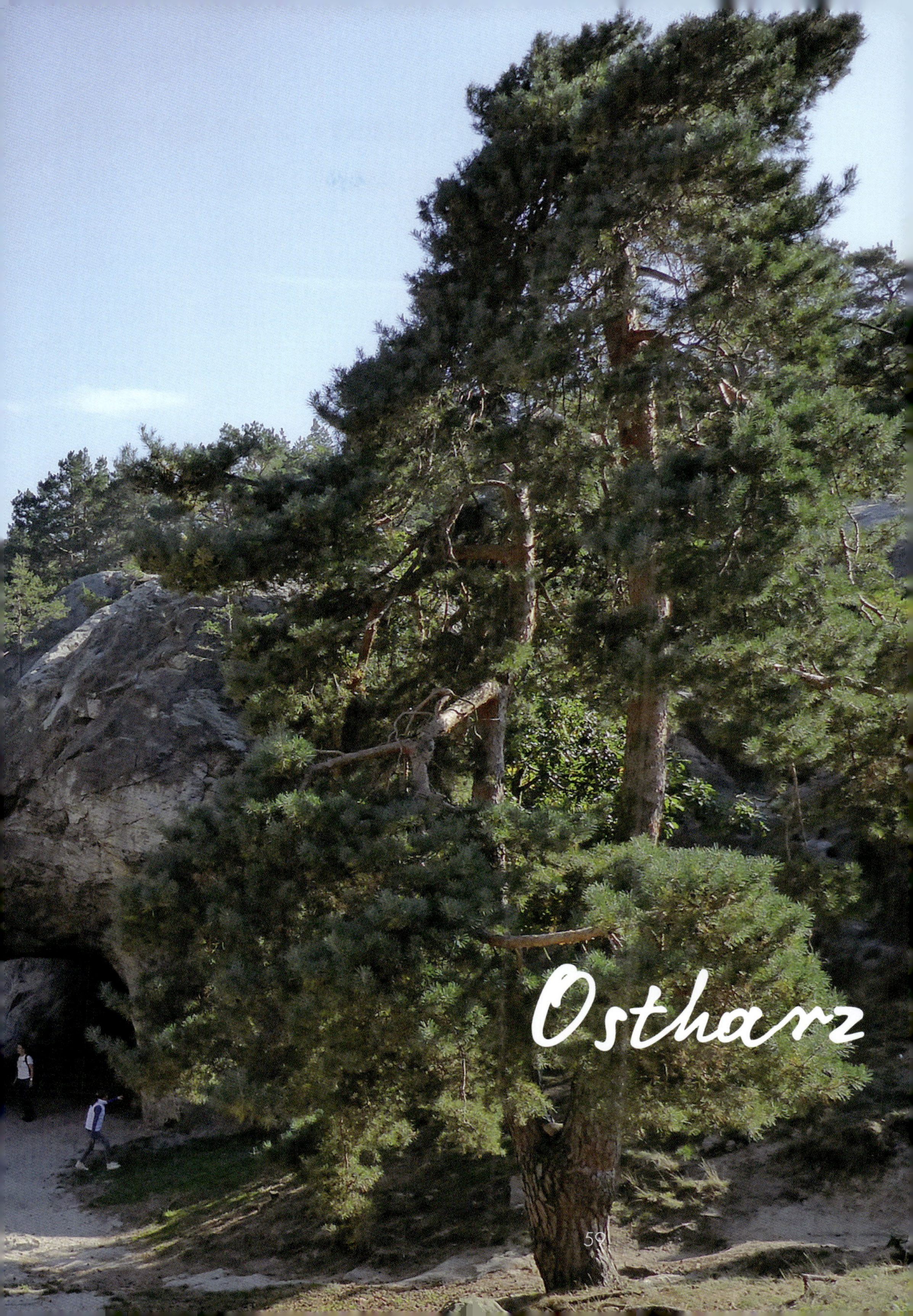
Ostharz

12 Zur aus dem Sandstein gehauenen Burg

Bei Blankenburg auf den Regenstein

leicht + schwer

1 + 0.45 Std.

80 + 80 Hm

3 + 1 km

Dies sind zwei Vorschläge – eine kleine Runde im Vorland und die Besteigung der Burg. Die Runde führt durch Sandsteinlandschaft mit Felsbuckeln und Tälchen zu einer alten, in den Fels gehauenen Mühlenanlage. Die Besteigung der Burg bringt dann weite Ausblicke. Der Hauptweg ist leicht und stellenweise sandig. Bei den Zugaben sind Stufen und schräge Passagen inklusive.

Zur Regensteinmühle Vom **Parkplatz** Ⓐ/Ⓔ gehen wir über die Straße und im Wald einen hübschen Naturweg ansteigend zu einer **Gabelung** ①. Hier folgen wir links dem Weg zum Waldrand und dann wieder im Wald neben und in einem kleinen Hohlweg hinab. Unten führt ein horizontaler Weg nach links zur Wanderhütte und der eindrucksvoll wiederhergestellten **Regensteinmühle** ②. Sich

Die Regensteinmühle

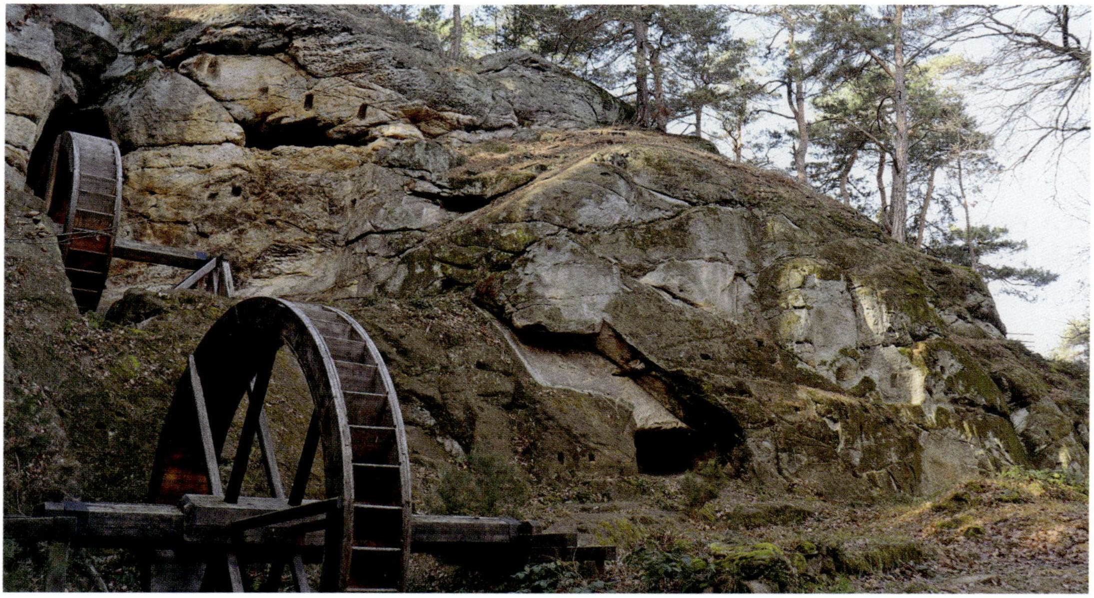

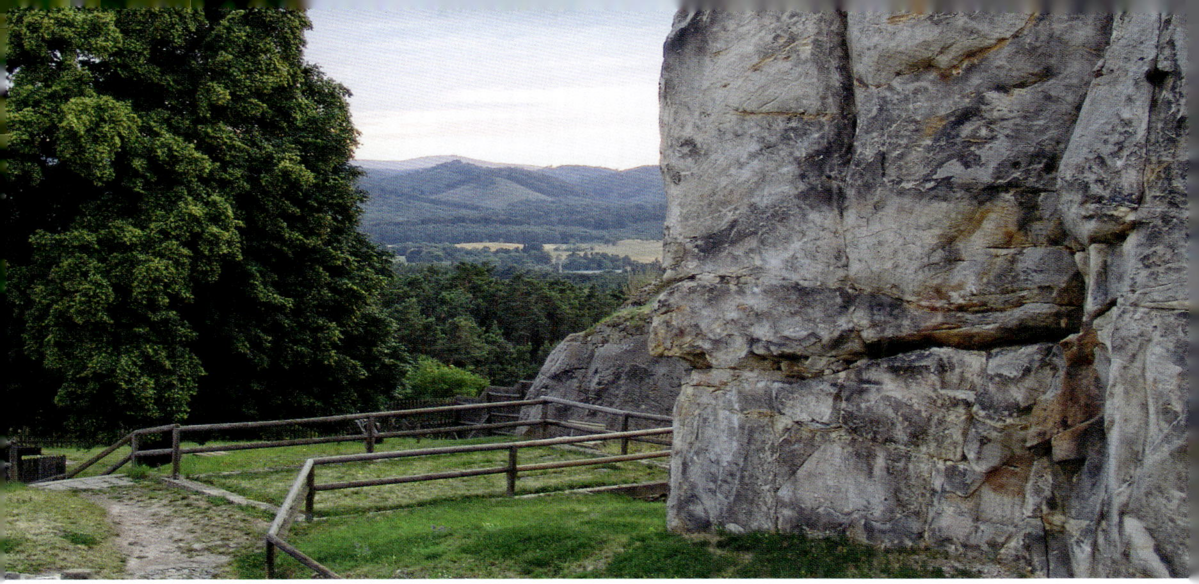

hier genauer umzusehen, wird für betagteres Mobilitätsinventar rasch herausfordernd.

Bei der Burg Regenstein

Über den Grünen Hof zurück Wir können jedoch unten vorbeigehen und folgen dem Weg nach rechts hinab zur unten querenden Alten Heerstraße. Von hier lässt sich nach links hin steil aufsteigen auf den über den Wald ragenden Felsbuckel Papenberg (worauf Menschen mit rücksichtsbedürftigen Gehwerkzeugen besser verzichten). Statt dessen gehen wir nach rechts, nordostwärts die Alte Heerstraße hinab zum **Waldrand** 3. Daran entlang kommen wir nach einigen Minuten zur Biegung nach rechts in den Wald. Nun südostwärts gelangen wir, an seitlich im Wald gelegenen Sandhöhlen vorbei, nach 400 Metern zu einer Wegekreuzung und gehen geradeaus noch weitere 200 Meter. Nun folgen wir nach rechts, südwestwärts dem unbefestigen Sandweg in die weite Talung **Grüner Hof** 4. Links ragen

Regensteinmühle

Für die Unabhängigkeit der Burg war die Mühle wichtig. Sie lag zwar außerhalb des eigentlichen Burgbereichs, aber doch nahebei. Wasser wurde von einem nahen Bach über ausgehauene Rinnen herbeigeleitet. Für die Wasserräder bot sich die Nutzung des Gefälles an einer felsigen Wand an. Die nötigen Installationen ließen sich an dem recht leicht zu bearbeitenden Sandstein ohne große Mühen einrichten. Die historischen Anlagen wurden in jüngerer Zeit wiederhergestellt und bieten nun Wanderern einen richtigen Hingucker. Infotafeln geben einen Einblick in die Technologie vergangener Zeiten.

schroff die Westabstürze des Regenstein auf, rechts sehen wir an Felsen eingehauene Balkenfalze der hier früher eingerichteten Pferdeställe. Der Weg führt steiler nach rechts hinauf zu einem kleinen Bergrücken. Hier liegen rechts die Reste der **Vorburg** 5. Von der bietet sich nochmals ein eindrucksvoller Blick zur Hauptburg Regenstein.
Wir folgen dem Weg weiter und gelangen bald zurück zum Parkplatz am Waldrand.

Zur Burg Vom Parkplatz führt die Zufahrtsstraße direkt hinauf zur kostenpflichtigen **Burg Regenstein** 6. Wer mag, kann auch auf Sandwegen seitlich gehen. Rollstuhlfahrer dürfen im Auto hinauffahren bis in den Vorhof zu einem für sie reservierten Parkplätzchen. Oben öffnen sich weite Ausblicke ins Vorland und zum Harz. Die Aufstiege durch die Kavernen und zu den höchsten Aussichtspunkten verlangen jedoch mit ausgetretenen Treppenstufen sportliche Mühen in selbstverantwortlich zu dosierenden Portionen. Zurück auf dem gleichen Weg.

Tipps

Die Grafen der Burg Regenstein waren als Raubritter verschrien. Die Burg hatten sie mit eigener Mühle und Wasserzufuhr eingerichtet. Die auf einem felsigen Sporn installierte Vorburg war als Vorwerk für Angriffe aus Nordwesten und wohl auch als Schutz der Mühle gedacht.
Im nahen Blankenburg gibt es zwei große prächtige Schlösser und einen gleichfalls sehenswerten Park. Der ist teils im französischen Stil klar geregelt, teils im englischen Stil als Landschaftspark gestaltet. Näheres dazu siehe *Historische Pfade im Harz* und *Wanderungen für Senioren im Harz*.

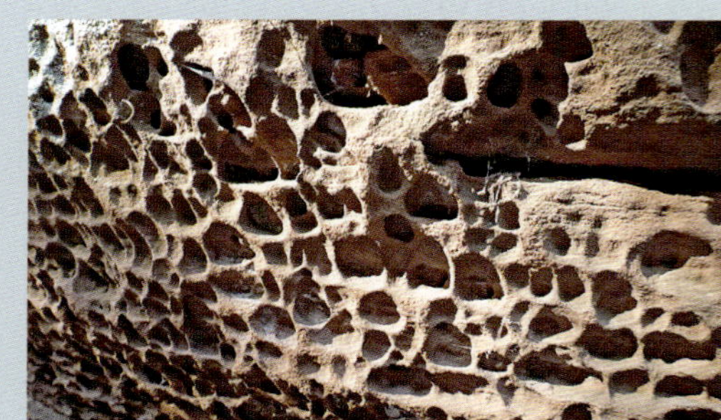

Wabenverwitterung an Sandstein

Die älteren Oberflächen des anstehenden Kreidesandsteins sind durch Krustenbildung aus Mangan und die fein ziselierte Löcherbildung der Wabenverwitterung charakterisiert. Da diese Löcherstrukturen teils auch auf alten bearbeiteten Oberflächen zu finden sind, entstehen sie offenbar schon nach wenigen Jahrhunderten.

Wichtiges zur Tour

Tourencharakter

Kurze Tour durch einprägsame Landschaft auf breiten Wegen, meist auf Naturpfaden mit gelegentlichen Hindernissen wie Wurzeln oder Stufen. Die interessantesten Stellen sind Zugaben über herausfordernde felsige Stufen, zwar weithin mit Geländern und Zusatzstufen gefügig gemacht, aber immer mit Fragen an die eigenen aktuellen Fähigkeiten.

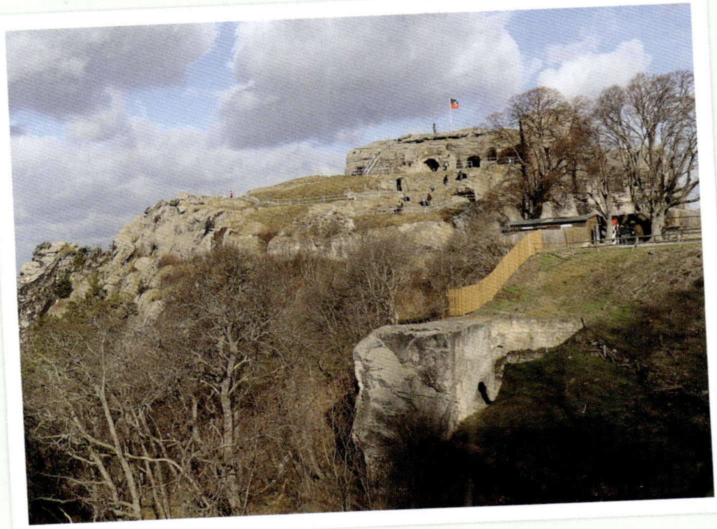

Burg Regenstein

Ausgangs-/Endpunkt

Parkplatz am Waldrand vor dem Regenstein, Blankenburg Am Platenberg

Anfahrt

Bus & Bahn: Bahn bis Wernigerode, Bus in Richtung Thale bis Busstopp Burg Regenstein an der B 82 beim Pfeifenkrug. Von dort auf dem Mühlenwanderweg ostwärts etwa 1,2 km zur Alten Heerstraße beim Papenberg
Auto: Mit dem Auto von der Anschlussstelle Blankenburg Nord der A 36 aus. Für Rollstuhlbenutzer Zufahrt bis in den Vorhof frei

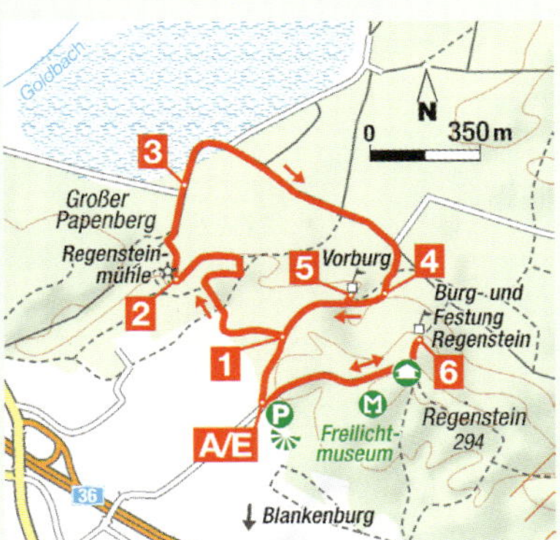

Einkehr

Imbiss auf der Burg Regenstein

Karte

Blatt »Mittlerer Harz« von »Der Harz in 4 Teilen«, 1:30 000, Schmidt-Verlag Wernigerode

Information

www.burg-regenstein.de

13 Auf die Aussichtskuppe über dem langen See

Zum Rotestein am Rappbodestausee

- leicht
- 0.45 Std.
- 60 Hm
- 1,8 km

Dies ist ein kurzer Weg zu einem großartigen Aussichtspunkt auf einem felsigen Bergsporn über dem größten vielfach verzweigten Stausee des Harzes. Zu den verschiedenen Tageszeiten und Wetterzuständen bieten sich hier immer wieder neu faszinierende Stimmungen. Die Anfahrt verlangt Konzentration auf die in einer Kurve erst kurz vorher sichtbare Einfahrt.

Die Rappbodetalsperre

Dieses System von Talsperren ist das größte in Deutschland. Es wurde in den 1950er-Jahren erbaut. Dazu gehören außer der Hauptsperre weitere kleinere Becken im oberen Tal der Kalten Bode, an der Hassel, an der Warmen Bode und bei der Hauptsperrmauer. Die ist mit 106 Metern Höhe die höchste im Lande. Insgesamt können hier 109 Millionen Kubikmeter Wasser gestaut werden. Das System dient dem Hochwasserschutz, aber vor allem der Trinkwasserversorgung der Industriegebiete um Halle und Leipzig. Dort ist durch lässige Abwässerversickerung und durch Kriegseinwirkung das Grundwasser weitgehend versaut und diese Gebiete sind so auf zugeleitetes Wasser angewiesen. Da ist unerfreulich, dass in den letzten Jahren ausbleibende Niederschläge die Wasserstände der Stauseen immer tiefer fallen ließen. Offenbar wird mehr entnommen als nachkommt. Ein besonderer Teil der Anlage ist das Pumpspeicherwerk Wendefurth. Es besteht aus zwei mit beachtlichem Höhenunterschied übereinandergelegenen Becken. Es nutzt hier immer etwa das gleiche Wasser durch Hinaufpumpen zur Speicherung bzw. durch Abfluss über Turbinen zur Wiedergewinnung von elektrischem Strom. Damit lässt sich die von Natur aus unregelmäßige Gewinnung von Wind- und Solarenergie ausgleichen. Bei künftig stärkerer Nutzung dieser sich regenerierenden Energiegewinnung sind natürlich noch viel mehr Speicher nötig. Neben diesen ernsthaft wichtigen Vorgängen dienen eine parallel zur Hauptstaumauer installierte Hängebrücke und Seilrutschen der Bespaßung.

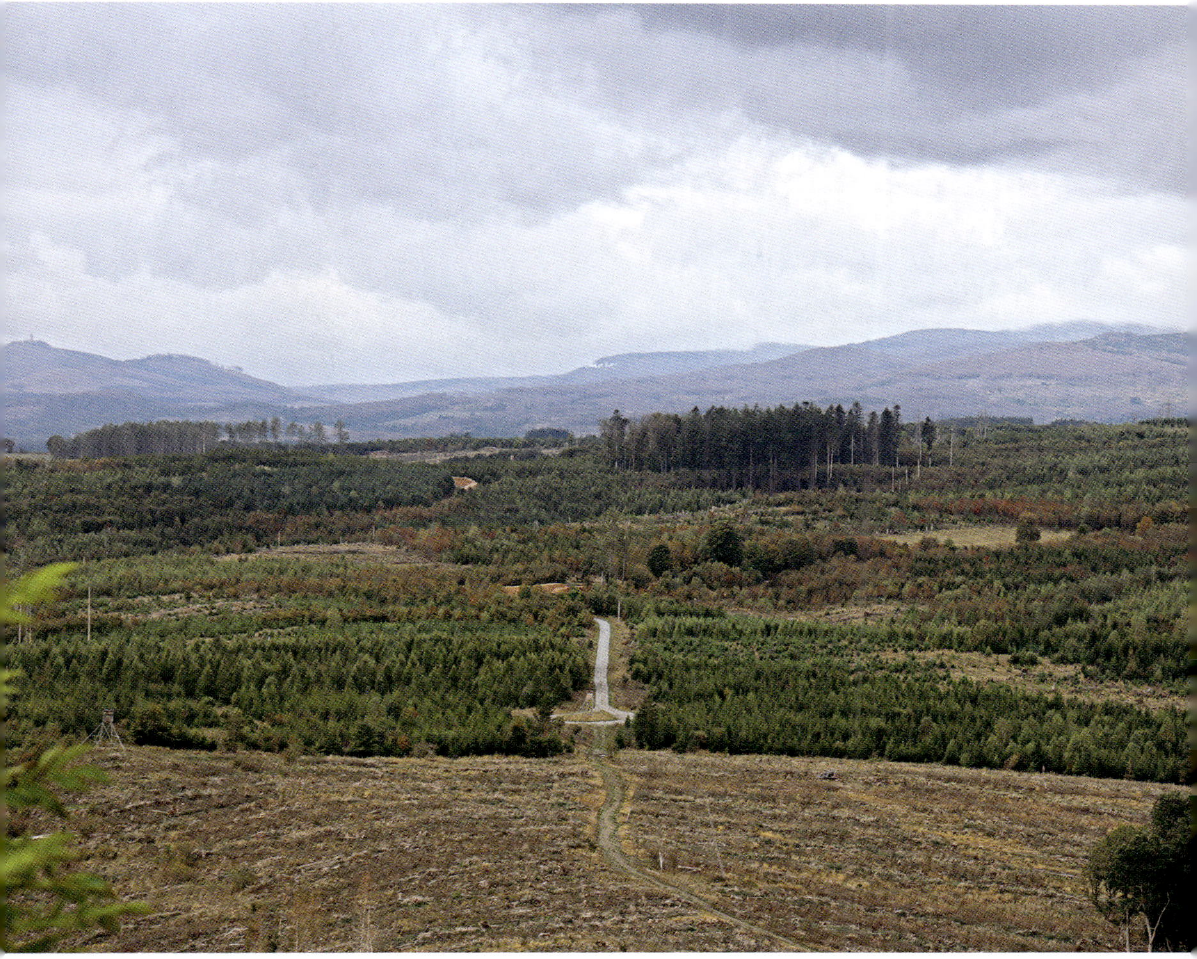

In der Umgebung des Stausees sind weite Flächen von Fichtenwald abgestorben und abgeräumt.

Zum Rotestein Vom **Parkplatz** Ⓐ/Ⓔ führt der breite Weg zuerst nach Nordwesten abwärts, dann nach links aufwärts. Der Weg ist jetzt etwas naturnäher und führt etwas unterhalb des Bergrückens weiter bis vor den höchsten Punkt des niedrigen Felsens Rotestein. Nach links gehen wir hinab zur Balustrade der **Aussichtsterrasse** ①. Auf dem Foto sind in der Ferne im zentralen Bergland links der Wurmberg und rechts die Kuppe der Hohne zu sehen. Dazwischen liegt der im Bild von Wolken verdeckte Brocken. An seinem Kleingipfel Königsberg ist in der Bildmitte an dieser Kuppe der Dampf der sich hinaufarbeitenden Lokomotive der Brockenbahn zu erkennen.

Blick vom Roten Stein auf einen Teil des Stausees der Rappbodetalsperre

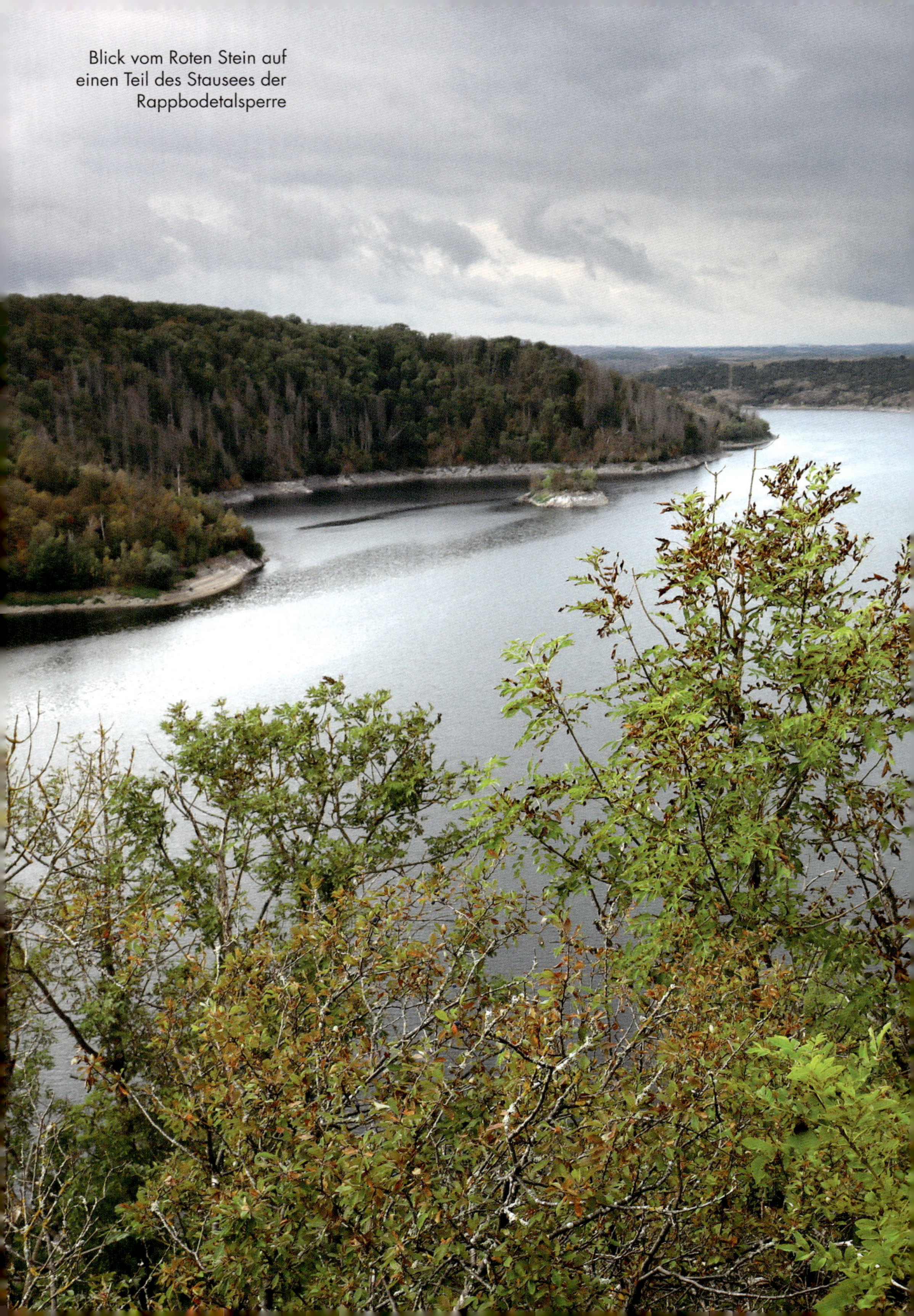

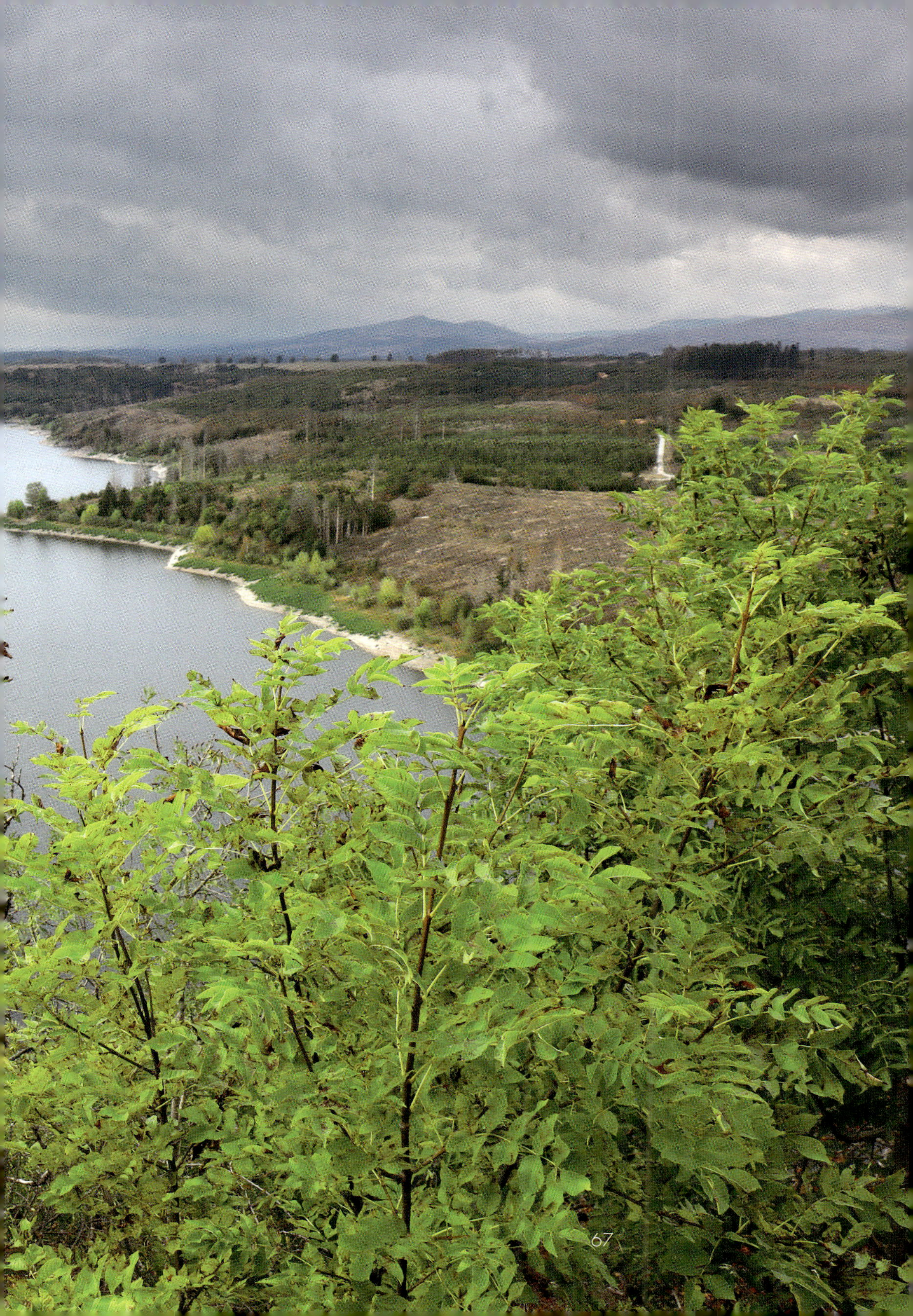

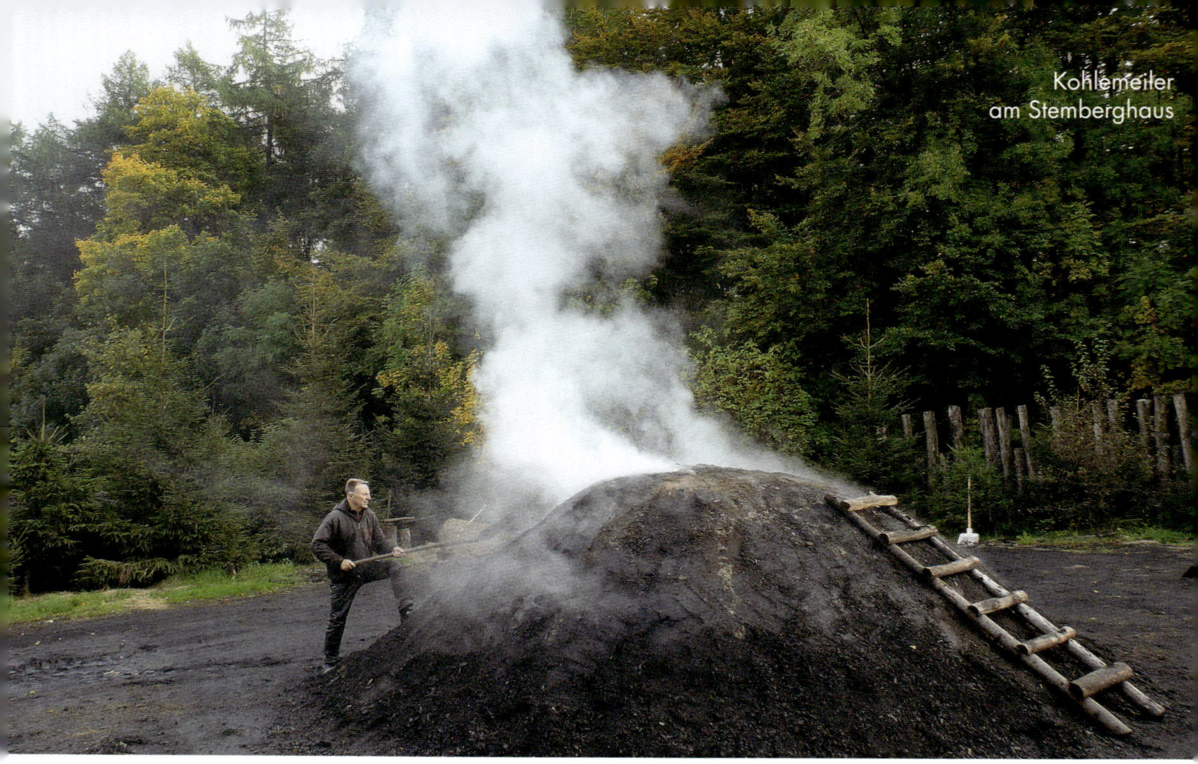

Kohlemeiler am Stemberghaus

Die Köhlerei

Beim Stemberghaus wird neben dem Angebot von rustikaler Gastronomie in einer Schauköhlerei alles über die traditionelle Herstellung von Holzkohle durch Verschwelen in mit Grassoden überdeckten Meilern gezeigt.
Die Gewinnung von Holzkohle war in der frühen Zeit des Harzer Bergbaus von höchster Wichtigkeit. Nur damit ließ sich das aus den Gruben geförderte Erz schmelzen, und nur so ließen sich die wertvollen Metalle gewinnen. So wurden in den Kohlemeilern erst einmal die reichlich vorhandenen Vorkommen von Buchen- und Eichenholz in Holzkohle verwandelt. Die Köhlerplätze folgten den Bereichen, wo Holz eingeschlagen werden konnte. Diese Plätze sind auch heute noch an den schwarzen Kohleresten im Boden zu erkennen. Die Wälder waren erst einmal riesig. Aber Bäume gab es nicht in unendlicher Zahl. Man musste deshalb immer weiter in die Wälder hineingehen. Damit wurden auch die Wege von den Meilern zu den Erzhütten immer länger. Neben den Köhlern lebten von dieser Bereitstellung also auch die Karrenführer. Außerdem gab es auf den Wegen zu den Bergwerken Leute, die Wegezoll erhoben. Insgesamt ernährte der Bergbau eine Menge Menschen.
Aber in allen seinen Arbeitsschritten war das eine elende Mühsal und Plackerei. Und obendrein durch Rauch und giftige Dämpfe der Erze sehr ungesund.

Wichtiges zur Tour

Tourencharakter
Kurze hübsche Wanderung durch Laubwald zu einem großartigen Seepanorama

Ausgangs-/Endpunkt
Kleiner Waldparkplatz an der Kurve der B 81, westlich der Kuppe des Großen Stemberges

Anfahrt
Bus & Bahn: Mit Bahn bis Wernigerode und Bus in Richtung Hasselfelde ist auch der Bushalt Stemberghaus gut zu erreichen. Von dort lässt sich der Parkplatz mit einer zusätzlichen Wegstrecke zu Fuß erreichen: Gegenüber der Zufahrt einen ausgeschilderten Weg steil, teils rutschig und steinig, satte 40 Hm absteigen zu einer Straße. Auf dieser dann nordwärts aufsteigen zum Parkplatz. Weiter wie beschrieben. Dann ist die Tour insgesamt hin und zurück 3,5 km, 1,5 Std. lang. Wegen des steilen Abstiegs und Wiederanstiegs ist diese Variante nur fitten Leuten mit Stöcken anzuraten.
Auto: Mit dem Auto am besten von Blankenburg in Richtung Hasselfelde. Etwa 1,5 km hinter der Abzweigung nach Elbingerode geht oben auf der Kuppe in einer Kurve nach rechts die Zufahrt zum Parkplatz ab. Man sieht sie erst kurz vorher, muss sich also sehr darauf konzentrieren. **Ich rate dringend, nur in dieser Richtung an- und abzufahren**. In Gegenrichtung vor der Kuppe in der Rechtskurve als Linksabbieger hinein, das wäre wirklich heikel!

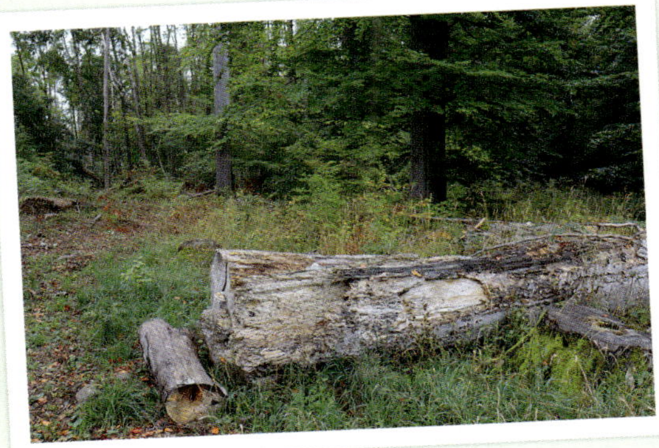

Am Weg zum Rotestein

Einkehr
Stemberghaus

Karte
Blatt »Mittlerer Harz« von »Der Harz in 4 Teilen«, 1:30000, Schmidt-Verlag Wernigerode

Information
www.harzkoehlerei.de

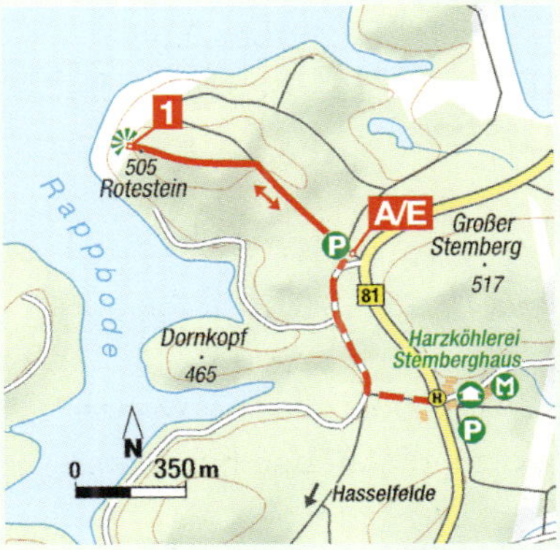

14 Zur Talrandkuppe über den Kalkfelsen

Von Rübeland zum Schornsteinberg

mittel

1.15 Std.

100 Hm

3 km

Diese Wanderung beginnt bei der Baumannshöhle und führt vom Grunde des mittleren Bodetales durch offenes Wiesengelände und Laubwald an der Hangkante zur Hochfläche oberhalb. Sie lässt so den hier noch erhaltenen Reiz dieser herben natürlichen Kalklandschaft erleben. Im Talgrund von Rübeland sind immerhin zwei der größeren Karsthöhlen erhalten und für Besucher offen.

Zum Schornsteinberg Wir gehen die **Blankenburger Straße** A/E in Richtung Elbingerode kurz hinauf und dann rechts in die Straße **Schmiedeberg** 1. Nach 100 Metern zweigt von dieser rechts eine schmalere gepflasterte

Blick vom Schornsteinberg auf Rübeland

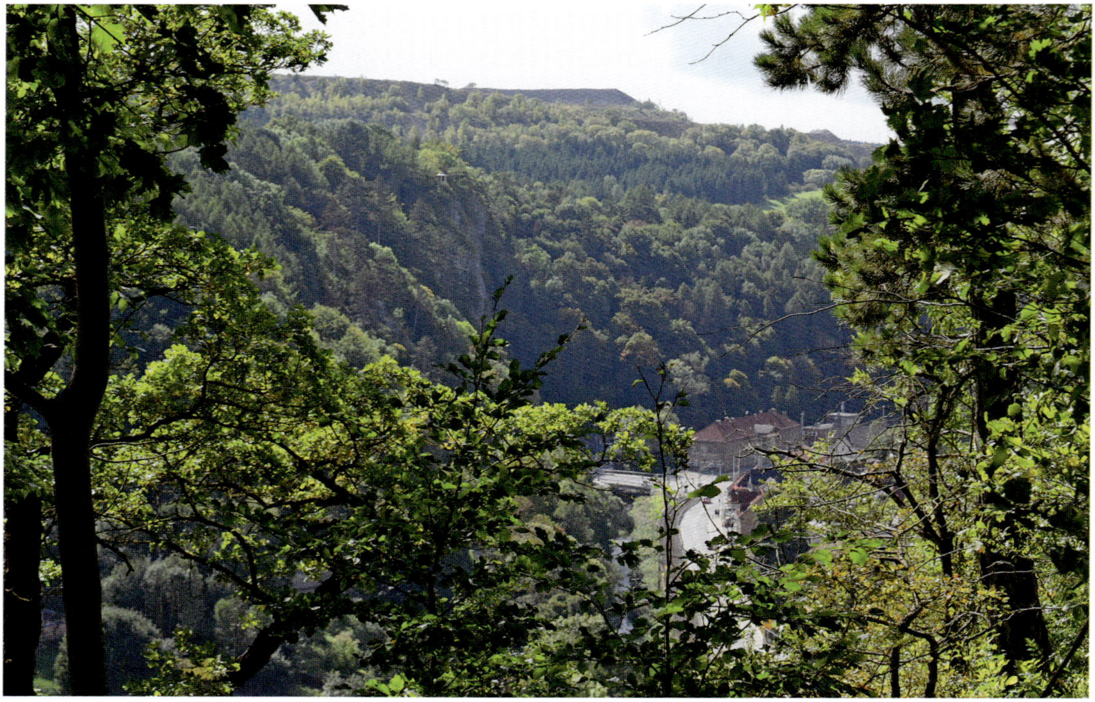

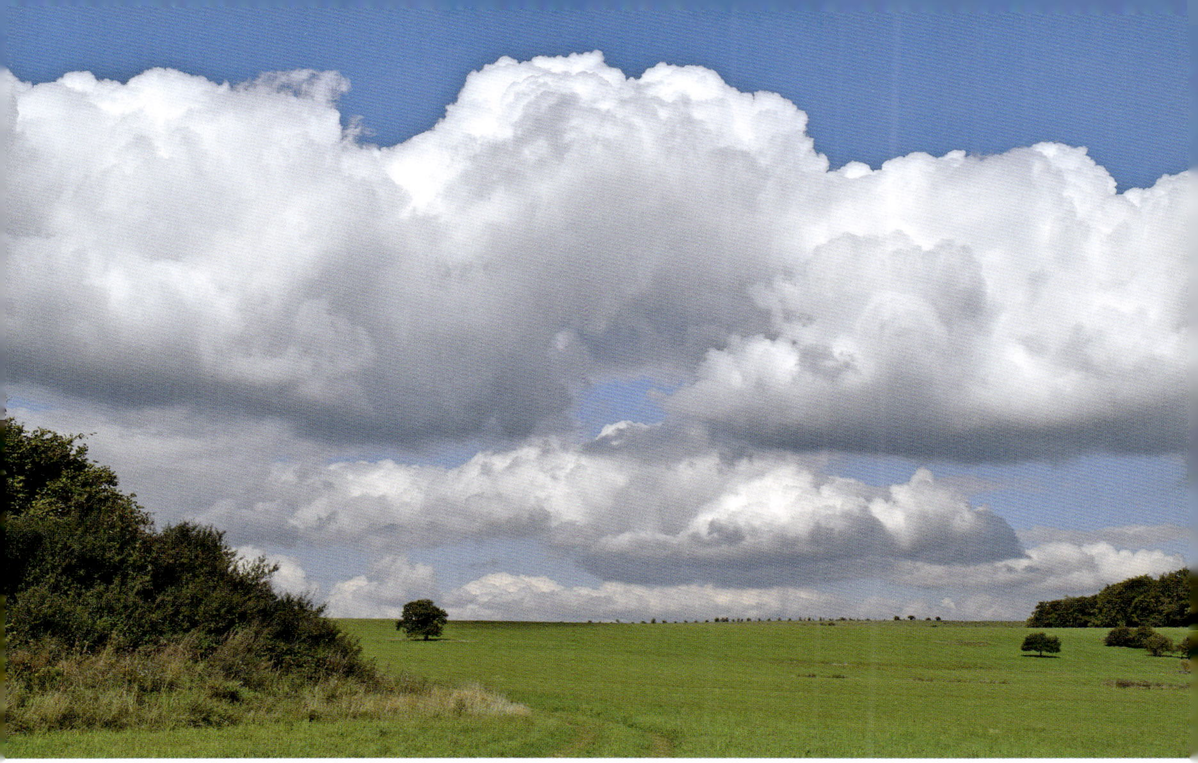

Straße ab und führt als hübsche **Allee** ❷ hinauf. Oben erreicht sie nach drei Kurven auf der Hochfläche eine Querstraße. Auf dieser gehen wir rechts hinab bis zum hohen Wald. Dort treffen wir auf einen schmaleren Wanderweg.

Auf der Kuppe des Schornsteinberges

Rübeländer Baumannshöhle und Hermannshöhle

Die eindrucksvollsten Besucherhöhlen im Harz sind die Rübeländer Baumannshöhle und die Hermannshöhle. Die sind ein Sonderangebot für Tage mit Regenwetter! Da wird schon etwas sehr Reales geboten an gut erhaltenen Kalksintergebilden, die auch als Tropfsteine bekannt sind. Die von der Höhlendecke herabhängenden Gebilde nennt man Stalaktiten. Sie sind eigentlich meist hauchdünne Röhrchen. An denen lagert sich nur am Rand Sinter ab. Unten tritt das mit vorher anderswo aufgelöstem Kalk gesättigte Wasser aus und fällt dann als Tropfen hinab. Am Boden schlägt es auf und verdunstet. An diesen Stellen werden aus dem Kalksinter massive, breitere Stalagmiten allmählich höher aufgebaut. Sie wachsen weit langsamer als die fragilen Stalaktiten und bilden auch oft Girlanden und Terrassen. Die formenreichen Gebilde sind in den Schauhöhlen wirkungsvoll beleuchtet und werden mit fantasievollen Bezeichnungen präsentiert.

Der führt sehr schön am Waldrand entlang nach links hinauf mit Nahblicken in den urigen Laubwald und auf weite Wiesen bis zum obersten Waldzipfel und nach rechts durch diesen abwärts zum **Schornsteinberg** 3. Dort steht die Holzplastik eines frei erfundenen Bergmanns Baumann und es ergibt sich ein eindrucksvoller Tiefblick von der Hangkante ins Tal nach Rübeland.

Rückweg Wir gehen den Weg zurück wie beim Herweg. Vom obersten Waldzipfel kann bei aktuell begehbarer Fahrspur auch südwestwärts schräg über die Wiese ohne Gegensteigung die Einmündung der gepflasterten Allee direkt erreicht werden. Gleich ob auf dem Herweg oder mit der Abkürzung: Beim Rückweg sind allemal auf der anderen Talseite die Landschaft fressenden Steinbrüche zu sehen.

Harzer Massenkalk

Die Meeresablagerungen der Karbonzeit erfolgten teils in einer für Korallen und Schwämme günstigen Wassertiefe. So konnten die Kolonien von winzigen Tierchen durch Binden von Kohlenstoff mächtige Riffe ausbilden. Weil bei allmählich absinkendem Meeresboden die Riffe immer weiter nach oben wachsen konnten, entstanden teils Hunderte von Metern mächtige Kalkschichten. In denen sind immer wieder auch die von den Tierchen aufgebauten Strukturen wie z. B. die fingerförmigen Strukturen von Korallen enthalten. Kalk kann durch Niederschlagswasser auch langsam, aber stetig aufgelöst werden. Dies geschieht besonders entlang von Rissen und Spalten des Gebirges. Dort können sich so Höhlensysteme bilden. In denen fällt an manchen Stellen durch wieder verdunstendes Wasser Kalksinter aus und bildet oft formenreich prächtige Tropfsteine. Wo Höhlen zur Oberfläche offen sind, wurden sie auch von Tieren und Menschen als Schutzorte aufgesucht. So gibt es in den Höhlen auch vorzeitliche von Höhlenbären bis zu Neandertalern stammende Knochenreste. Aus denen lassen sich Einzelheiten über das Leben von Tieren und Menschen in früheren Zeiten schließen. Mehr reale Wunder dieser Unterwelt begegnen uns auch in den Rübeländer Schauhöhlen. Wer von Elbingerode einer Feldstraße nach Süden folgt, kann zu einem Aussichtspunkt über riesigen Kalksteinbrüchen gelangen. Dort können wir zusehen, wie solche Pracht nach wie vor in großem Stil für recht profane Zwecke systematisch abgebaut wird.

Wichtiges zur Tour

Tourencharakter
Recht kurze, aber vielseitig interessante Wanderung zur Talkante und zurück. Meist passable Naturwege

Ausgangs-/Endpunkt
Parkplatz an der Straße nach Elbingerode, schräg gegenüber vom Eingang zur Baumannshöhle

Anfahrt
Bus & Bahn: Bahn bis Wernigerode, Bus zum Stopp Rübeland/Baumannshöhle beim Ausgangspunkt

Auto: Mit dem Auto direkt zum Ausgangspunkt

Einkehr
Rübeland

Karte
Blatt »Mittlerer Harz« von »Der Harz in 4 Teilen«, 1:30000, Schmidt-Verlag Wernigerode

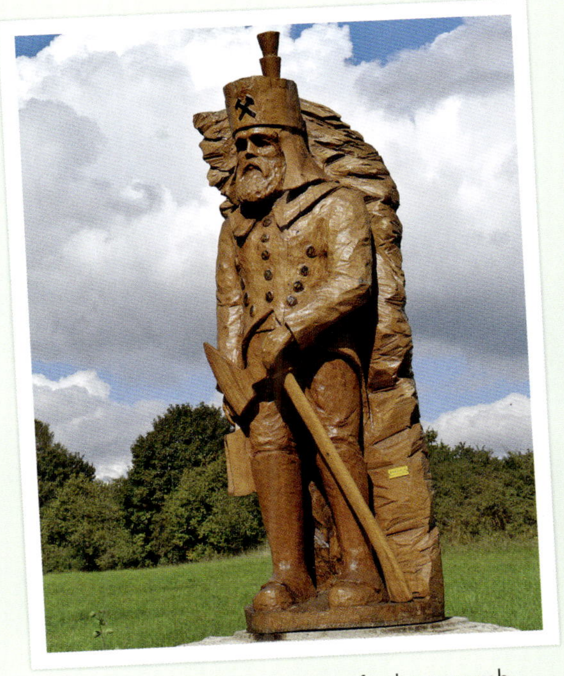

Holzfigur des wahrscheinlich frei erfundenen angeblichen Bergmanns und Finders der Baumannshöhle. Schon die Neandertaler waren vor ihm da drin.

Information
www.harzinfo.de

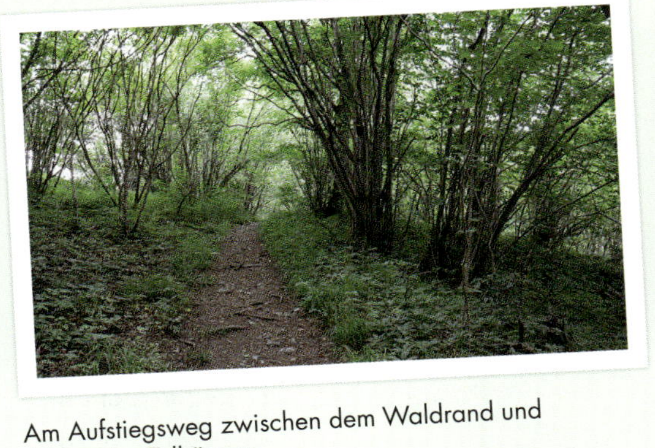

Am Aufstiegsweg zwischen dem Waldrand und den steilen Talhängen

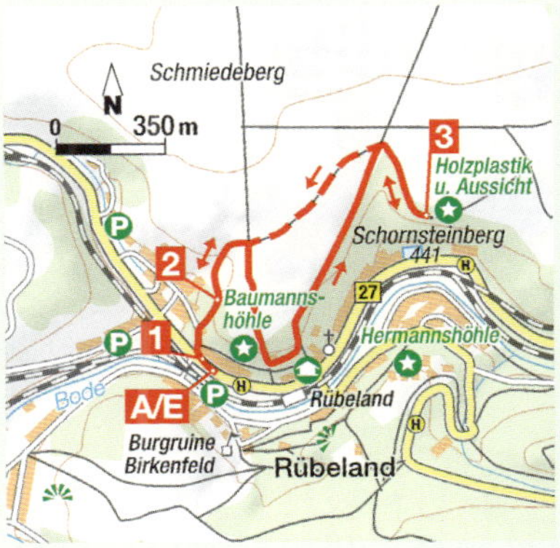

15 An den felsigen Vorlandkuppen

Von Timmenrode zum Hamburger Wappen

leicht

1 Std.

40 Hm

2 km

Diese Wanderung ist eine Miniatur, aber zu einem vielseitig interessanten Ort mit Fernblicken bis zum Brocken und nach Norden ins Vorland. Wer will, kann die Tour noch im lichten Wald etwas weiter nach Westen ausdehnen, sieht dabei aber nichts Neues. Die Sandsteinfelsen sind die herausgewitterten Schichtköpfe von senkrecht gestellten Gesteinsschichten (Tour 16).

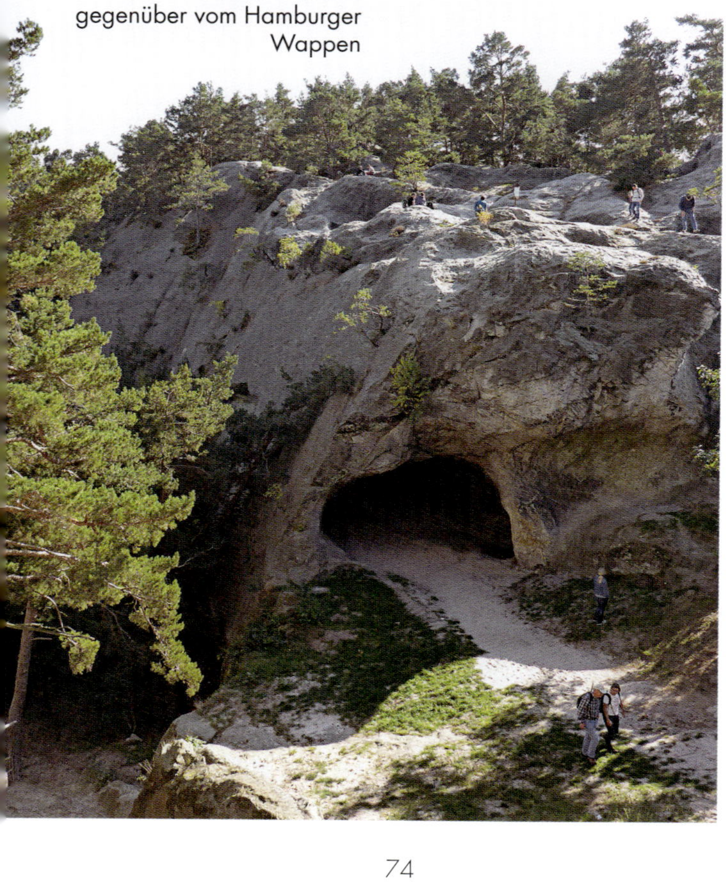

Die Höhle Kuhstall gegenüber vom Hamburger Wappen

Zum Hamburger Wappen

Vom **Parkplatz** Ⓐ/Ⓔ gehen wir westwärts am Sportplatz vorbei und dann rechts gerade hinauf zum Wald. Dort führt der sandige Weg schräg nach links hinauf zum **Rastplatz** ① nahe am Felsbuckel mit der ausgehauenen Höhlung Kuhstall. Gegenüber ragt keck der Felsturm Hamburger Wappen auf. Sich hier umzusehen, verlangt Vorsicht und bei Handicap rasch Verzichte. Bis auf den Gipfel des Hamburger Wappens wagen sich auch nur wenige in der Blüte ihrer Jahre stehende Kletterkundige. Aber für alle gibt es hier Nah- und Fernblicke zum Harz und ins Vorland. Der Rückweg erfolgt auf dem gleichen Weg wie der Hinweg.

Wichtiges zur Tour

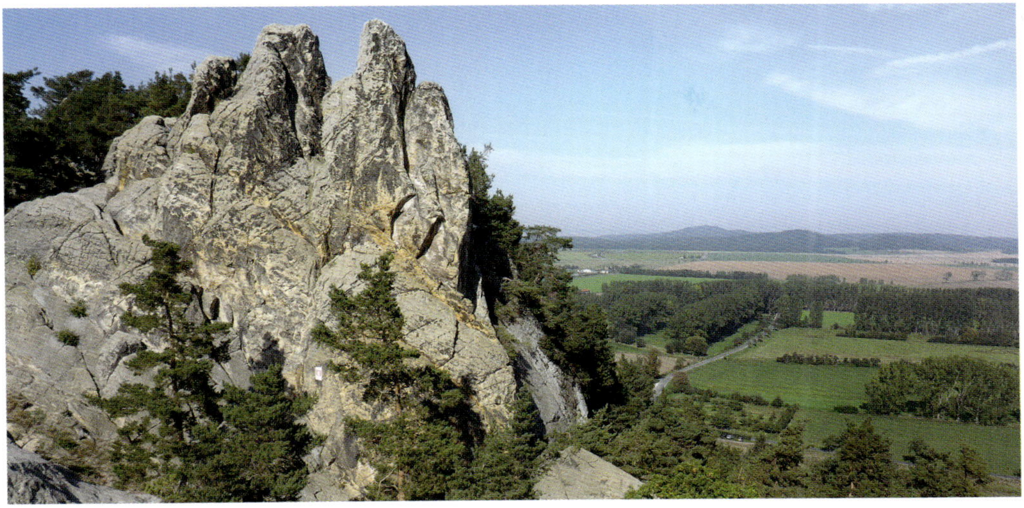

Der reichlich bröselige Sandstein-Felsturm Hamburger Wappen

Tourencharakter

Hübsche Kurzwanderung auf Naturwegen

Ausgangs-/Endpunkt

Parkplatz am Sportplatz in Timmenrode, Lindenstraße

Anfahrt

Bus & Bahn: Bahn bis Wernigerode, Bus in Richtung Thale bis Timmenrode, Blankenburger Straße Stopp nahe der Kirche. Von dort nur wenige Minuten Aufstieg zum Sportplatz
Auto: Mit dem Auto direkt zum Ausgangspunkt

Einkehr

Das Gasthaus und Gaststätte zur Teufelsmauer in Timmenrode

Karte

Blatt »Mittlerer Harz« von »Der Harz in 4 Teilen«, 1:30 000, Schmidt-Verlag Wernigerode

Information

www.harzinfo.de

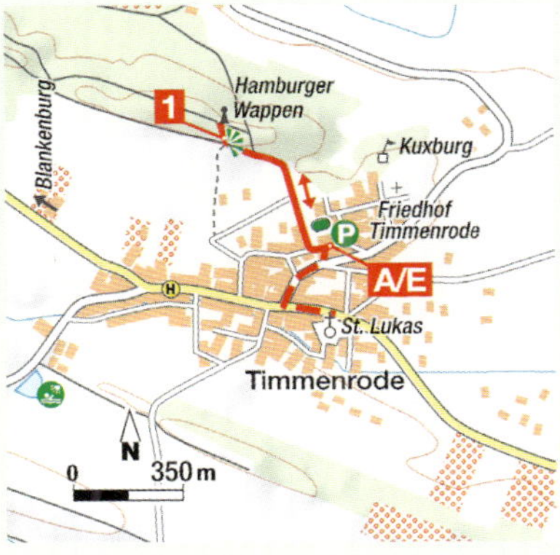

16 An bizarren Felstürmen entlang

An der Neinstedter Teufelsmauer

- mittel
- 2 Std.
- 80 Hm
- 5,5 km

Diese Wanderung ist eines der Highlights am Harz und bietet bei geringen Mühen immer wieder originelle Ausblicke. Die spektakulär schroffen Felstürme weckten schon früh im 19. Jahrhundert das Bewusstsein, dass solche Naturwunder nicht einfach wie damals üblich zur Gewinnung von Baumaterial abgebaut werden dürfen. Damit wurde hier die Idee zum Naturschutz geboren.

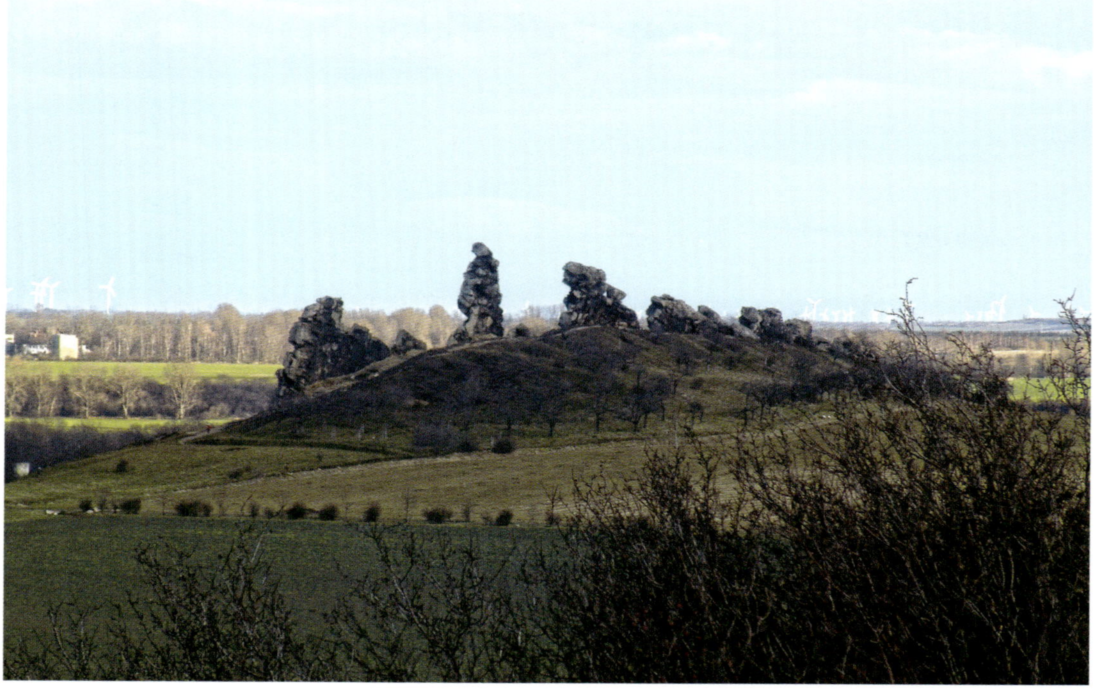

Die Weddersleber Teufelsmauer von Süden vom Pilgerweg

Entlang der Teufelsmauer zum Papenstein Vom Ausgangspunkt **Parkplatz** Ⓐ/Ⓔ gehen wir zuerst neben der Bode über ein Wehr und zu einem Platz mit einer Wegabzweigung. Wir verlassen nun den ebenen flussnahen Weg und steigen auf einem breiten Naturweg mit allerlei kleineren Hindernissen wie Stufen oder Auswaschungen hinauf zur Neinstedter Teufelsmauer (auch Wedderslebener Teufelsmauer genannt). Der Weg führt am östlichen Felsen sowie an den höchsten Türmen **Königsstein** 1 und Westturm vorbei und danach abwärts und nordwestwärts weiter. In gleicher Richtung gehen wir nun den Weg am Rande einer Trockengraswiese mit Obstplantage aufwärts. Er führt südseitig unter den noch etwas höher gelegenen, aber auf dieser Seite niedrigen Felsen des **Mittelsteins** 2 vorbei. Der lässt sich bei einiger verbliebener Gelenkigkeit auch besteigen und bietet dann weitere Rundsicht und nordseitig über die gar nicht so niedrige Nordseite einen Hauch von Tiefblick. Weiter in gleicher Richtung gelangen wir zu

An der Bode

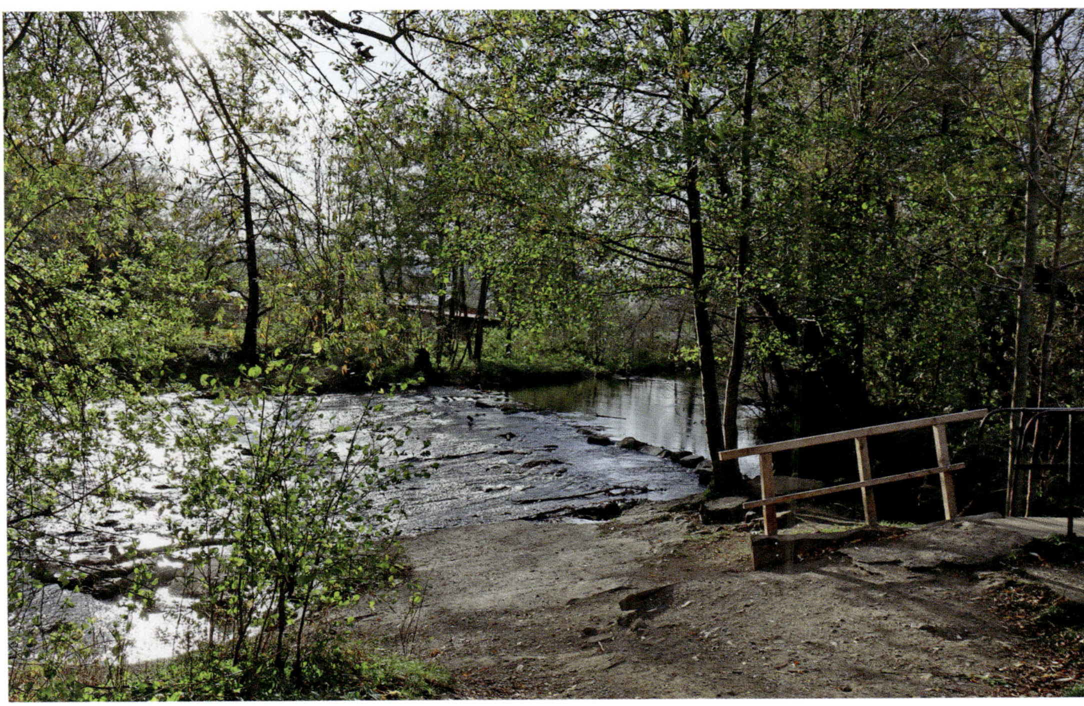

einem Querweg vor den niedrigeren Felsen der Warnstedter Teufelsmauer oder auch des **Papensteins** 3. (Dessen westliche Teile sind offensichtlich durch Steinbrüche abgebaut worden.)

Über den Pilgerweg zurück Aus der Mulde noch vor dem Papenstein führt nun ein fester Feldweg nach links, südwestwärts. Er bringt uns allmählich ansteigend auf einen beackerten Bergrücken (schöne Blicke zurück zu der Felsreihe). Danach gehen wir abwärts und dann links am Wald und an dichten Hecken entlang weiter südwärts. Unten trifft der Weg noch vor der Bode auf den **Pilgerweg** 4. Auf dem so benannten Feldweg gehen wir nun ostwärts am Fluss entlang zurück zum Ausgangspunkt.

Teufelsmauer

Die Neinstedter oder Weddersleber Teufelsmauer ist der markanteste Abschnitt der langen Reihe von Felsen von Blankenburg bis zum Gegenstein bei Ballenstedt. Sie alle sind die herausgewitterten Schichtköpfe von senkrecht gestellten Sandsteinschichten. Sie wurden hier bei der Heraushebung des Harzblockes parallel zum Harz hochgebogen. Als originelle Felsgestalten faszinieren sie schon allein durch ihren Anblick. Zum Klettern sind sie noch reizvollere Ziele als nur zum Anschauen, aber das ist hier leider verboten. Dabei gibt es eigentlich keine plausiblen Gründe für ein Verbot. Weder die in der Substanz recht festen Felsen noch der wertvolle Trockenrasen wären bei einer Freigabe nach bestimmten, anderswo bewährten Schutzregeln gefährdet. Man müsste nur wollen. In früheren Zeiten wurde das ganz anders gesehen. Ein Teil der Felsen wurde ganz profan zur Beschaffung von Baumaterial abgebaut. Eine alte Geschichte erzählt von der vom Teufel begonnenen, aber auch wieder zerstörten Mauer zwischen dem von Klöstern erschlossenen Vorland und dem Harz, in dem sich alte Vorstellungen länger hielten. Sie ist den frühchristlichen Legenden zuzuordnen, die als Kontrastprogramm zur eigenen Heilslehre der vereinfachten Darstellung des Teufels als dumm und uneffektiv dienten.
Eines der alten Klöster liegt am nördlichen Ortsrand von Thale als Kloster Wendhusen. Dort ist besonders der große fränkische Wehrturm erhalten und zu besichtigen.
Der Pilgerweg verläuft als Themenweg am nördlichen Harzrand entlang mit der Markierung lila Kreuz. Er verbindet eine Reihe von alten Klöstern von Grauhof bei Goslar über Ilsenburg und Darlingerode das früher bei Hasserode gelegene (und noch vom eifrigen Reformator Martin Luther besuchte, aber jetzt bis auf letzte Mauerreste vergangene) Kloster Himmelspforte über Wendhusen bis zur mächtigen und gut erhaltenen Stiftskirche nach Gernrode. Die ist ein besonderes Schaustück der Straße der Romanik.

Wichtiges zur Tour

Tourencharakter

Unverwechselbare originelle Rundwanderung auf hübschen, besonders zu Beginn auch immer wieder Vorsicht verlangenden Naturwegen und im zweiten Teil auf Feldstraßen und Feldwegen. Wer mit den Hindernissen Schwierigkeiten hat, kann beliebig weit in Gegenrichtung gehen und irgendwann umkehren. Das bietet den Anblick der Felsen aus der Ferne.

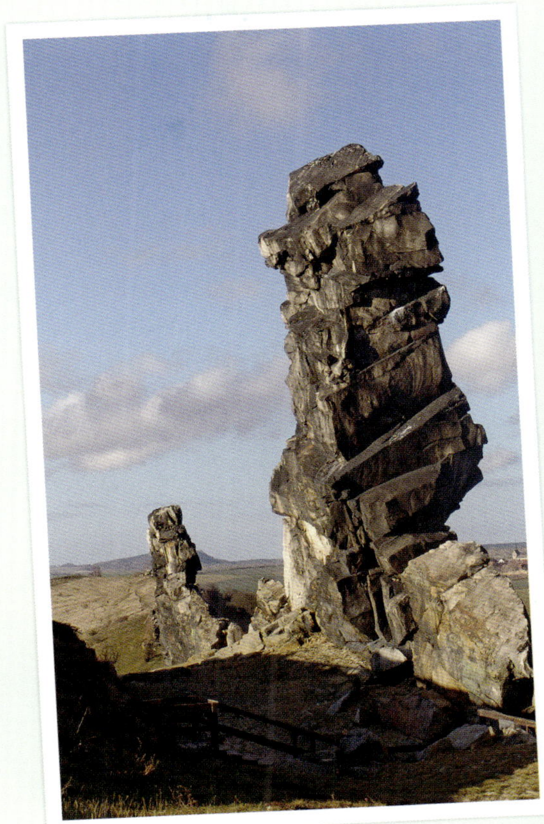

Königstein

Ausgangs-/Endpunkt

Wanderparkplatz vor dem Ostende der Teufelsmauer, westseitig an der L92 zwischen Neinstedt und Weddersleben

Anfahrt

Bus & Bahn: Bahn bis Quedlinburg, Bus in Richtung Thale bis Weddersleben HP Teufelsmauer. Auch Bahn bis Haltepunkt Neinstedt und von dort 600 m

Auto: Mit dem Auto direkt zum Ausgangspunkt

Einkehr

Evangelische Stiftung Neinstedt

Karte

Blatt »Mittlerer Harz« von »Der Harz in 4 Teilen«, 1:30 000, Schmidt-Verlag Wernigerode

Information

www.harzinfo.de

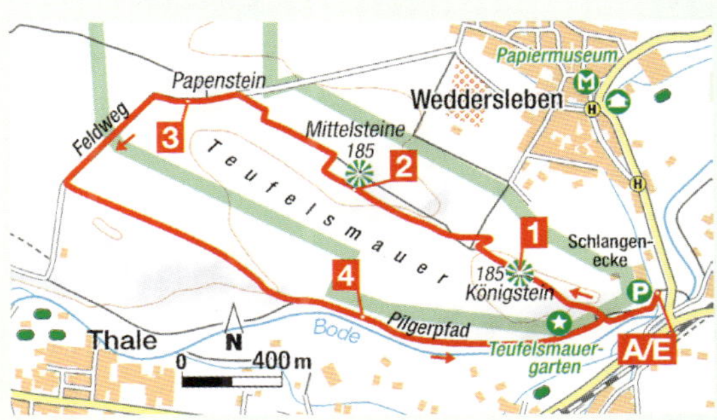

17 Am Rand des wild-malerischen Felsentales

Vom Hexentanzplatz zur Prinzensicht

- mittel
- 2 Std.
- 80 Hm
- 6 km

Mit der Nutzung der Kabinenbahn ist diese Wanderung nur wenig anstrengend. Dabei bietet sie neben dem teils betäubenden Trubel am Hexentanzplatz wahrhaft eindrucksvolle Blicke in den tief eingeschnittenen Grand Canyon des Bodetales mit den höchsten Felswänden Norddeutschlands und natürlich zum Brocken. Der Weg zur Prinzensicht erlaubt danach auch ruhiges Schauen.

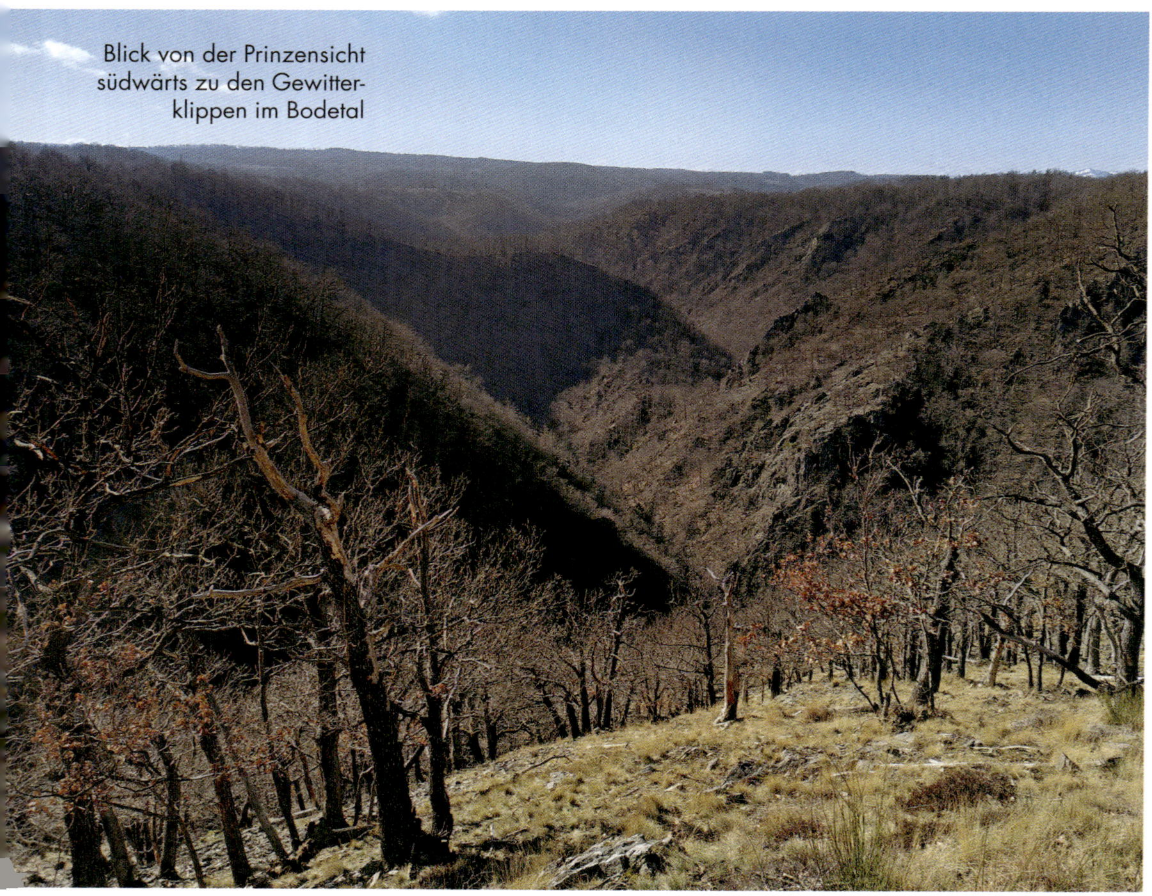

Blick von der Prinzensicht südwärts zu den Gewitterklippen im Bodetal

Zur La Viershöhe Von der **Bergstation Hexentanzplatz** A/E gehen wir unweit der Kante zum Tal an urigen Baumgestalten vorbei südwärts ansteigend zur **Gaststätte Hexentanzplatz** 1. Auf ihrer Westseite bietet sich von einer über Stufen erreichbaren Terrasse ein gewaltiger Tiefblick ins Tal und auf die gegenüber aufragenden Felswände

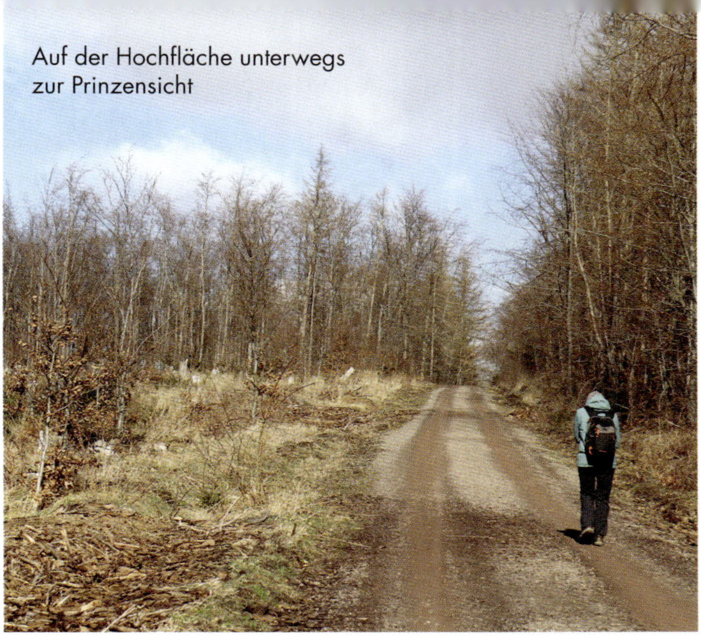
Auf der Hochfläche unterwegs zur Prinzensicht

Die Talhänge – Baustellen der Natur

Der unterste Teil des Bodetales führt durch festen, grobkristallinen Granit. In den hat sich der Bodefluss tief eingeschnitten. Dazu benutzte er die mitgeführten Gesteinsblöcke als Schlag- und Schleifmaterial. Besonders an den Stellen mit steilerem Gefälle fließt das Wasser schneller und kann mit Hilfe der Steine trotz der Härte des Gesteins im Flussbett effektiv arbeiten. Seit dem Bau der Rappbodetalsperre fallen die Frühjahrshochwasser aus. Die hatten zur Zeit der Schneeschmelze regelmäßig mit hoher Wassermenge und hohen Abflussgeschwindigkeiten beträchtlich intensiver als heute gewirkt. Wenn im Talgrund am Fluss Material weggerissen und abtransportiert wird, dann unterschneidet das auch die Ufer. Dort lösen sich dann auch immer wieder Steine und letztlich fallen oder rollen oder springen sie bis zum großen Transportmechanismus Fluss im Talgrund. An den Felswänden wirkt in den Spalten auch immer wieder der Spaltenfrost. Wenn Wasser in einem geschlossenen Spalt gefriert, kann das pro Quadratzentimeter bis zu fast 3 Tonnen Druck aufbauen. Das zerlegt und lockert so auch feste Gesteinskörper. Deshalb fallen auch immer mal wieder Gesteinsblöcke aus den Felswänden heraus und folgen der Schwerkraft hangabwärts, ebenso wie von Bäumen Äste fallen können. Solcher Steinschlag oder Holzschlag ist selten, aber an so einem Ort als Ausdruck der natürlichen Dynamik immer auch mal mit großer Wucht möglich. Alle, die den Angeboten der touristischen Wege durch diese wildromantische Naturlandschaft folgen, müssen deshalb wissen, dass sie sich dabei immer auch deren Gefahren aussetzen.

der Rosstrappe. Am Parkplatz vorbei gehen wir den Weg weiter südwärts, unterhalb der Tiergehege und oberhalb der schroffen Felskanzel **La Viershöhe** ❷ vorbei. Die ist nur über hohe, abgewetzte Stufen zu besteigen. Nach dem hoch eingezäunten Wolfsgehege folgen wir dem Weg nach links auf die Hochfläche. Auf der weisen später Schilder nach rechts, nordwestwärts. Wir gehen diesen Weg durch eine flache Talmulde und über eine aktuell kahle Kuppe zur Aussichtskanzel **Prinzensicht** ❸. Sie bietet eindrucksvolle Ausblicke in die Tiefe des Bodetales, über die Bergsporne im Süden und zum Brocken. Zurück gehen wir auf dem gleichen Weg, rechtzeitig vor der letzten Talfahrt.

Weitere Kurzwanderungen in diesem Bereich des Bodetales

Die **Talgrundwanderung zur Gaststätte Königsruhe** und an der Bergwachthütte vorbei weiter bis zur **Teufelsbrücke**. Sie führt teils über luftige, aber solide Brücken und ist gut zu gehen. Sie bietet Blicke auf die über Felsen schäumende Bode und eröffnet von hier durch Lücken im Blätterdach des Waldes Blicke hinauf zu aufregend hohen und schroffen Felsen (mittelschwer, vom Bahnhof hin und zurück fünf Kilometer, 50 Höhenmeter, kurz vor der Teufelsbrücke steiniger Weg und an Brücken teils hohe Stufen).
Wer per Sessellift oder per Auto zum Berghotel Rosstrappe gelangt, kann von dort auf dem ausgebauten Weg zum sensationellen, mit Eisengeländern eingerahmten **Aussichtspunkt Rosstrappe** absteigen (schwer, hin und zurück 1,4 Kilometer, 120 Höhenmeter, im unteren Teil zur Aussichtskanzel glattgetretene Felsstufen als nicht ganz weggebaute Schikane). Als Lohn wartet ein für diesen Teil unseres Landes wahrhaft eindrucksvoller Tiefblick in den wildesten Teil des tief eingeschnittenen Bodetales.
Nochmals deutlich sportlicher ist es, beide Wanderungen zu verbinden und von nahe der Teufelsbrücke über den jetzt wieder passierbar gemachten, gepflasterten und glatt gelaufenen **Zickzackweg Schurre** hinaufzusteigen zur Rosstrappe. Vom Berghotel bringt der Sessellift hinab (oder man steigt ab über den auch anspruchsvollen Präsidentenweg nach Thale). Aber dafür sollten die Gelenke und die Pumpe noch wirklich fit sein (schwer, 250 Höhenmeter, mit Abstecher zur Aussichtskanzel und dann hinauf bis Rosstrappe Liftstation fünf Kilometer. Abstieg Präsidentenweg nochmals drei Kilometer und 250 Höhenmeter abwärts zusätzlich).

Wichtiges zur Tour

Tourencharakter
Wanderung vom per Bahn erreichbaren stark bevölkerten Brennpunkt mit vielfältigem Schnickschnack auf guten Wegen in angenehm ruhige, malerische Bereiche

Ausgangs-/Endpunkt
Bergstation der Kabinenbahn Thale–Hexentanzplatz

Anfahrt
Bus & Bahn: Bahn bis Thale, vom Bahnhof 500 m zur Talstation
Auto: Mit dem Auto zum Großparkplatz westlich vom Bahnhof

Einkehr
Imbiss und Restaurant auf dem Hexentanzplatz

Karte
Blatt »Mittlerer Harz« von »Der Harz in 4 Teilen«, 1:30000, Schmidt-Verlag Wernigerode

Information
www.harzinfo.de

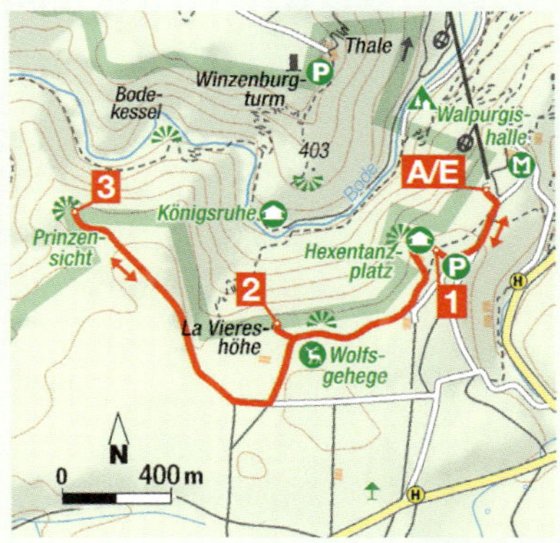

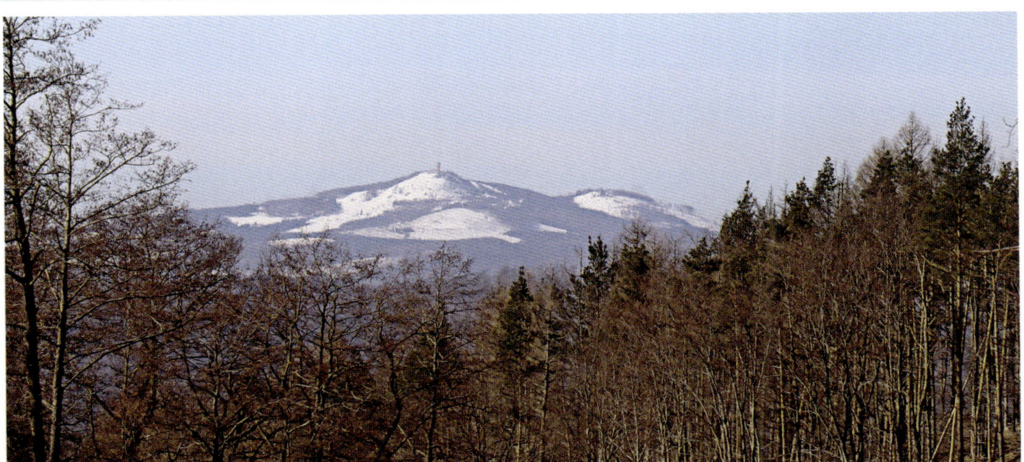

Der noch von Frühjahrsschnee verzierte Wurmberg vom Weg zur Prinzensicht

18 Zur Bilderbuchburg

Vom Gartenhaus zur Burg Falkenstein

leicht

1 Std.

30 Hm

2,5 km

Diese Kurzwanderung führt auf der ruhigen Seite des Bergrückens durch knorrigen Eichenwald zur mangels feindlicher Eroberungen gut erhaltenen Burg und ebenso zurück. Parallel dazu gibt es das Angebot der Fahrt dorthin in der Falkensteiner Bimmelbahn, in als Eisenbahnzug verkleideten Traktoranhängern.

Vom Gartenhaus zur Burg Vom Parkplatz und der **Gaststätte Gartenhaus** A/E gehen wir zuerst südwestwärts auf der Straße zum Wald und folgen nun den Schildern nach scharf rechts im Wald durch einen Talanfang zum Bergrücken. Auf dessen Südseite führt anschließend nach links der angenehme breite Fußweg durch schönen Eichenwald bis vor die alle romantischen Vorstellungen erfüllende **Burg Falkenstein** 1. Nach dem Vorhof und dem Tor geht es allerdings auch über allerlei Stufen hinauf und hinab. Oder wir gucken nur und drehen um. Zurück auf dem gleichen Weg.

Am Burgtor und vor der Burg Falkenstein

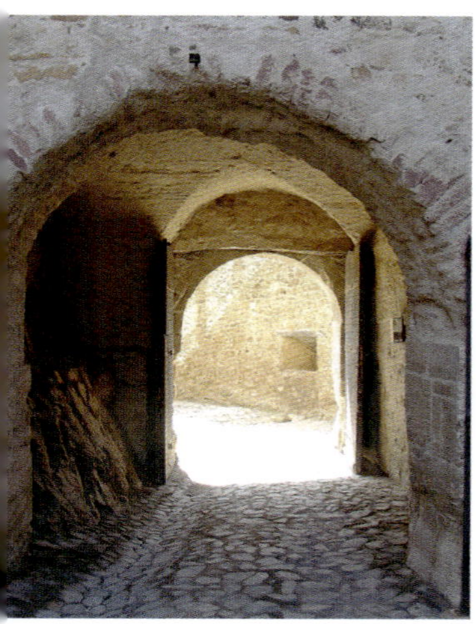

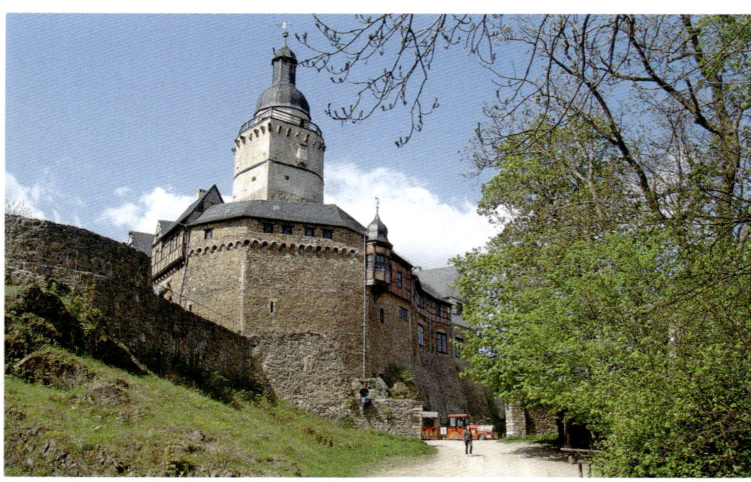

Wichtiges zur Tour

Tourencharakter

Kurzwanderung durch Laubwald zur hübschen Burg. Diese selbst ist nur etwas für im Treppensteigen noch mobile Personen. Aber der Weg hin und zurück ist für sich schon lohnend.

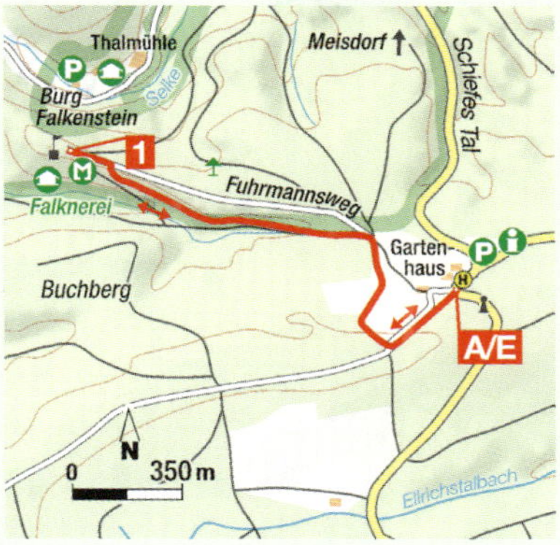

Ausgangs-/Endpunkt

Gaststätte Gartenhaus
an der L230 von Meisdorf
nach Pansfelde

Anfahrt

Bus & Bahn: Bahn bis Ermsleben/Stadt Falkenstein, dann Bus Richtung Pansfelde bis Gartenhaus
Auto: Mit dem Auto bis Parkplatz Gartenhaus

Karte

Blatt »Östlicher Harz« von »Der Harz in 4 Teilen«, 1:30 000, Schmidt-Verlag Wernigerode

Information

www.falkenstein-harz.de

Einkehr

Gaststätte
Gartenhaus

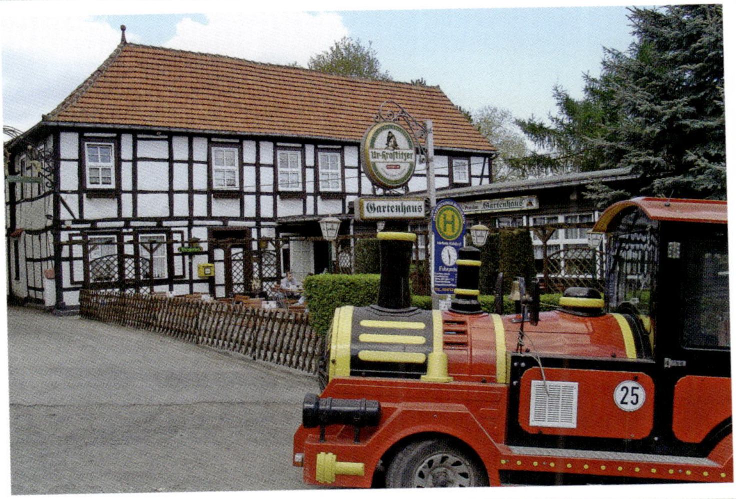

Vom Gartenhaus kann uns auch ein als Bimmelbahn verkleidetes Motorfahrzeug zur Burg bringen.

19 Blicke zum zentralen Bergland

Rundgang in Stiege

leicht

1.30 Std.

50 Hm

3,5 km

Diese landschaftlich reizvolle Runde im und am Ort Stiege auf der weiten Harzhochfläche am Ursprung des Selketales bietet Ausblicke zum Brocken, seine Trabanten und auf die idyllischen Teiche. Beim Ausgangspunkt steht die neu aufgebaute Stabkirche. An ihrem ursprünglichen Standort beim verfallenden Albrechtshaus war sie durch Vandalismus gefährdet. Hier ist sie gerettet.

Vom Bahnhof zum Brockenblick Vom **Bahnhof** A/E gehen wir in Richtung Ort bis zur neu schmuck dastehenden **Stabkirche** 1. Gegenüber biegen wir links in die Schulstraße ein, gehen bis zu ihrer Rechtsbiegung und dann geradeaus einen kleinen Weg am Ortsrand entlang bis zur Jahnstraße. Wo diese endet, bringt uns schräg links die Tännchenstraße hinaus zur **Bahnlinie** 2. Von hier sind bereits der Brocken samt Wurmberg und Hohne zu sehen. Wir können auch vor der Bahnlinie nach rechts auf dem asphaltierten Hasselfelder Wanderweg ein Stück hinausgehen.

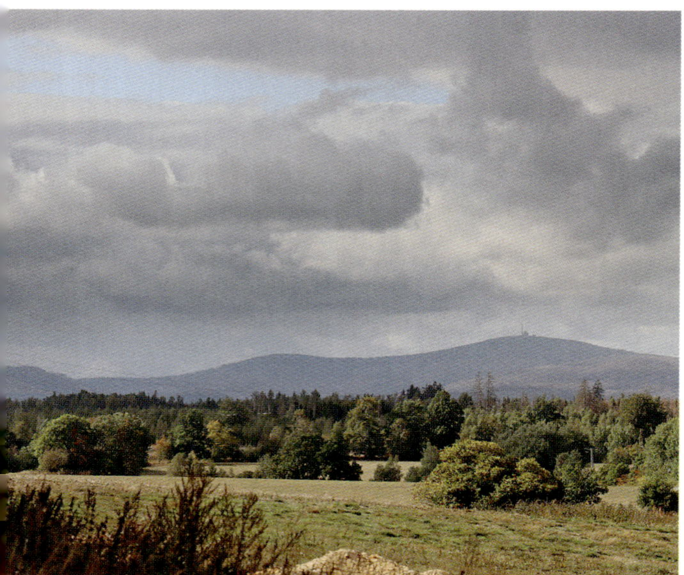

Der Brocken von der Wendeschleife der Selketalbahn westlich bei Stiege

Über die Teichstraße zurück Wir gehen auf der Tännchenstraße zurück und dann die Breite Straße hinab bis vor den Unteren Teich zum **Haus am See** 3. Wir folgen der Teichstraße daran entlang. Sie führt später nach rechts und weiter zum Oberteich. Nun westwärts weiter gelangen wir zurück zur Stabkirche und zum Bahnhof.

Wichtiges zur Tour

Tourencharakter
Rundgang in und um den Ort auf guten Wegen mit reizvollem Wechsel von Fernblicken und Wegstücken am Wasser

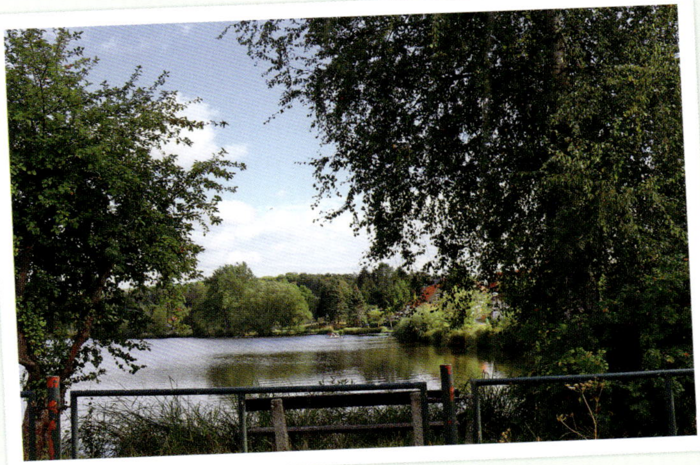

Am Oberteich

Ausgangs-/ Endpunkt
Bahnhof der HSB am Südrand von Stiege

Anfahrt
Bus & Bahn: Mit der HSB Selketalbahn bis zum Ausgangspunkt
Auto: Mit dem Auto über die Harzhochstraße B 242

Einkehr
Haus am See

Karte
Blatt »Östlicher Harz« von »Der Harz in 4 Teilen«, 1:30 000, Schmidt-Verlag Wernigerode

Information
www.harzinfo.de

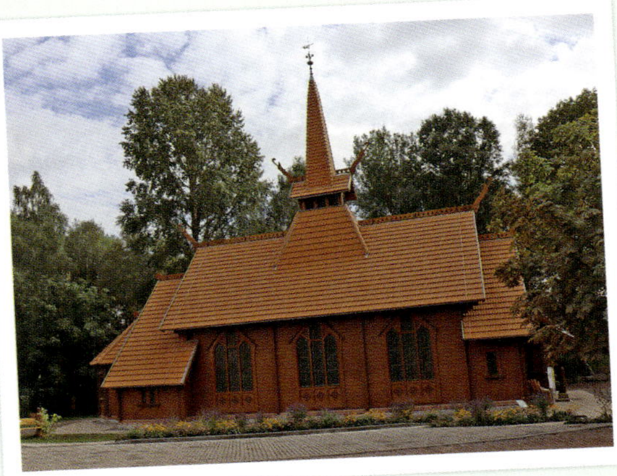

Die vom verfallenden Albrechtshaus nach Stiege versetzte Stabkirche

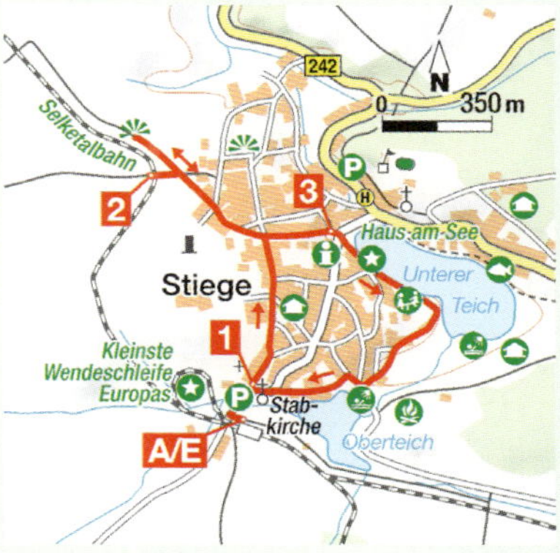

20 Kahle Kuppen und Wasserwege

Von der Hasselfelder Hagenmühle zur Hasselvorsperre

mittel

2 Std.

100 Hm

5,5 km

Diese Wanderung führt zu einer der Vorsperren der weitläufigen, mehrteiligen Speicher der Rappbodetalsperre. Die Gegend hat durch die Klimaerwärmung ihren Charakter deutlich verändert. Wo früher Wege durch dichten Fichtenwald führten, bieten sich aktuell weite Ausblicke. Dazu belebt auf lange Strecken hin der Blick auf Wasser das Landschaftsbild.

Von der Hagenmühle zur Hasselvorsperre Vom **Parkplatz** A/E gehen wir nordwärts den breiten Fahrweg entlang hinauf, aktuell noch entlang von langen Poltern abgeernteter Baumstämme, auf eine **Kuppe** 1. Hier kommen als neuer Blickfang der Brocken und die anderen zentralen Harzberge in Sicht. Wir gehen weiter nun abwärts ins

Im südlichen Teil des Sees der Hasselvorsperre

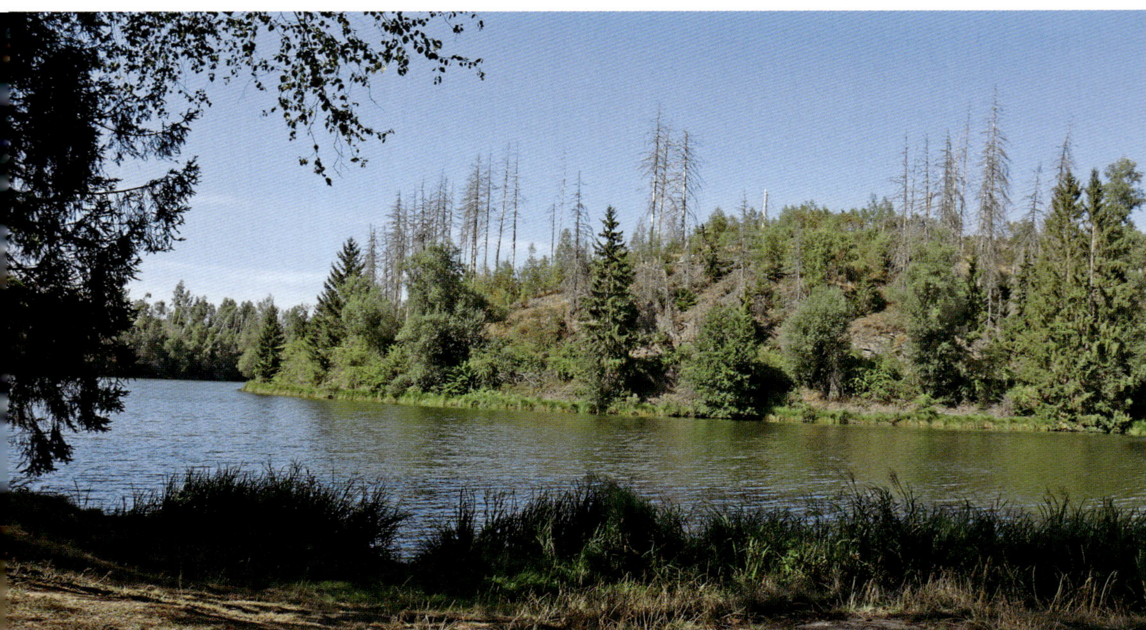

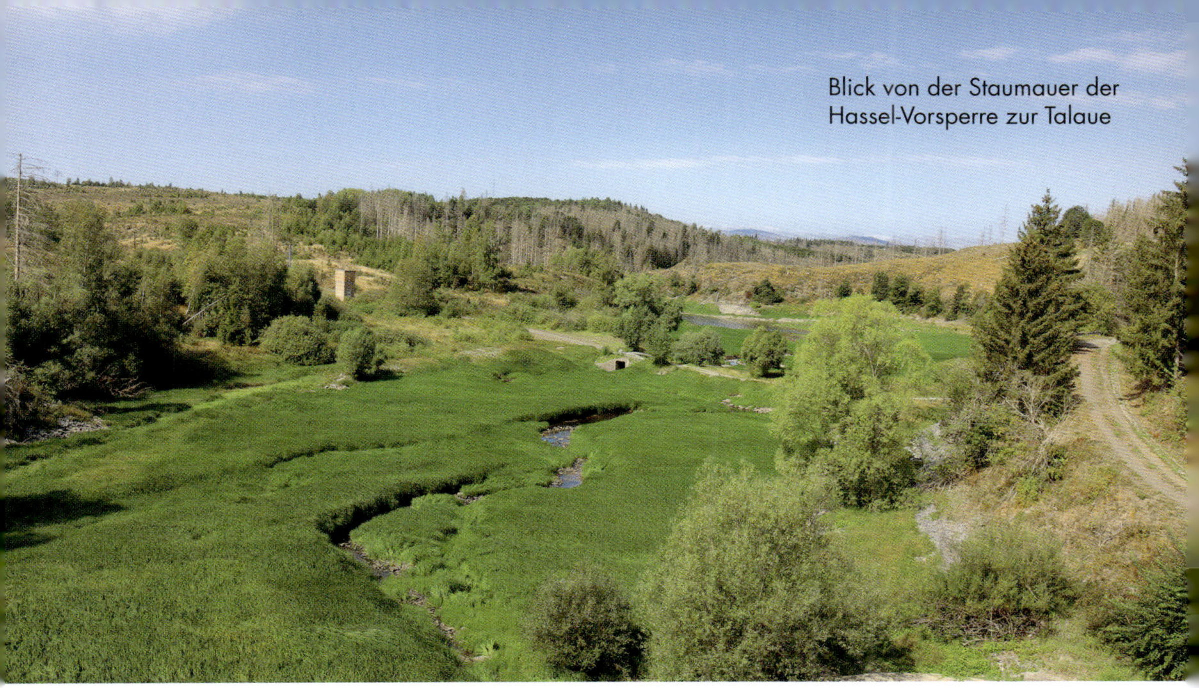

Blick von der Staumauer der Hassel-Vorsperre zur Talaue

Tälchen des Stahltalbaches. Nachdem wir es rasch gequert haben, folgen wir etwas nach links, nordwestwärts der Waldstraße durch die abgeräumten Grashänge und Flächen. Nur hier und da zeigen sich schon junge Baumgruppen. Nach etwa einem weiteren Kilometer gelangen wir kurz vor einigen großen alten Buchen, Eichen und Ahornbäumen zu einem Wegekreuz. Hier gehen wir nach links den Weg hinab in ein Tal bis vor eine Niederung. Nach links führt das Sträßchen nun rasch zur Staumauer der **Hasselvorsperre** (2).

Auf den durch Trockenheit und Käfer von Fichten befreiten Flächen unterwegs zur Hasselvorsperre

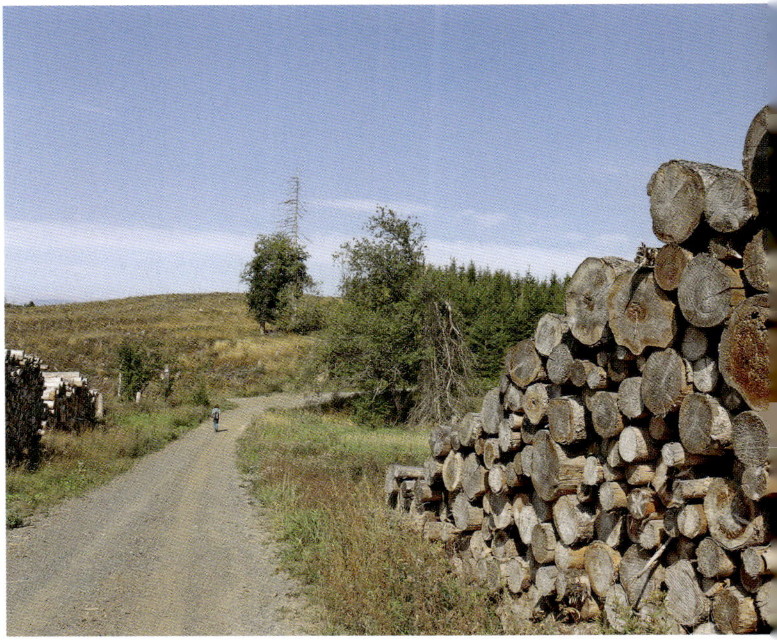

Am Stausee entlang zurück Wir überqueren die Staumauer mit Blick auf die Wasserfläche links und über das frische saftige Grün des Talbodens rechts. Drüben bringt uns

ein begrünter Weg rasch zu einer Querstraße. Auf dieser gehen wir nun links, südwärts mit Blick auf das Wasser weiter. Nach einer Straßeneinmündung von rechts ist der Weg als **Imker-Lehrpfad** 3 markiert. Hier bietet sich teilweise links Zugang zum Wasser, auch zu Badestellen. Später sehen wir links statt Wasserflächen hübsch ausgedehnte Schilfflächen und Wiesen. Schließlich mündet das Tälchen wieder bei der Hagenmühle beim Parkplatz.

Waldwandel – natürliche Dynamik

Wer noch vor ein paar Jahren hier bei Hasselfelde wanderte, tat dies in Fichtenwaldschluchten ohne Fernblicke. Auch wenn wir in Google Earth für diesen Teil des Harzes nachschauen, sind da immer noch nur grüne Wälder zu sehen. Heute liegt hier allerdings in der draußen zu besichtigenden Realität der Fichtenwald in großen Holzpoltern an den Wegen oder ist schon weggefahren worden. Jetzt blicken wir über die weiten grasgrünen oder grasgelben Flächen und in ihre darin sanft mit harmonischen Hangformen und Linien eingetieften Täler. Und in der Ferne sehen wir nun auch bereits von hier das zentrale Bergland mit Wurmberg, Brocken und Hohne. Aber auf den Flächen sind einzelne, markant verbliebene Ahorne, Eichen, Buchen und auch schon Gruppen von Laubbäumen zu sehen. Sie hatten mit dem Verschwinden der geschlossenen Fichtenbestände ganz andere Lebensbedingungen. Da sie im Schutz der nahen anderen Bäume nicht von klein auf kräftig genug gewachsen waren, sind einige stattliche Exemplare von ihnen jetzt auch schon durch Stürme umgeworfen worden. Aber wenn wir ein wenig Geduld haben, dann wird auch hier wieder durchgehend Laubwald stehen wie einstmals vor dem Beginn des Bergbaus mit seinem Holzhunger. Mit dem neuen Wald werden auch wieder kleinere Pflanzen und Tiere aufkommen und eine neue vielfältige Lebensgemeinschaft bilden. Wenn diese größer ist, dann wird sie auch wieder deutlicher ihr eigenes Kleinklima schaffen. Mit weniger Wind, mehr Feuchte und ausgeglicheneren Temperaturen. Auch die vor vielen Jahrzehnten beim Bau der Talsperren erfolgten gewaltigen Eingriffe in die Landschaft sind inzwischen vernarbt. An den Ufern der hier gestauten Wasserkörper sind Pflanzenpelze aus Schilf und Gras gewachsen und haben ein eigenes Feuchtsystem entstehen lassen. Wir Wandernde sehen immer nur Momentaufnahmen von Entwicklungen der Anpassung an Veränderungen des Ganzen und des Wandels. Jeder dieser momentanen Zustände hat seinen eigenen Reiz. Wir müssen ihn nur sehen wollen. Mit offenen Augen.

Wichtiges zur Tour

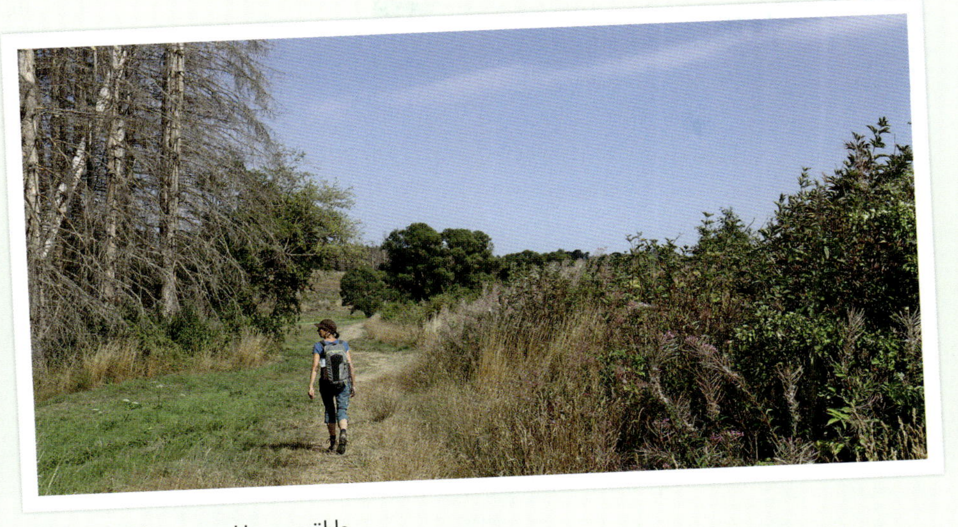

Auf dem Rückweg zur Hagenmühle

Tourencharakter
Eine reizvolle Wanderung durch Gegend mit auffallendem Waldwandel, mit weiten Ausblicken und Nahblicken zu Wasser und Wiesen

Ausgangs-/Endpunkt
Parkplatz bei der aktuell geschlossenen Gaststätte Hagenmühle

Anfahrt
Bus & Bahn: Bus bis Ortsmitte, von dort 1 km zu Fuß zum Ausgangspunkt
Auto: Von Hasselfelde nordwestwärts über das Sträßchen zum Parkplatz hinter der Hagenmühle

Einkehr
Unterwegs keine. In Hasselfelde

Karte
Blatt »Östlicher Harz« von »Der Harz in 4 Teilen«, 1:30 000, Schmidt-Verlag Wernigerode

Information
www.harzinfo.de

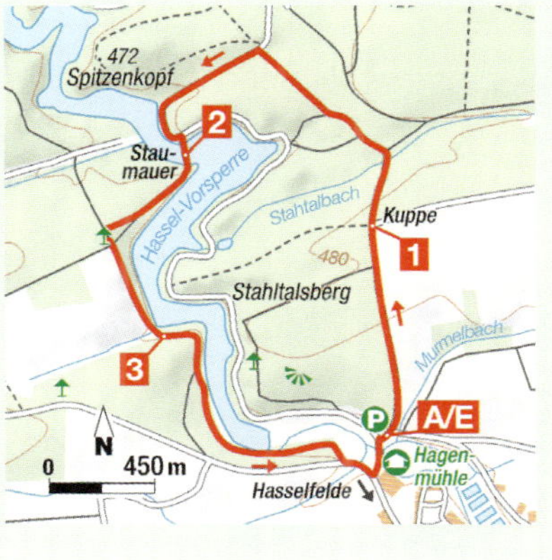

21 Zur kecken Aussichtskuppe

Von Tanne zum Kapitelsberg

- schwer
- 1.30 Std.
- 100 Hm
- 3 km

Der kleine Erholungsort Tanne liegt nördlich des Städtchens Benneckenstein im hier noch wenig in die Harzhochfläche eingetieften Tal der Warmen Bode. Er ist über die Harzhochstraße und mit der Harzquerbahn gut erreichbar. Nach einem kurzen, aber herzhaften Aufstieg zum Sporn des Kapitelsberges bietet dieser einen großartigen Ausblick zu den zentralen Harzbergen.

Aufstieg Vom Parkplätzchen am nordöstlichen Ortsende der **Bodetalstraße** Ⓐ/Ⓔ gehen wir zurück zum ersten rechts stehenden Haus. Gegenüber bringt uns hier eine nur über zwei hohe Stufen erreichbare schmale **Brücke** ❶ über die Warme Bode. Jenseits führt ein schmaler Weg nach links rasch hinauf zu einem schmalen Hangweg (der auch von der Ortsmitte her über dem Südufer der Bode erreicht werden kann). Wir folgen dem teils überwurzelten Weg nach links. Er bietet hübsche Nahblicke zum kleinen Fluss und in den recht naturnah chaotischen Talhang. Nach etwa 300 Metern biegt der Weg nach rechts in ein Seitental. Hier verlassen wir den weiter oben verwachsenen Weg und steigen hinab zum Rand einer Wiese. Wir überqueren auf **Gangstei-**

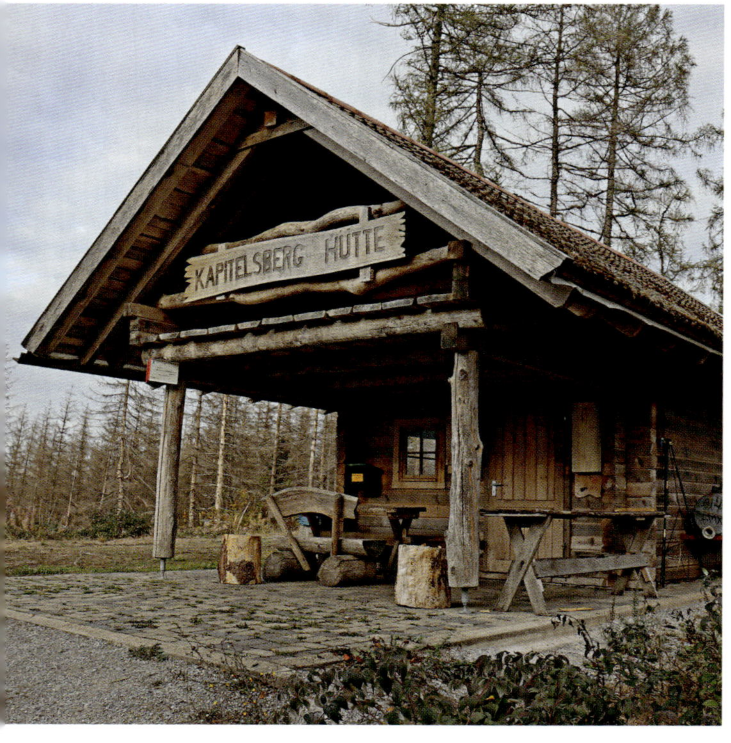

Wanderhütte auf dem Kapitelsberg

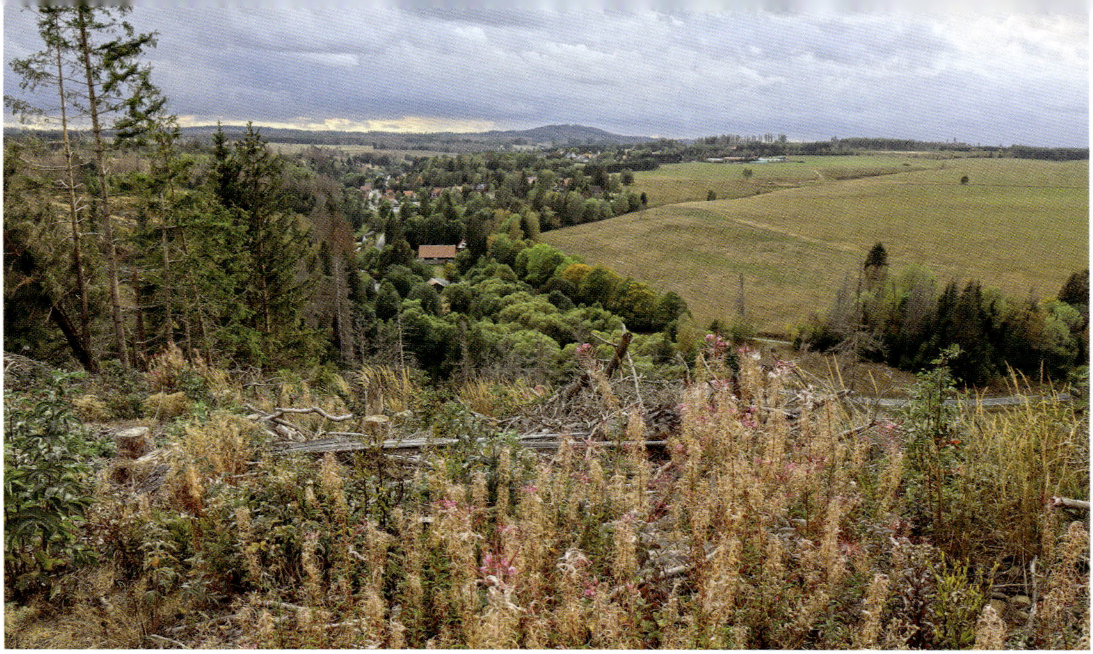

nen 2 den kleinen Bach und folgen nun dem schmalen, teils schrägen Weg nach rechts hinauf in das Seitental. Der bringt uns nach etwa 300 Metern zu einer Kehre. Dann

Blick auf Tanne vom Kapitelsberg

An der ehemaligen Grenze

In der Gegend unbedingt sehenswert ist auch das **Grenzmuseum in Sorge** nahe dem Bahnhaltepunkt Sorge. Von hier bietet sich (für per Auto Anreisende vom Parkplatz Eberbachstraße) eine Wanderung auf der von einzelnen Bäumen gesäumten Straße westwärts hinauf. Sie führt zu beispielhaft erhaltenen Grenzanlagen und einem Grenzmuseum. Geradeaus führt eine Betonplattenstraße durch teils verdorrten Fichtenwald weiter zum direkt an der vergangenen Grenzlinie gelegenen Ring der Erinnerung (Stempelstelle der Harzer Wandernadel, hin und zurück vier Kilometer). Unterwegs dorthin bietet sich beim erhaltenen Grenzwachtturm von etwas nördlich unterhalb auch ein großartiger weiter Ausblick zum Brocken und seinen zentralen Nachbarbergen Wurmberg und Hohne. Das Gebiet um Sorge war in der DDR-Zeit lange nicht baulich perfekt durch die volle Palette von Grenzanlagen abgesperrt. Deshalb blieb es lange eine Art Geheimtipp für die strikt verbotenen Grenzübertritte. Hier endeten aber auch mehrere Versuche, die Grenze zu überqueren, mit tödlichen Schüssen. Der breite Grenzstreifen ist heute ein renaturiertes Biotop, das verschiedene lokale Lebensgemeinschaften verbindet. Auf diesem Streifen verläuft heute der mit »G« markierte Themenweg Grünes Band.

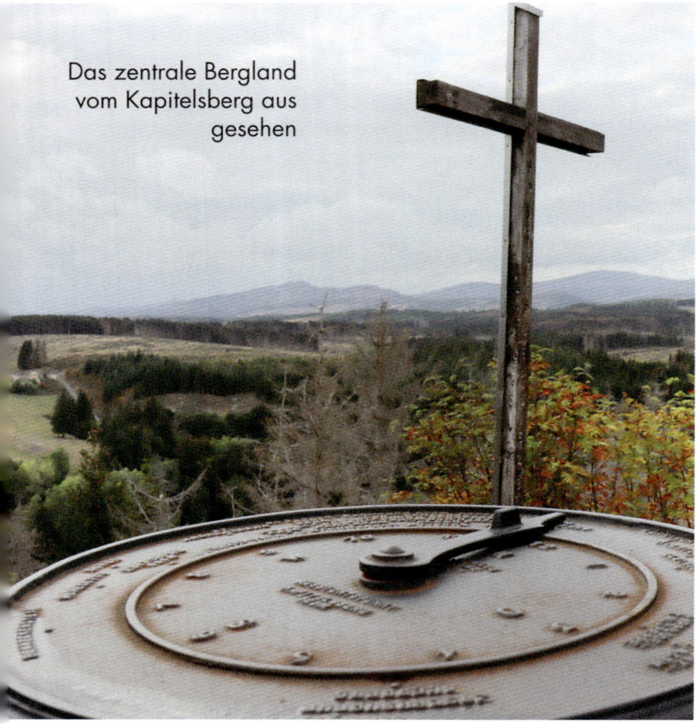

Das zentrale Bergland vom Kapitelsberg aus gesehen

führt er nach links steiler am Talhang hinauf. Dabei bieten einige Stellen mit Wurzeln und Steinen kleine Schikanen, aktuell (2022) ist sogar ein quer liegender Baum zu übersteigen. Der Weg mündet bald auf dem Rücken des Kapitelberges bei einer Wanderhütte (mit Stempelstelle der Harzer Wandernadel). Nördlich unterhalb befindet sich der beste **Aussichtspunkt** 3 mit Kreuz und Orientierungstisch und Bänken. Gegenüber erhebt sich hinter den oberen Häusern und einer flachen Kuppe das zentrale Bergland mit Wurmberg, Brocken und Hohnekamm.

Varianten

Der unter Anfahrt beschriebene Weg vom Bahnhaltepunkt Sorge zur beschriebenen Route ist auch für sich eine hübsche Talwanderung (leicht, sechs Kilometer, kaum Steigungen). Wer den beschriebenen Aufstieg zum Kapitelsberg nicht gehen kann, erreicht von der Ortsmitte Tanne nordwärts auf Straßen an Häusern vorbei eine Kuppe, von der aus gleichfalls offene Ausblicke zum zentralen Bergland zu haben sind.

Der Kapitelsberg ist auch wegetechnisch leicht von der B 242 aus über die Hochfläche zu erreichen: In Richtung Trautenstein gelangen wir nach 1,4 Kilometern zu einer markanten großen Wegeinmündung mit begrenzter Parkmöglichkeit. Von hier gehen wir auf dem breiten Wirtschaftsweg (Die Lange) nordostwärts. Nach etwa einem Kilometer folgen wir nach links nordwärts einer kleineren Straße. Nach einer Links-Rechts-Schleife gelangen wir in der gleichen Richtung bald zur flachen höchsten Kuppe des Kapitelsberges. Hier biegen wir bei einer Gabelung nach links ab. Dieser Weg führt nun geradeaus weiter zum Bergsporn Kapitelsberg mit der Wanderhütte und dem Kreuz (mit Rückweg vier Kilometer, nur 20 Höhenmeter, aber zum Ausgangspunkt an der B 242 gibt es von Tanne aus leider keine brauchbaren Fußwege abseits der Autostraße).

Wichtiges zur Tour

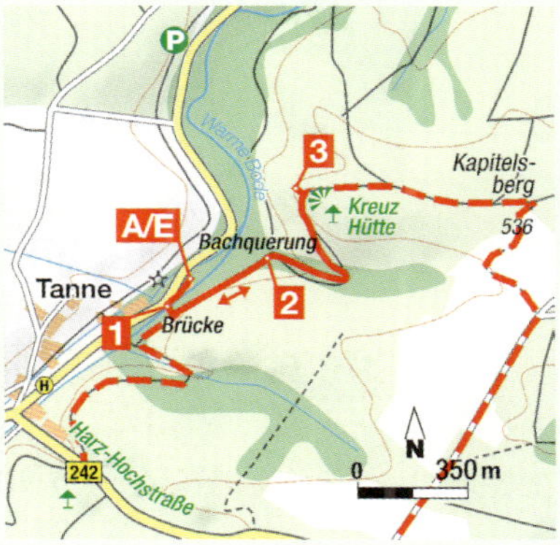

Tourencharakter

Kurze, aber mit einigen interessanten Hindernissen ausgestattete Talhangwanderung. Sie ist jedoch auch lohnend, wenn wir nicht bis zum Ziel gelangen und vorher umkehren oder die Variante wählen.

Ausgangs-/Endpunkt

Am nordöstlichen Ortsende in Richtung Königshütte, Tanne Bodetalstraße, liegt südseitig ein kleiner Parkplatz.

Anfahrt

Bus & Bahn: Mit der Harzquerbahn bis Haltepunkt Sorge und dann immer etwas oberhalb vom südlichen Ufer der Warmen Bode auf hübschen Hangwegen zu Fuß zum Weg oberhalb vom Ausgangspunkt und der Brücke (drei Kilometer vom Haltepunkt Sorge, dann also mit Rückweg insgesamt neun Kilometer)
Auto: Mit dem Auto direkt zum Ausgangspunkt

Einkehr

Sonnenhof in Sorge

Karte

Blatt »Mittlerer Harz« von »Der Harz in 4 Teilen«, 1:30000, Schmidt-Verlag Wernigerode

Information

www.harzinfo.de, www.oberharzinfo.de, www.tanne-harz.de

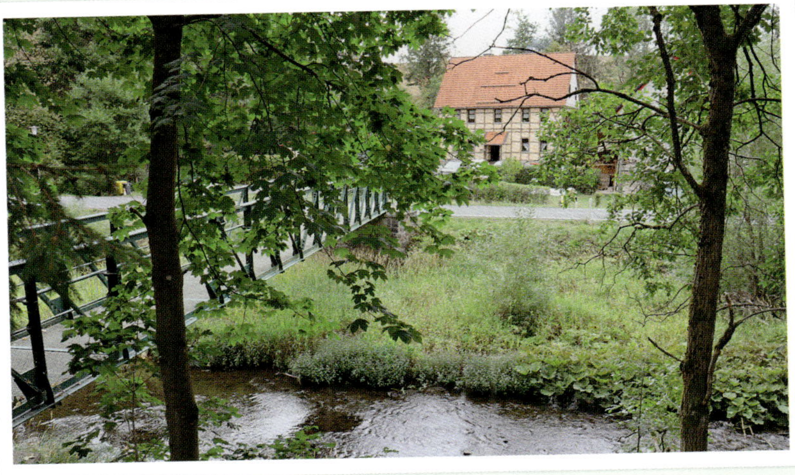

Die Fußgängerbrücke am nordöstlichen Ortsende von Tanne

22 Vom Bergwiesenlehrpfad zur Panoramastraße

Von Benneckenstein zum Buchberg

- mittel
- 3 Std.
- 140 Hm
- 8,5 km

Von der kleinen Stadt Benneckenstein am Oberlauf der Rappbode führt diese Runde über Bergwiesen und ruhige Waldstraßen zur Kuppe des Buchberges. Dort bietet sich derzeit von der südwärts quer durch die Hänge führenden Straße aus ein umfassender Panoramablick zu den bekannten Bergen um den Brocken und zum Ebersberg.

Am östlich vom Buchenberg gelegenen Stierbergsteich

Zur Buchbergaussicht Vom **Parkplatz Unterstadt** Ⓐ/Ⓔ folgen wir zunächst dem festen Weg nahe dem Talgrund bis zum ersten Teich. Hier nehmen wir den rechts abzweigenden Bergwiesenpfad und steigen auf diesem am Hang

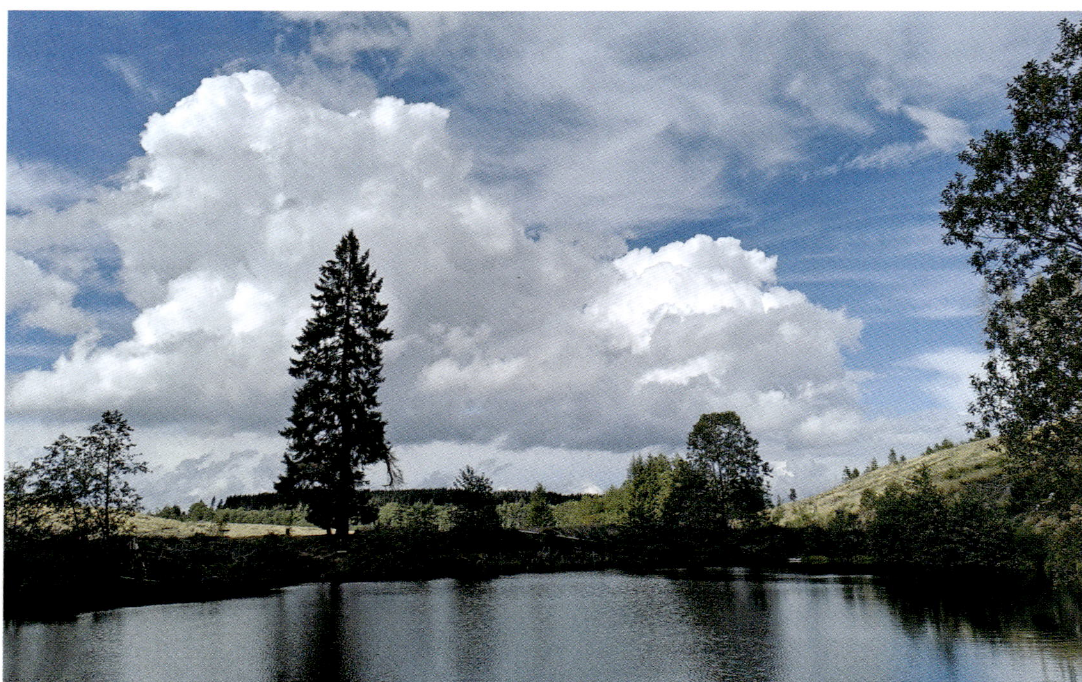

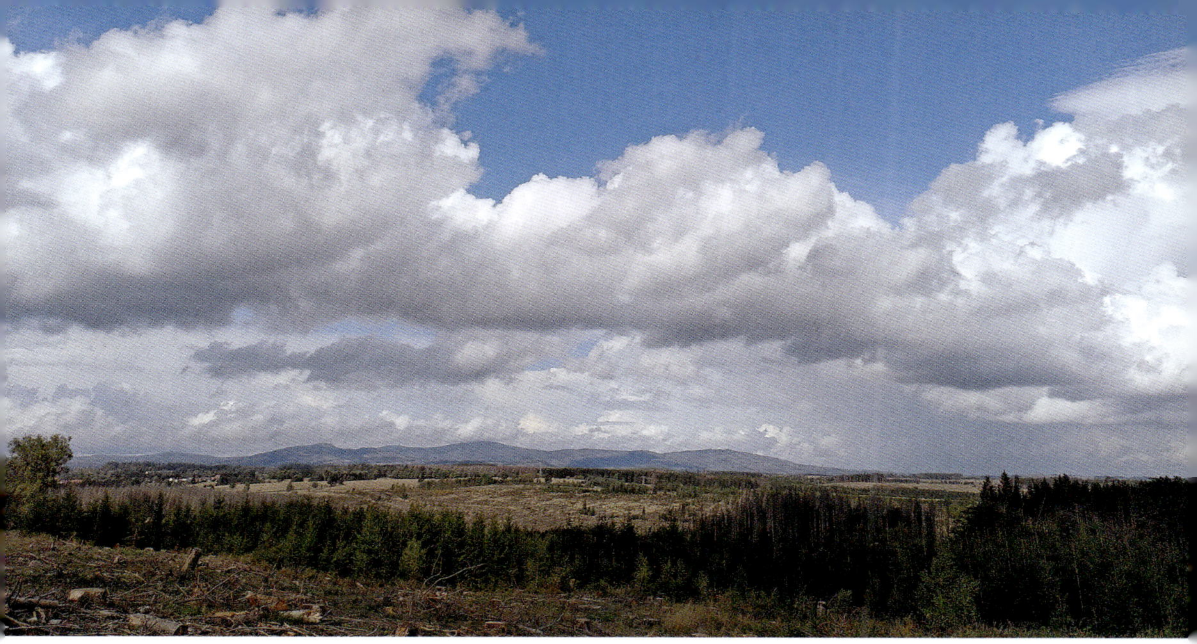

Brocken und Nachbarberge vom Buchberg aus gesehen

der Kuppe Pfeifenberg allmählich an. Er führt am Grauberg an einer Hütte vorbei und weiter zum Tälchen des **Krugbergwassers** 1. Nach der Überquerung des Baches bringt uns die nach links weiterführende Straße hinauf

Variante

Wer als Gast der lokalen Vermieter mit der Kurtaxe automatisch ein Hattix-Ticket erwirbt und naturschonend mit dem **öffentlichen Nahverkehr** anreist, hat die Chance für eine reizvolle Variante: Dann kann man unter der höchsten Kuppe des Buchberges (statt der scharf nach rechts abzweigenden Straße) die Straße geradeaus südostwärts weitergehen zum Bocksplatz. Von dort biegen wir nach links ab und folgen dem Weg in einem flachen Tälchen hinab zum idyllischen Stierbergsteich (Wanderhütte, einer der besonders sportlichen Stempel der Harzer Wandernadel). Von dort bringen uns hübsche Graswege nach rechts, in südöstlicher Richtung zu einem Talanfang. In dieses Tal gehen wir nur kurz hinab und bald wieder rechts am Talhang zu einem Wegekreuz am Beginn großer Wiesen (und unweit der Autostraße Sophienhof–Rotesütte). Dort gehen wir nicht zur Straße, sondern am Waldrand entlang weiter. So erreichen wir den von Sophienhof nordwärts hinabführenden Weg. Dieser bringt uns rasch zum Bahnstopp Sophienhof der urigen Harzquerbahn. Diese Variante verlangt allerdings wegen der wenigen Züge auf dieser Strecke genaues Studium des Fahrplans sowie Kalkulieren und Gehen mit reichlich Zeitpuffer.

zur Kreuzung mit einer breiteren Straße. Wir folgen dieser nach rechts hinauf und erreichen bald die Wanderhütte **Buchenberg-Aussicht** 2 (Ausblick nach Benneckenstein und zum Ebersberg, nach Osten auch zur Bärenhöhe und zum Carlshausturm, HWN-Stempel, bei Rückkehr von hier auf dem gleichen Weg insgesamt 6,3 Kilometer, 60 Höhenmeter).

Grenzen und Straßen

Südlich des Buchberges lässt sich beim Bocksplatz in der Landschaft sehen, wie Grenzen sich auf die Erschließung durch Wege auswirken. Dort verläuft die Grenze zwischen den Bundesländern Sachsen-Anhalt und Thüringen. Und hier verlaufen die offenbar bereits lange bestehenden Wege parallel zur Grenze doppelt. Dabei verschlingt doch ihr Bau und ihre Unterhaltung eine Menge Geld. Die darin erkennbare Rivalität der Behörden bestand offenbar auch schon in der eigentlich recht zentral organisierten DDR, denn diese Wege sind älteren Datums. Also wurden sie damals angelegt. Und dies war nicht die Grenze zur scharf abgeriegelten Bundesrepublik. Heute scheint aber unter den verschiedenen Bundesländern die scharfe Trennung der forstlichen Verkehrsplanung ebenso zu bestehen …

Über Bocksplatz und Rehkopf zurück Wir gehen auf der Straße ansteigend quer durch die Berghänge weiter. Sie bietet eindrucksvolle Fern- und Nahblicke auf den Brocken und seine Nachbarberge und zeigt derzeit weitgehend grasige Hänge. Wir queren stetig ansteigend mehrere Bergsporne. Die Straße führt unterhalb der höchsten Kuppe des Buchberges vorbei. Noch vor dem Bergsattel Bocksplatz gelangen wir zur **Abzweigung** 3 eines festen Weges scharf nach rechts hinab. Auf diesem gehen wir nun nordwestwärts durch ein Tälchen, an einer Hütte vorbei und hinauf zur Kuppe des **Rehkopfes** 4. Jetzt biegt der Weg für 300 Meter nach rechts ab. Danach bringt er uns wieder nach links, nordwestwärts durch ein weiteres Tälchen zu einer weiteren Hütte. 100 Meter danach folgen wir nach rechts dem festeren Weg gerade hinauf bis zum Bergrücken. Dort biegen wir nach links ab. So gelangen wir zu einer Hütte am Beginn einer festen Straße. Hier gehen wir rechts, nordwärts zum Waldrand und auf dem Bergwiesen-Lehrpfad direkt, an der Kuppe Pfeifenberg links vorbei, zurück zum Ausgangspunkt.

Wichtiges zur Tour

Tourencharakter

Reizvolle Wanderung über Wiesen und durch Wald zu einer Hangstraße, die durch die aktuellen Waldverluste zu einer Panoramastraße geworden ist.

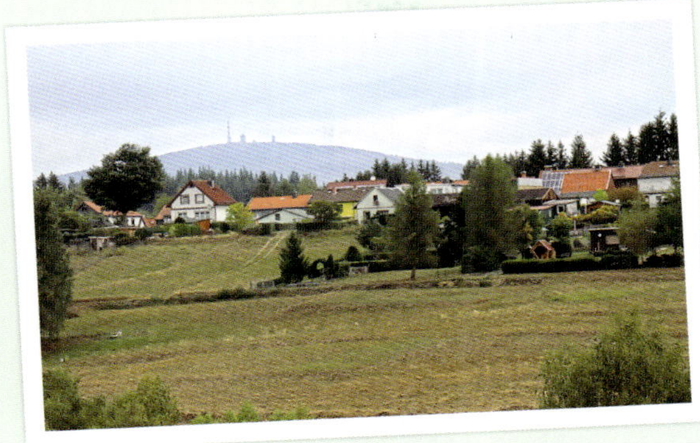

Brocken von Benneckenstein

Ausgangs-/Endpunkt

In Benneckenstein in der Straße Unterstadt

Anfahrt

Bus & Bahn: Per Bahn hierher mit Harzquerbahn oder auch Bus bis Bahnhof Benneckenstein. Von dort südwärts, am besten östlich der Bahnhofstraße auf dem Brennereiweg und am Gondelteich und der großen Laurentiuskirche vorbei hinab zur Straße Unterstadt, etwa 800 Meter
Auto: Mit dem Auto direkt zum Ausgangspunkt. Parkmöglichkeit an der Rappbode in der Straße Unterstadt

Information

www.harzinfo.de,
www.oberharzinfo.de

Einkehr

Benneckenstein

Karte

Blatt »Mittlerer Harz« von »Der Harz in 4 Teilen«, 1:30 000, Schmidt-Verlag Wernigerode

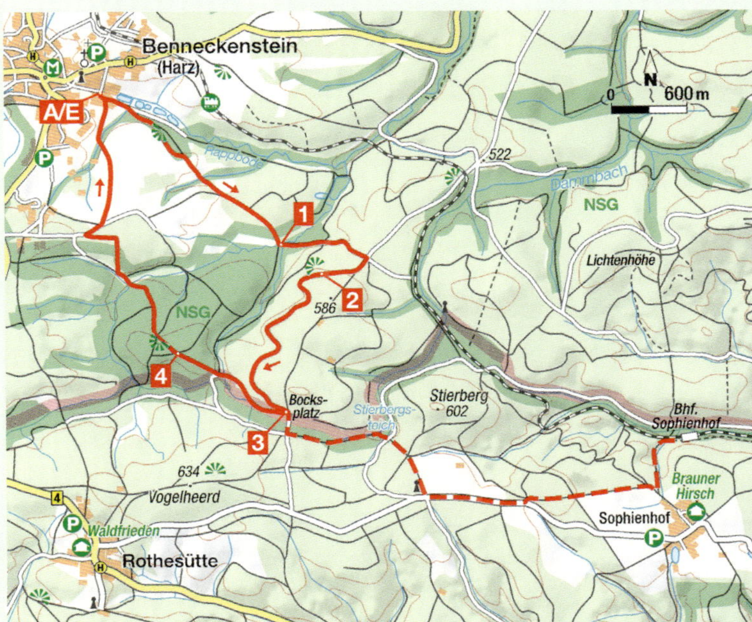

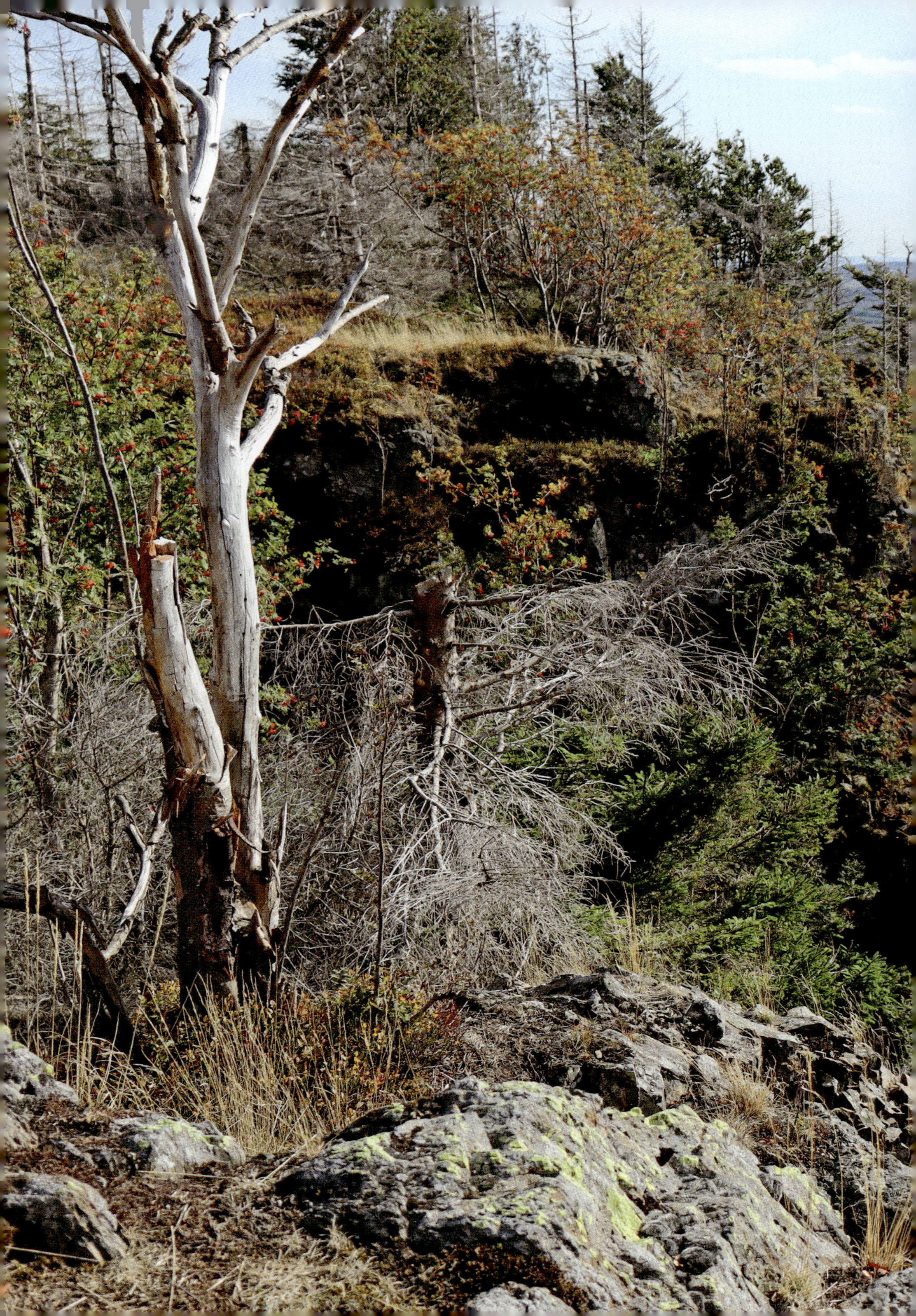

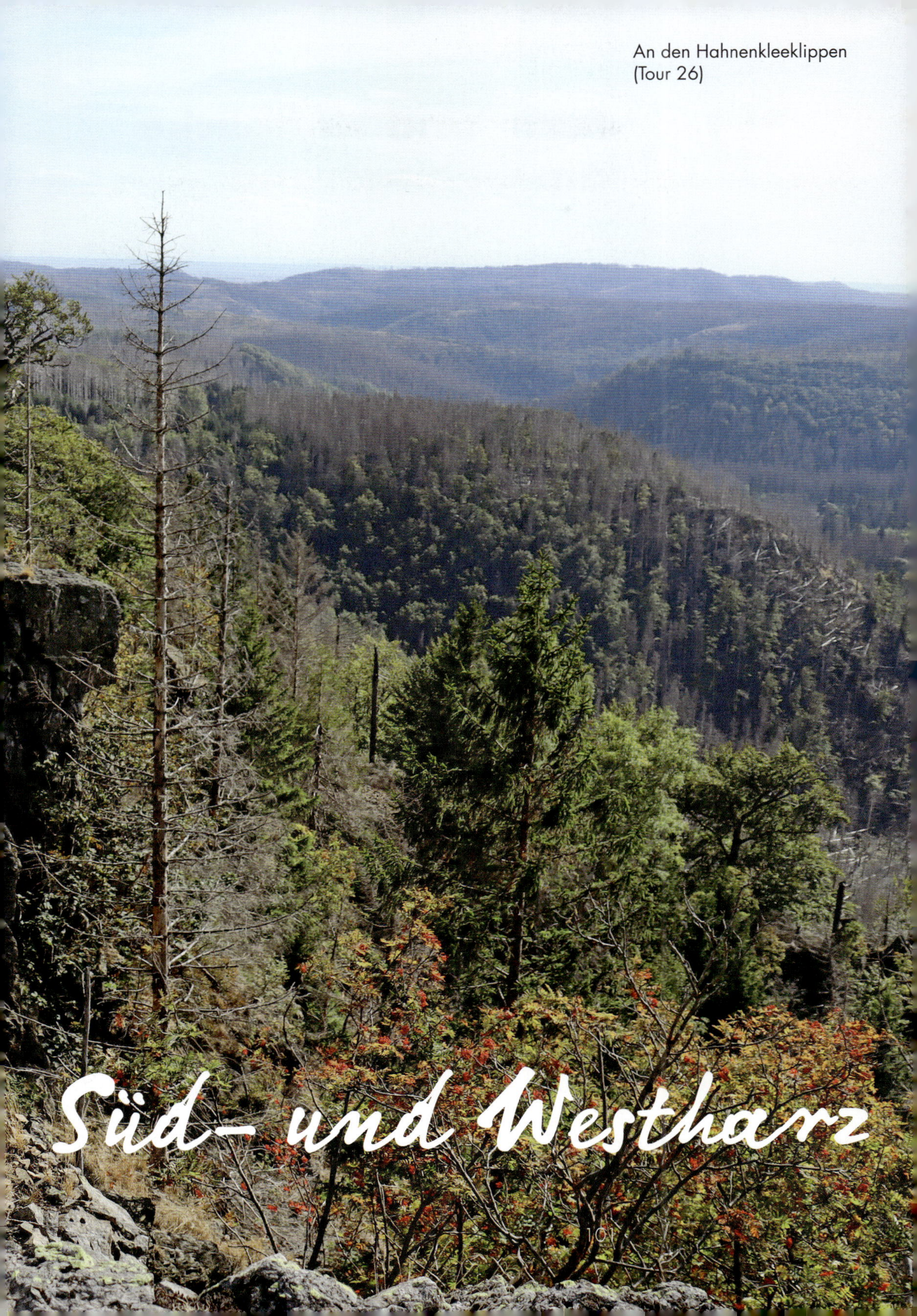

An den Hahnenkleeklippen (Tour 26)

Süd- und Westharz

23 Fern- und Nahblicke am Gebirgsrand

Von Bad Sachsa zum Brockenblick und den Kranichteichen

leicht
2.30 Std.
40 Hm
6,5 km

Dies ist eine reizvolle beschauliche Harzrandwanderung im Vorland mit Ausblicken hinauf zu Randbergen, aber auch bis zur obersten Kuppe des Brockens. Nach Süden breiten sich als landschaftliches Kontrastprogramm schmutzigweiße Kuppen und Abbrüche der Südharzer Gipskarstlandschaft aus. Einige darin eingestreute vogelfreundliche Teiche sind Relikte des Gipsabbaus.

Der bei Bad Sachsa markante Ravensberg war ein im Perm entstandener Vulkan.

Zum Brockenblick Von der **ehemaligen Jugendherberge** A/E gehen wir etwa südwärts auf dem Feldweg zur Brücke über die Schnellstraße und geradeaus auf kleinerem Weg in den Grund der Talmulde. In gleicher Richtung

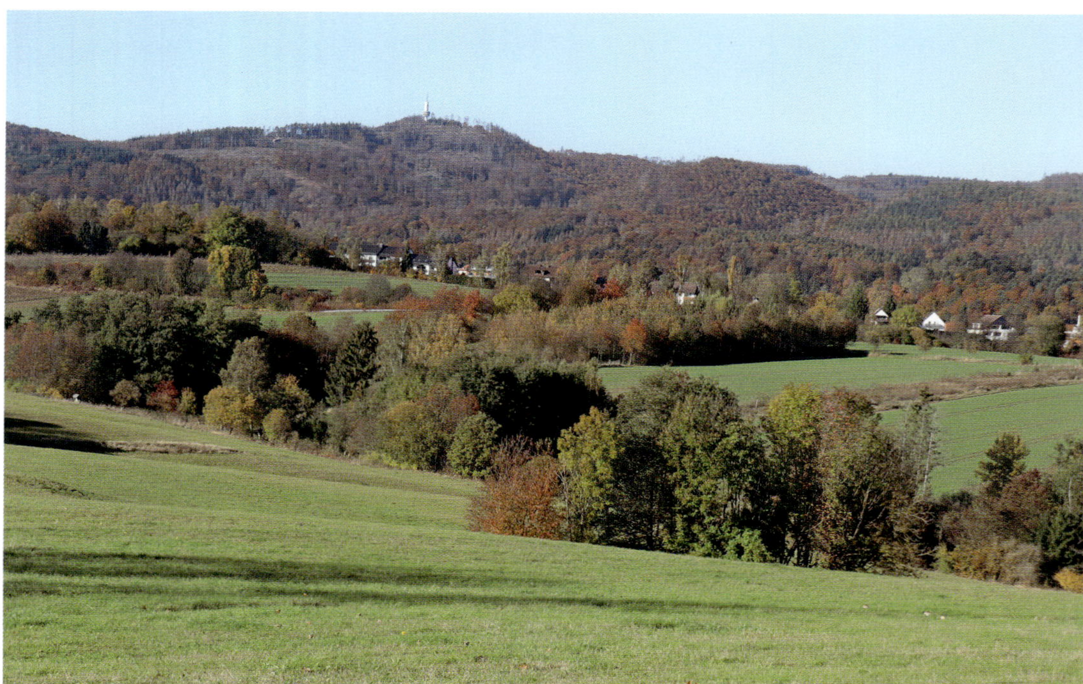

steigen wir auf dem grasigen Weg an zur Feldstraße auf dem Bergrücken. Auf diesem gehen wir mit weiten Ausblicken nach links, etwa ostwärts, zur Kuppe Brockenblick mit einer **Wanderhütte** ①. Von der lässt sich an geeigneten Tagen im Norden knapp über den Randbergen tatsächlich ein Schnipsel der Kuppe des fernen Brockens erspähen (wer nicht auf eine Rückfahrt von Neuhaus mit dem Bus eingestellt ist, geht von hier auf dem gleichen Weg zurück, dann insgesamt drei Kilometer).

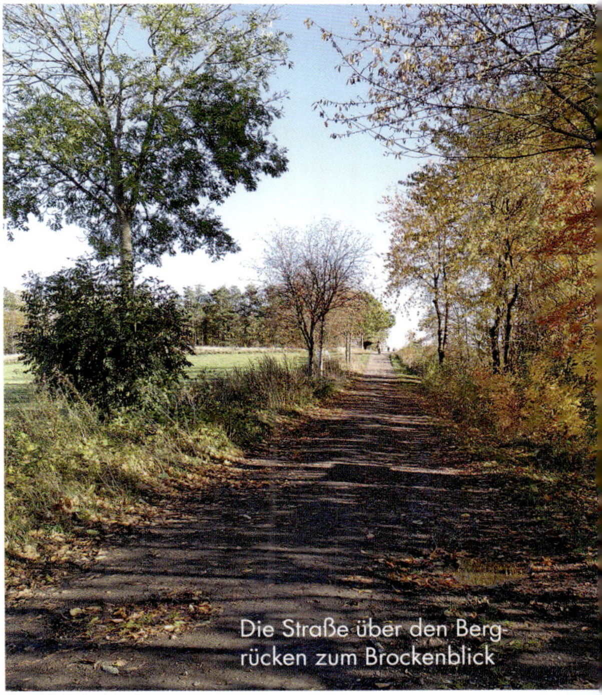
Die Straße über den Bergrücken zum Brockenblick

Über das NSG Kranichteiche nach Neuhof und zurück Wir folgen der Feldstraße noch kurz ostwärts und biegen dann rechts hinab. Nach etwa 300 Metern gehen wir unterhalb einer Stromleitung

Walkenrieder Teiche

Das nahe Walkenried entwickelte sich aus einem Zisterzienserkloster. Es wirkte für die ganze Gegend wie ein Musterbetrieb für kluge Landwirtschaft. Von den Mönchen wurde im Talgrund für die Fischzucht durch Staudämme die vielfältige idyllische Teichlandschaft geschaffen. Die daneben von eingestürzten Erdwällen und Löchern perforierten Gipskarsthöhen wurden eher gemieden und als Ort des Bösen »Hölle« genannt. Beim weiter östlich gelegenen Itelteich wird jedoch auch eine Gipskuppe mit malerischen Waldszenerien und Ausblicken als »Himmelreich« bezeichnet. Bei den malerischen Ruinen der Kirche in Walkenried ist ein großes Haus erhalten. Darin warten ein Museum sowie Ess- und Trinkbares. An besonderen Tagen gibt es dort auch Konzerte mit angenehm Hörbarem.
Das am Südrand des Harzes bei den nicht seltenen Nordwestwetterlagen schön sonnig gelegene **Bad Sachsa** war bereits im 19. Jahrhundert dem Fremdenverkehr zugewandt. Der Name des im Kurpark gelegenen Schmelzerteiches deutet aber auch hier auf frühere Tätigkeiten in Bergbau und Metallverarbeitung. Heute warten unweit des Teiches Bade- und Sportspaß und Wellness in geräumigen Anlagen.

Auf den Gipskuppen südlich der Kranichteiche wird Energie ohne Dreck und Gifte gewonnen.

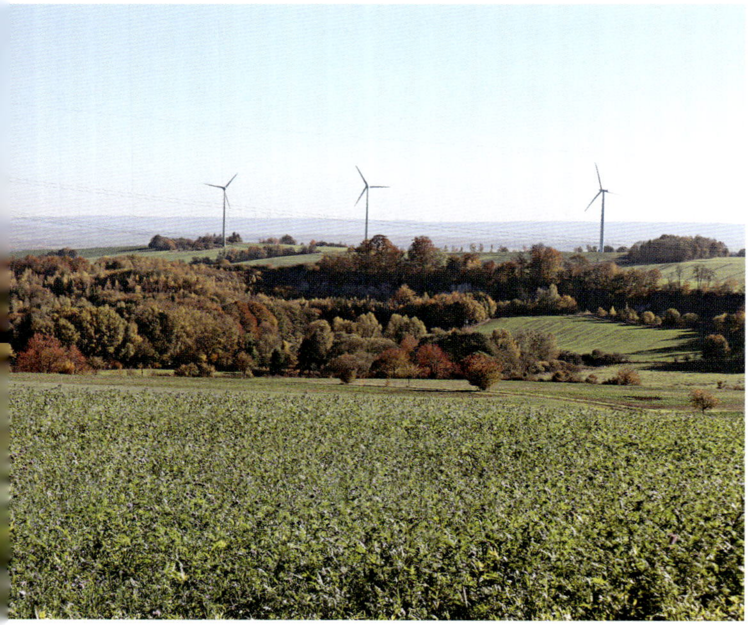

durch und nach links weiter hinab. Wir überqueren die beschrankte Bahnlinie und gelangen bald danach zum **Oberen Kranichteich** 2. Dort gehen wir nach links. Wo der Teichrundweg nach rechts abzweigt, lässt sich geradeaus entlang den Bäumen eines Waldlehrpfades rasch ein hier wieder aufgebauter historischer **Gipsbrennofen** 3 mit einem Rastplatz unweit vom südlichen Ortsteil von Neuhof erreichen. Wir gehen dann zurück zur erwähnten Wegabzweigung. Diesem Weg folgen wir südwärts, an der markanten Priestersteinhöhle vorbei und später bei der Gabelung rechts. Wir umrunden so auf angenehmen Wegen den Oberen Kranichteich und sehen dabei auch weiter östlich die Gipswand des Sachsensteins aufragen. Sie ist eindrucksvoll hoch und lang, aber durch Ablaugungsvorgänge am Wandfuß und Nachbrechen des Gesteins aus der Wand natürlich entstanden. Danach folgen wir nordwärts dem geraden Weg zur Siedlung Neuhof und dort zum Bahn- und **Busstopp** 4. (Von dort Bus nach Bad Sachsa zurück möglich.) Wir gehen nun zuerst oberhalb der Bahnlinie auf dem Feldweg westwärts zum Brockenblick und von dort wie auf dem Hinweg zurück.

Tipps für andere Wanderungen

Ein Teil der beschriebenen Wanderung lässt sich auch vom Bahnstopp Neuhof aus unternehmen. Dann folgt man der Route wie gegen Ende beschrieben bis zum Brockenblick und kehrt wie in der Beschreibung ab Brockenblick empfohlen zurück nach Neuhof, siehe Kartenskizze.
Hübsche Ausblicke bietet auch am Südrand von Bad Sachsa der wenig befestigte Weg vom Parkplatz am Südende der Schillerstraße nordwestwärts hinauf zum Wartenberg (Bank). In etwas größerer Höhenlage sind am von Bad Sachsa mit Auto anfahrbaren Ravensberg weitere Panoramaspaziergänge möglich.

Wichtiges zur Tour

Tourencharakter

Sanft ansteigende oder abfallende Wege, teils als ruhige Feldstraßen, teils als naturnahe Graswege mit kleineren Unebenheiten

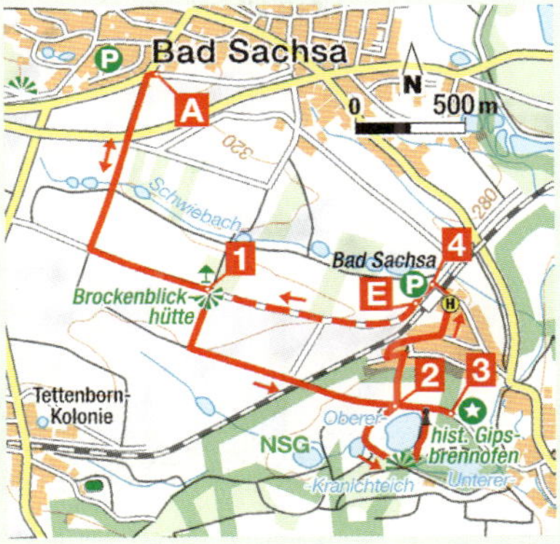

Ausgangs-/Endpunkt

Am Südrand von Bad Sachsa, bei der ehemaligen Jugendherberge Bad Sachsa, am Knick der Jugendherbergsstraße und der Abzweigung einer Feldstraße

Anfahrt

Bus & Bahn: Bahn bis Haltepunkt Bad Sachsa, bei Neuhof, dann auch gelegentlich Bus nach Bad Sachsa

Auto: Mit dem Auto direkt zum Ausgangspunkt

Karte

Blatt »Südharz« von »Der Harz in 4 Teilen«, 1:30 000, Schmidt-Verlag Wernigerode

Information

www.bad-sachsa.de

Einkehr

Bad Sachsa

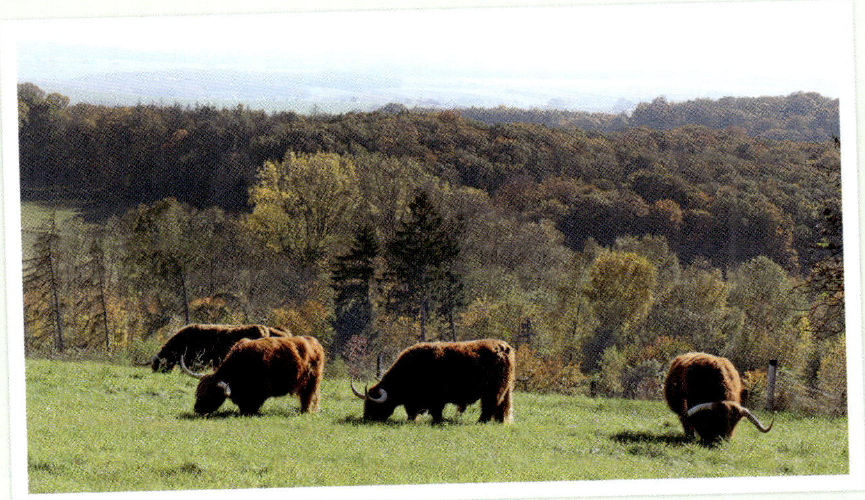

Edle Bio-Rinder am Wartenberg

24 Aussichtspunkte über dem Kurstädtchen

Von Bad Lauterberg zum Bismarckturm

- mittel
- 3 Std.
- 180/250 Hm
- 5 km

Dies ist ein stadtnaher Weg von einem Burghügel auf einen bewaldeten Aussichtsberg. Dort wartet eine gastliche Gaststätte am Baudensteig. Es bieten sich verschiedene Möglichkeiten, die Tour an die eigenen Möglichkeiten und Grenzen anzupassen. Wer es auf eigenen Füßen nicht schafft, aber doch hinauf will, kann auch beim Wirt anrufen und um einen Transfer per Auto bitten.

Vom Hausberg auf den Kummelsberg Von der **Schulstraße** A/E fahren wir mit der Sesselbahn gemütlich beschaulich auf den früher auch mit einer Burg Lutterberg bestandenen **Hausberg** 1 zum Café mit Aussichtsterrasse. Von hier gehen wir nordwärts die Straße in Kehren hinab zum breiten **Bergsattel** 2. (Wer die Bahn nicht nutzen will, kann von der Schulstraße aus hierher die 50 Höhenmeter über die Straße Weinberg aufsteigen und spart damit auch 50 Höhenmeter Abstieg, verzichtet damit aber auf die Aussicht vom Hausberg aus auf den Ort.)

Einige Meter westlich beginnt vom Sattel der Aufstieg nordwärts in Richtung Kummelsberg. Er führt im intakten Laubwald hinauf, östlich unter einer Kuppe vorbei zu einem kleinen Bergsattel. Nun wird der Weg steiler und bringt uns zuletzt mit einigen Windun-

Bad Lauterberg

Der am südlichen Harzrand an der Mündung des weiten Odertales gelegene Ort gedieh im 19. Jahrhundert durch den Abbau von Kupfer und durch Anlagen der Metallverarbeitung. Später baute man im weitläufigen Luttertal in der Grube Wolkenhügel bis 2007 in großem Stile Schwerspat ab. Bereits zu Beginn des 19. Jahrhunderts wurde zusätzlich Fremdenverkehr organisiert. In Verbindung mit Kuren gab es um 1900 bereits jährlich über 5000 Gäste und der Ort wurde als Bad Lauterberg staatlich anerkannt. Mit dem Bau der Talsperren im Odertal und des Wiesenbeker Teiches kamen weitere attraktive touristische Elemente dazu.

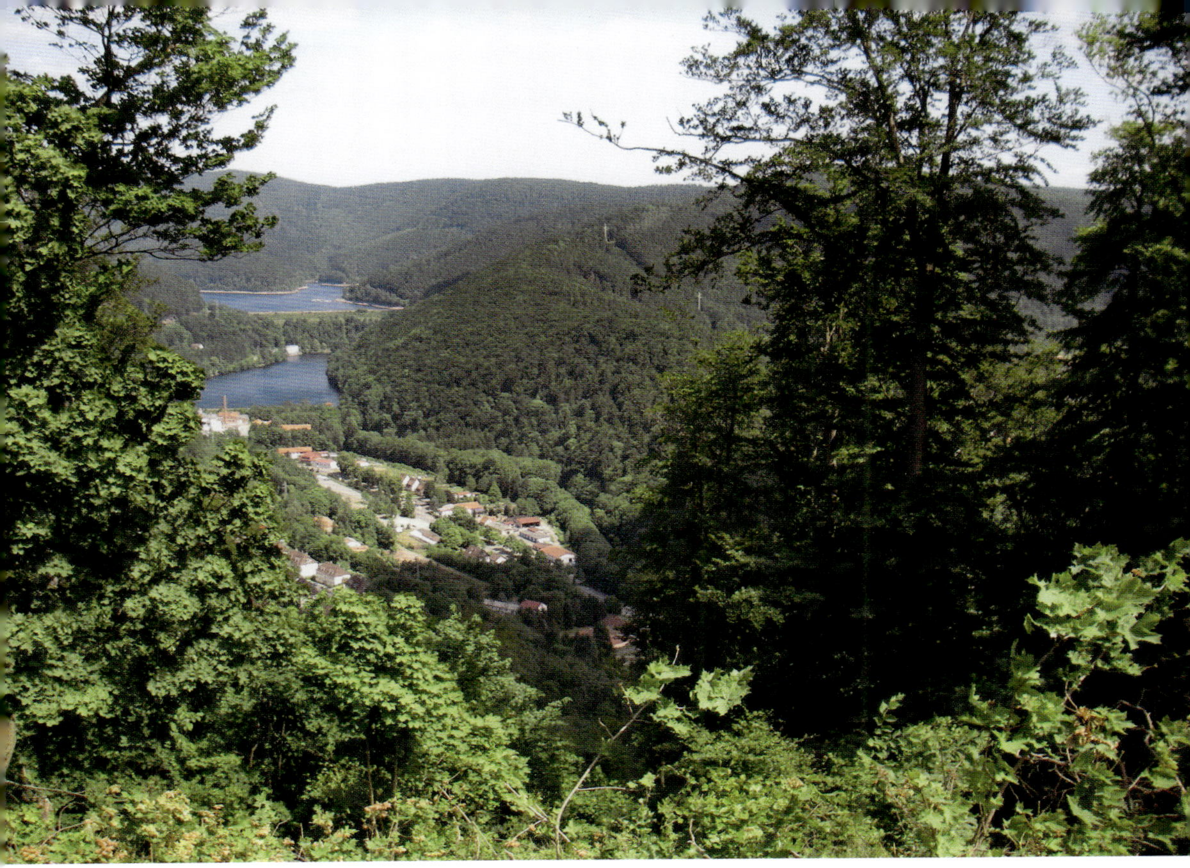

Blick vom Kummelsberg auf Bad Lauterberg und ins Odertal

gen hinauf zur Kehre einer Straße. Nach rechts gelangen wir rasch zum gastlichen **Gasthaus Kummelsberg** 3 beim markanten Bismarckturm. Die Turmbesteigung ist sportlich, aber verzichtbar. Auch von der Terrasse lässt sich weit ins Land bis ins Eichsfeld blicken.

Abstieg über die Nord- und Ostseite Wir gehen zurück zur Kehre der Straße zur Mündung des Aufstiegsweges, dann aber um die höchste Kuppe herum und die Straße nach rechts weiter und nordwärts recht steil hinab zu einem **Wegekreuz** 4 in einem Bergsattel. Nun folgen wir nach rechts einer schönen Waldstraße in den Osthängen des Berges stetig sanft abwärts. Wir passieren noch einen kleinen Sattel mit einer Wanderhütte und folgen der Straße in gleicher Richtung abwärts weiter. Zuletzt führt sie nach rechts von einem Bergsporn in ein kleines Tal und darin hinab zurück in das Kurstädtchen Bad Lauterberg zur Schulstraße.

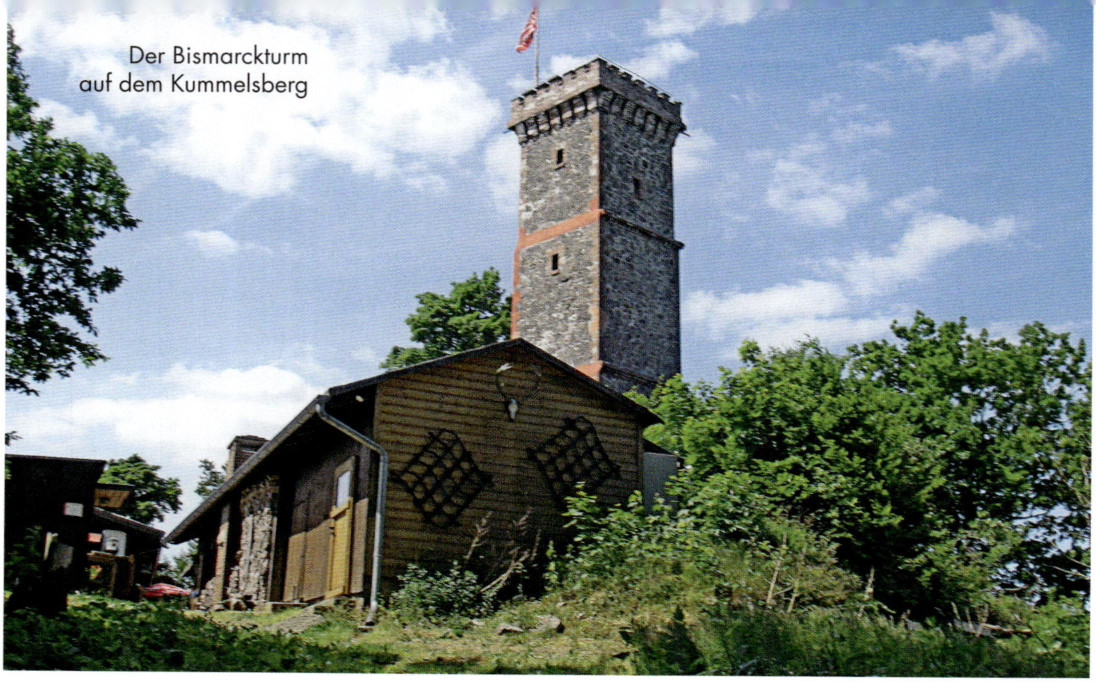

Der Bismarckturm auf dem Kummelsberg

Bismarcktürme

Im ausgehenden 19. Jahrhundert gab es geradezu eine Mode, bei Städten Bismarcktürme zu erbauen. Insgesamt gibt es in Deutschland weit über 200 davon. Finanziert wurden sie meist von lokalen Unternehmen. Die konnten sich damit als eine Art Wohltäter profilieren. Als touristischer Anreiz waren die Türme ja wegen der Aussicht mit Blick aus der anderen Perspektive populär. Der ideologische Hintergrund war allerdings die gerade auch von Bismarck als Reichskanzler betriebene Kolonialpolitik. Die war über die Kolonialwaren damals noch eng mit vielen Unternehmen verbunden. Und diese Kolonialpolitik wird inzwischen allgemein nicht mehr so positiv gesehen. Denn sie war mit blutigen Unterwerfungsaktionen bis hin zu Völkermord verbunden. Auch der in Bad Lauterberg lange per Denkmal gefeierte Hermann von Wissmann war in Ostafrika als blutiger Unterdrücker tätig. Im Auftrag Bismarcks schlug er mit seiner Söldnertruppe sowie dem Einsatz von ersten Maschinengewehren der Reichswehr den Widerstand der ostafrikanischen Bevölkerung und den Maji-Maji-Aufstand nieder. Die meisten Menschen starben durch die Strategie der verbrannten Erde und dem daraus folgenden Hunger, mit Hunderttausenden Opfern. Das ist heute nicht mehr vorzeigbar. Derartige Verbrechen sind aufzuarbeiten. Mit der jetzt endlich erfolgten Rückgabe der in der Kolonialzeit nach Deutschland gelangten Benin-Bronzen an Niger und mit dem neuen Ansatz von Wiedergutmachung und fairer wirtschaftlicher Partnerschaft mit Namibia wird das jetzt endlich begonnen.

Wichtiges zur Tour

Tourencharakter
Ruhige Waldwege und teils Waldstraßen, nur beim Abstieg vom Hausberg asphaltiert

Ausgangs-/Endpunkt
Bad Lauterberg, in der Schulstraße

Anfahrt
Bus & Bahn: Bahn bis Barbis, dann Bus bis Bad Lauterberg
Auto: Mit dem Auto direkt zum Ausgangspunkt. Parken in der Schulstraße am östlichen Fuß des Hausberges

Einkehr
Sowohl auf dem Hausberg als auch auf dem Kummelsberg. Wer es mit Handicap nicht hinauf schafft, aber gern in der Kummelsberg-Baude Gast sein will, frage beim Wirt nach. Der hilft dann nach Möglichkeit gern mit seinem Wagen hinauf.

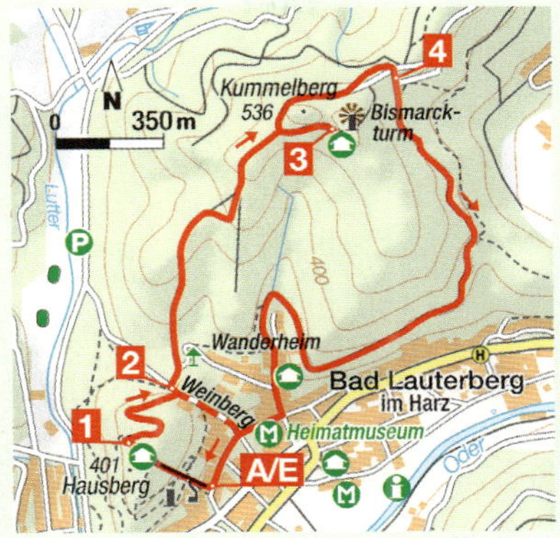

Karte
Blatt »Südharz« von »Der Harz in 4 Teilen«, 1:30000, Schmidt-Verlag Wernigerode

Information
www.badlauterberg.de

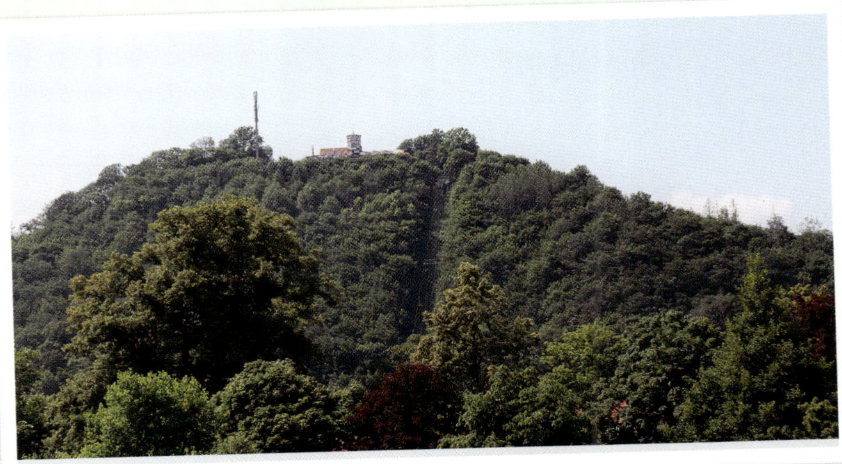

Der Hausberg lässt sich durch die im Bild erkennbare Schneise vom Ort auch per Sessellift erreichen.

25 Auf den Kuppen über der alten Bergwerkstadt

Von St. Andreasberg über Matthias-Schmidt-Berg und Jordanshöhe

mittel

3 Std.

200 Hm

9 km

Dies ist eine großartige Bergwiesenwanderung mit weiten Ausblicken oberhalb der alten Bergwerksstadt. Der Tourismus ist hier sowohl auf die Bergwerksrelikte als auch auf Ski- und zunehmend Downhillfahren gestützt. Wenn kein Lift fährt, kommt zu Beginn der Wanderung ein herzhafter Aufstieg hinzu. Unterwegs gibt es auch Möglichkeiten für einen früheren Abstieg zum Ort.

Vom Matthias-Schmidt-Berg zur Jordanshöhe Vom **Bergfuß** (A)/(E) erreichen wir mit einem der Doppelsessellifte die Gaststätte auf der Kuppe des **Matthias-Schmidt-Berges** (1). (Wenn die Lifte nicht fahren, steigen wir südostwärts auf dem Weg nahe dem Waldrand auf und erreichen die Kuppe oben im Bogen nach rechts. Bei stillstehendem Lift ist die Zahl der unterwegs oft bedrohlich wirkenden Downhiller übersichtlich.) Wir gehen ostwärts zur festen Straße Eschenberger Planweg. Diesem folgen wir nach links. Zuerst abwärts, dann stetig sanft ansteigend und zuletzt an der Siedlung Oderberg vorbei gelangen wir zur **Querung der Braunlager Straße** (2) (Autoverkehr, nach links daneben Abstieg in den Ort möglich).

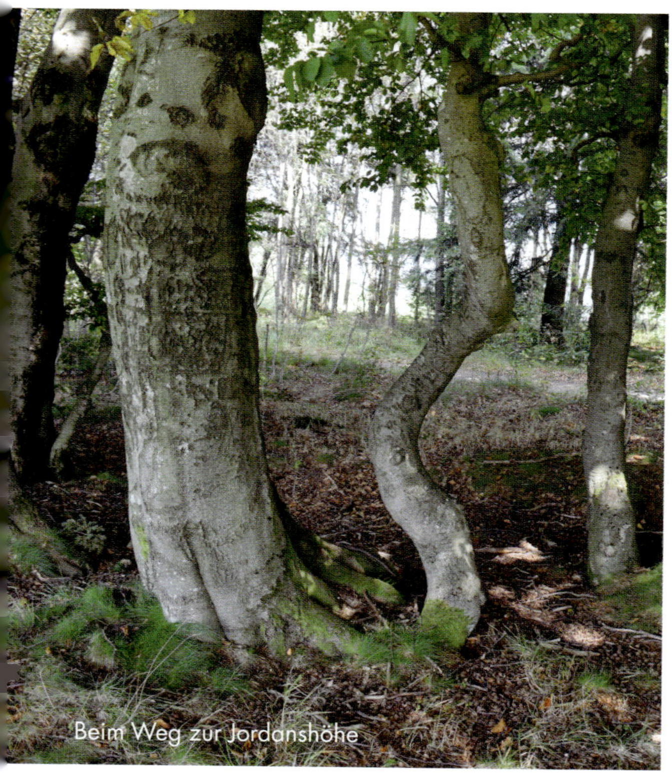

Beim Weg zur Jordanshöhe

Wir gehen gegenüber den Naturweg etwas nach links hinauf zu einem hübschen **Waldrand** (3) oberhalb der Wiesen (weiter Blick zum Ort, Bänke). Danach folgen wir zuerst weiter dem Weglein am Waldrand, später der oberhalb verlaufenden Straße Am Gesehr nordwestwärts. An einem Schullandheim vorbei erreichen wir die Autostraße St. Andreasberg–Sonnenberg mit dem Bushalt Jordanshöhe und auf der anderen Seite der Straße den **Geologischen Schaugarten** 4.

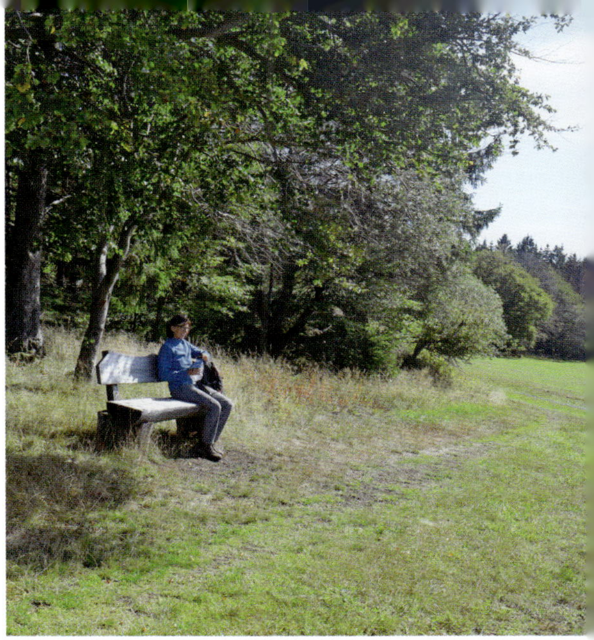

Auf den Wiesen oberhalb von St. Andreasberg

Zur Höhe und zurück in den Ort Wir folgen der Feldstraße westwärts, an einem landwirtschaftlichen Betrieb und seinem Rotvieh vorbei und mit herrlichem Ausblick vor die Kuppe Höhe. Bei einer Gabelung bleiben wir links auf dem festen Weg und gehen an Büschen und

St. Andreasberg

Als Bergstadt entstand St. Andreasberg aus einer Siedlung von Bergleuten. Nach dem Fund reicher Silbererze durchlief der Ort eine chaotische Wildwestphase mit Zustrom von Gücksrittern. Später führte der umsichtig und diszipliniert betriebene Bergbau im Schacht Samson bis in eine Tiefe von 840 Metern. Der war damals lange das weltweit tiefste Bergwerk. Zur Versorgung mit Wasser für Maschinen wurde als erste Harzer Talsperre der Oderteich und dazu der Rehberger Graben gebaut. Diese sind heute Teil des Welterbes Oberharzer Wasserwirtschaft.
Am Matthias-Schmidt-Berg wurden bereits 1929 Pisten für Skilauf und bald auch die ersten Lifte angelegt. Nach 1948 erfolgte dann ein noch großzügigerer Ausbau als Skizirkus, Flutlichtanlage inklusive. Zur Ermöglichung auch von Sommerbetrieb gab es Experimente mit einer Barytpiste. Die ließ sich jedoch nur mit speziellen schweren Holz-Ski befahren und war ein Flop. Heute ist sie nur noch Relikt am Hang. Eine Sommerrutschbahn ist etwas erfolgreicher für den Sommer. Noch populärer ist die Nutzung der Lifte durch die Downhiller, die sich als ein im Klimawandel tauglicherer Temposport zu entwickeln scheinen. Die teils hohe Aufständerung von Fahrstrecken und Schanzen für Sprünge sorgen für Kick – und erhöhten Fahrradverschleiß sowie potenzielle Nutzer von Krankenhausbetten …

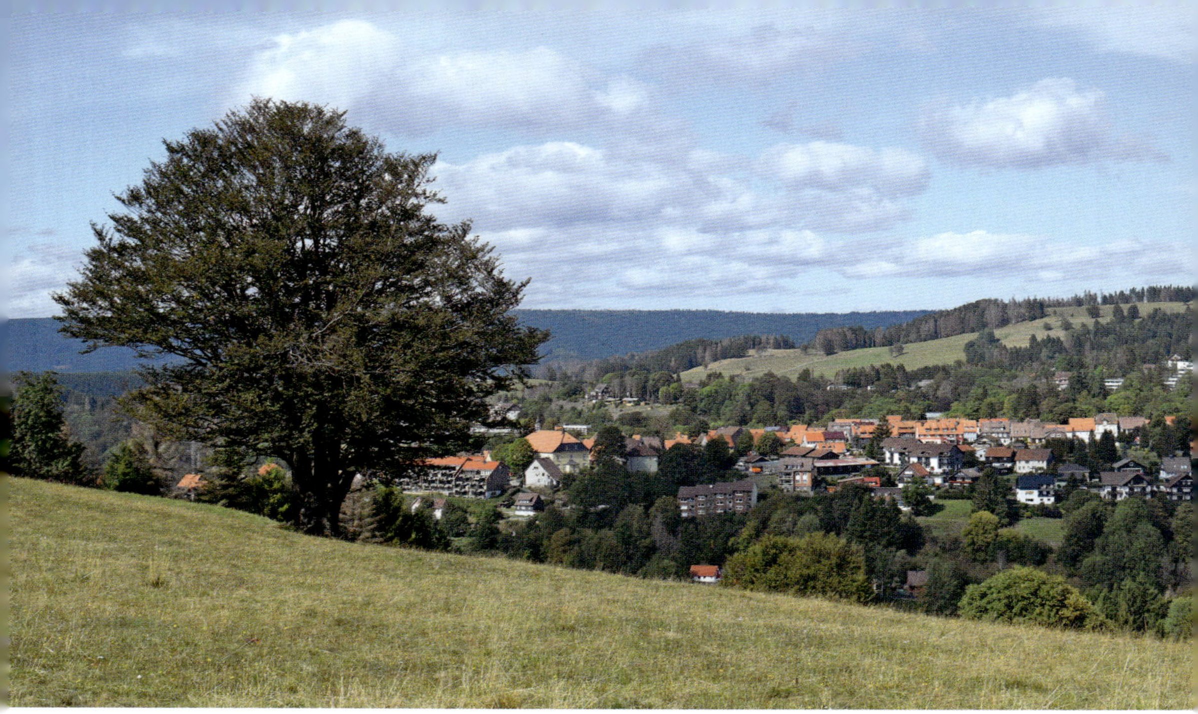

Blick vom Matthias-Schmidt-Berg auf den Ort und die nordwestlichen Bergwiesen

kleinen Baumgruppen vorbei hinab bis zu einem markanten Querweg. Dem folgen wir nach links, queren ein teils bewaldetes Tälchen und gelangen zum Sankt-Andreas-Weg. Der bringt uns, zuletzt oberhalb einer großen steilen Wiese entlang an Häusern vorbei, zur querenden Katharina-Neufang-Straße. Hier gehen wir nur kurz nach links und biegen dann scharf rechts in den steilen Weg **An der Rolle** 5 ein. Der führt, zuletzt an Sportplätzen vorbei zur unteren Katharina-Neufang-Straße und links zum **Museumsbergwerk Schacht Samson** 6. Weiter gehen wir hinab zur Oberen Grund-Straße. Nach 300 Metern bringt uns nach rechts eine kleine Straße zur Schützenstraße und weiter zum Glückauf-Weg. Dem folgen wir nach rechts am Friedhof vorbei und gelangen dann durch die schmale Gasse Silberner Mann nach links hinauf zur Straße Wäschegrund und zurück zum Parkplatz.

Tipps

Sehenswert sind im Ort die alte Grube Schacht Samson und das Nationalparkhaus. Im Wald ist die Gaststätte im historischen Rehberger Grabenhaus zu empfehlen (vom Parkplatz Dreibrode 1200 m). Von dort bietet der Spaziergang auf der Grabenkrone weiter ostwärts bald hübsche Ausblicke ins Odertal.

Wichtiges zur Tour

Tourencharakter
Abwechslungs- und panoramareiche, aber auch sportliche Runde um den reizvollen alten Bergwerksort

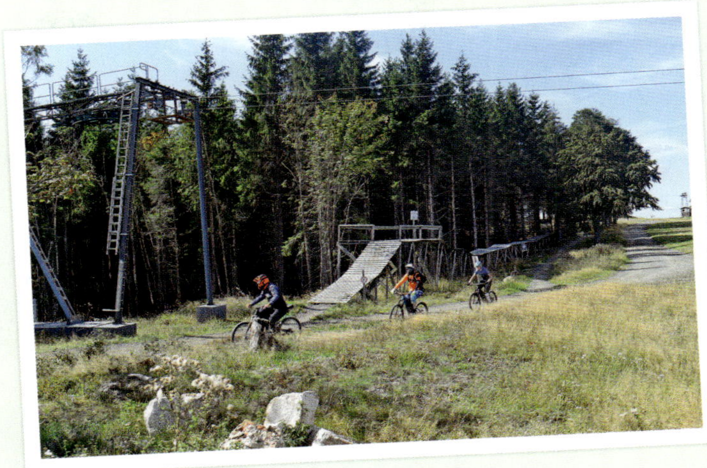

Downhiller in Aktion

Ausgangs-/ Endpunkt
Großer Parkplatz in St. Andreasberg Am Wäschegrund

Anfahrt
Bus & Bahn: Bahn bis Bad Harzburg oder Barbis, Bus bis St. Andreasberg
Auto: Mit dem Auto direkt zum Ausgangspunkt

Einkehr
Imbiss auf dem Matthias-Schmidt-Berg, am Rehberger Graben und im Ort weitere Gastronomie

Karte
Blatt »Oberharz« von »Der Harz in 4 Teilen«, 1:30000, Schmidt-Verlag Wernigerode

Information
www.braunlage.de, www.oberharz.de, www.harzinfo.de, www.nationalpark-harz.de

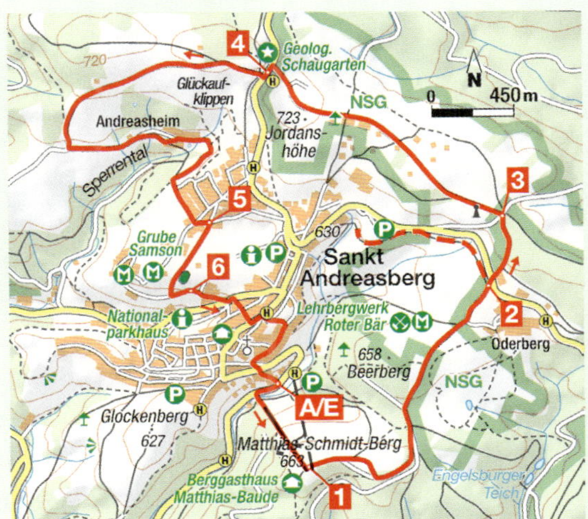

26 Hochflächenwanderung mit Aus- und Tiefblicken

Von Königskrug zu den Hahnenkleeklippen

- leicht
- 2 Std.
- 60 Hm
- 6 km

Gegenüber dem sehr beliebten Aufstieg von Königskrug zur markanten Kuppe des Achtermann verlangt diese Runde in die Gegenrichtung weniger Anstiege. Sie ist auch deutlich ruhiger. An den Hahnenkleeklippen bietet sie zum Odertal hin einen beachtlichen Tiefblick und im obersten Brunnenbachtal ein hübsches Talambiente.

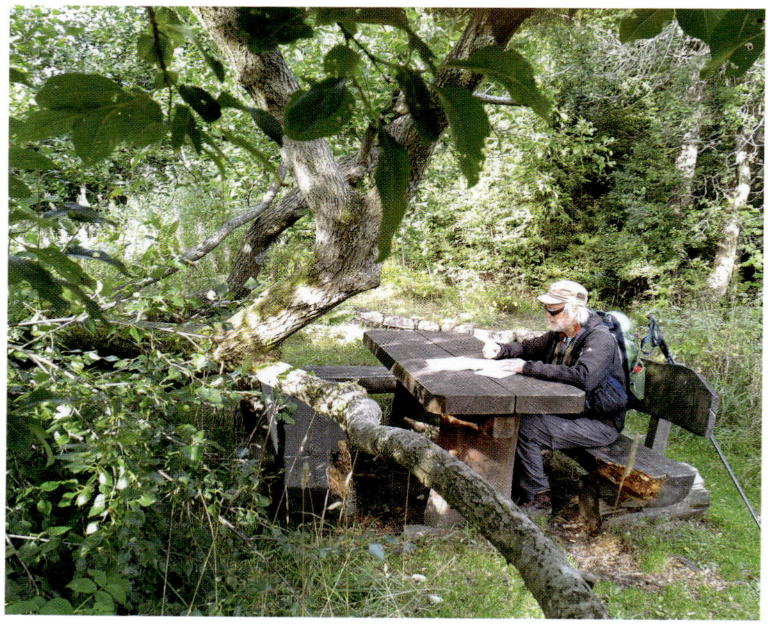

An der Lenchenbank

Zu den Hahnenkleeklippen Gegenüber der als altes Wegehaus am alten Handelsweg Heidenstieg begründeten **Gaststätte Königskrug** Ⓐ/Ⓔ gehen wir in die Hahnenkleer Waldstraße, wo sich allerdings der Wald aktuell verabschiedet hat. Wir folgen der Straße geradeaus mit weitem Rundblick zu einer Biegung nach links. Hier mündet von links eine andere Straße ein (urige Bank). Wir gehen

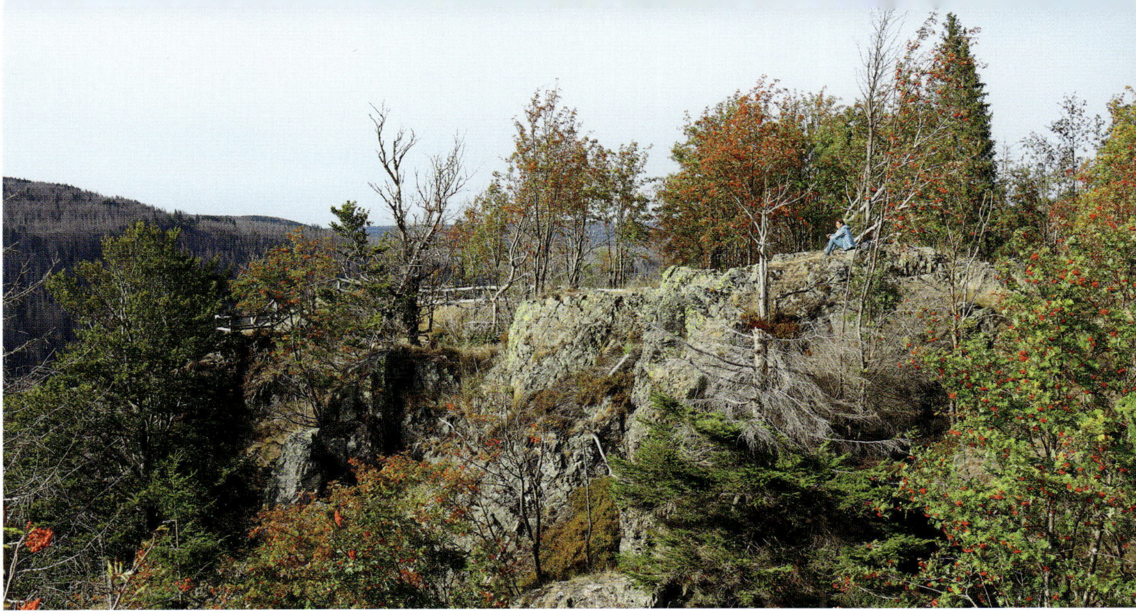

Weit reicht der Blick von den Hahnenkleeklippen.

weiter auf der Waldstraße in einem Bogen zu einer Wanderhütte (aktuell hier – etwas geschummelt – Stempelstelle Hahnenkleeklippen der Harzer Wandernadel). Nochmals zwei Minuten weiter erreichen wir einen Stichweg nach rechts. Er führt westwärts bald zum Aussichtspunkt **Hahnenkleeklippen** 1. Der mit Geländern und Rastmöbeln ausgestattete Platz bietet eindrucksvolle Ausblicke zu den unterhalb aufragenden Felsgraten, hinab ins weite Odertal und gegenüber auf den Rehberg und St. Andreasberg. Die in diesen Felsen im Frühjahr gelegentlich brütenden seltenen Wanderfalken werden in den letzten Jahren zunehmend durch den sich ausbreitenden größeren und dominanteren Uhu zurückgedrängt. (Wenn wir von hier aus auf dem gleichen Weg nach Königskrug zurückgehen, kommen wir auf insgesamt drei Kilometer.)

Durch das obere Brunnenbachtal zurück Wir kehren zurück zur Waldstraße und folgen ihr rechts abwärts, südwärts weiter. Sie ist gesäumt von alleeartig gesetzten Ebereschen und anderen robusten Laubhölzern. Die haben die Zeit des Fichtensterbens unbeschadet überstanden. Weiter unten führt die Straße auch an vitalen alten Buchen vorbei. Denen hat der Klimawandel gleichfalls noch nichts angetan und der Borkenkäfer sowieso nicht. Nach zwei weiten Kurven mündet von rechts herauf eine Straße ein.

Hier gehen wir gegenüber in einen kleineren Weg (Hochlagengrenzweg). Der bringt uns nach 400 Metern durch entfichtete Flächen zu einer geraden Querstraße (Herrenlinie). Auf dieser gehen wir nach links, nordwärts. So gelangen wir beim Bach zur schon etwas altersschwachen **Lenchenbank** 2 an der Straße im obersten Tal des Brunnbaches. Dort steigen wir nun wieder auf, immer parallel zum Bach. Sein Wasser versorgt die ihn begleitenden Erlen auch in trockeneren Zeiten gut. Die Straße mündet schließlich wieder bei der urigen Holzbank auf die Hahnenkleer Waldstraße. Nach rechts gehen wir, mit aktuell weitem Blick, auf die felsige Kuppe des Achtermanns und dahinter zum Brocken und Wurmberg. Zuletzt an einem gar nicht nach Nationalpark aussehenden Hochspannungsmasten vorbei gelangen wir so zurück nach Königskrug.

Hornfels

Die schroffen Felsköpfe, Felskanzeln und Felsgrate der Hahnenkleeklippen bestehen aus Hornfels. Der entstand bei der Gebirgsbildung über dem von unten glutflüssig aufsteigenden Magma. Das blieb in den alten Deckschichten stecken und erkaltete dort langsam zu grobkörnigem Granit. In der Hitze des Magmas wurden die Deckschichten teilweise angeschmolzen und durch chemische Prozesse zu mehr oder weniger härterem und gelegentlich fast glasigem Gestein. Diese solchermaßen metamorph veränderten Gesteine werden Hornfels genannt.

Der steht auch an den Goetheklippen am Rehberg über dem Granit an und ebenso auf der jetzt schon von weither sichtbaren Kuppe des nahen Achtermanns. Der Hornfels widersteht der Abtragung stärker als der Granit und hat diesen so vor stärkerer Abtragung geschützt.

Im Grunde des Odertales unterhalb der Hahnenkleeklippen gibt es aus Blöcken und Schutt bestehende alte Moränenwälle eines früheren Talgletschers. Der floss hier während der Kaltzeiten von seinem Nährgebiet in der weiten hochgelegenen Mulde des heutigen Oderteiches durch das Tal hinab. Dort hinterließ er im Grunde dieses nur in Hornfels eingeschnittenen Tales große Granitblöcke. Die können nur aus der Gegend des Oderteiches stammen. Blöcke dieses Gewichtes können in so einem flachen Tal nur von Eis hierhin verfrachtet werden. Da das skandinavische Inlandeis nie weiter nach Süden kam als bis zum nördlichen Harzrand, muss dies damals ein lokaler Gletscher gewesen sein.

Wichtiges zur Tour

Tourencharakter
Hochflächenwanderung mit weiter Aussicht, auf breiten Straßen, nur kurz auf Naturweg

Ausgangs-/Endpunkt
Gaststätte Königskrug an der B4 Bad Harzburg–Braunlage

Anfahrt
Bus & Bahn: Bahn bis Bad Harzburg, Bus in Richtung Braunlage zum Bushalt Königskrug
Auto: Mit dem Auto über die B4 Bad Harzburg–Braunlage

Einkehr
Gaststätte Königskrug

Karte
Blatt »Oberharz« von
»Der Harz in 4 Teilen«,
1:30000, Schmidt-Verlag Wernigerode

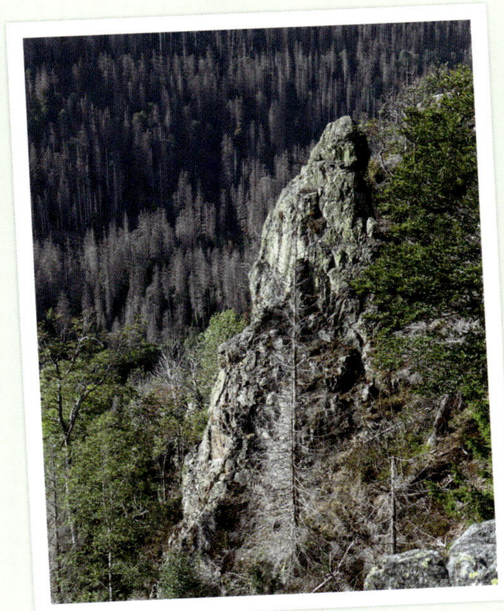

Die markanten Hahnenkleeklippen bestehen aus Hornfels und brechen steil ins Odertal ab.

Information
www.braunlage.de, www.nationalpark-harz.de

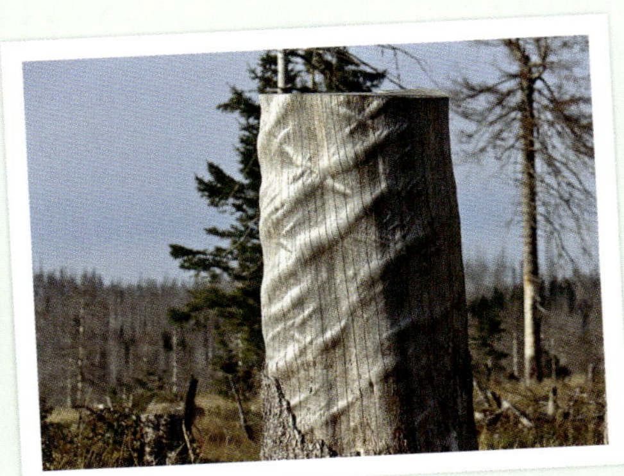

Der vergehende Stamm einer alten Fichte zeigt die Feinstrukturen des zähen Holzes.

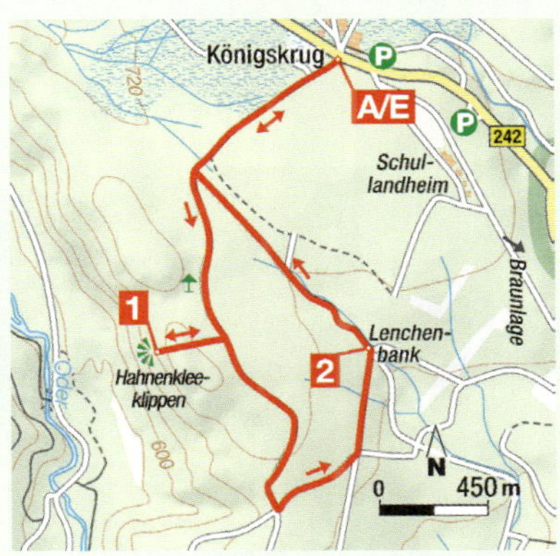

27 Auf den höchsten Harzer Seilbahnberg

Von Braunlage zur Wurmberg-Gipfelrunde

- mittel
- 1.30 Std.
- 250 Hm
- 4 km

Diese Tour kombiniert Wandern mit der Nutzung der Seilbahn. Dabei wird der obere Teil des Berges auf eigenen Füßen bis zum panoramareichen Gipfel bestiegen und danach per Bahn hinabgefahren. Wem der Aufstieg zu viel abverlangt, der Abstieg aber von den Gelenken her möglich ist, der kann auch zur Gipfelstation hinauffahren und von dort zur Mittelstation absteigen.

Per Kabinenbahn zur Mittelstation Von Braunlage bringt uns die Kabinenbahn luftig durch die Schneise im teils gelichteten Wald hinauf zur **Mittelstation** (A)/(E). Für den vorgeschlagenen Aufstieg steigen wir hier aus.

Für die Beschneiungsanlagen wurde auf dem Bergrücken ein Wasserreservoir angelegt.

Aufstieg zum Gipfel Wir gehen zur nahen Gaststätte **Rodelhaus** (1) und folgen nordwestwärts der Straße schräg

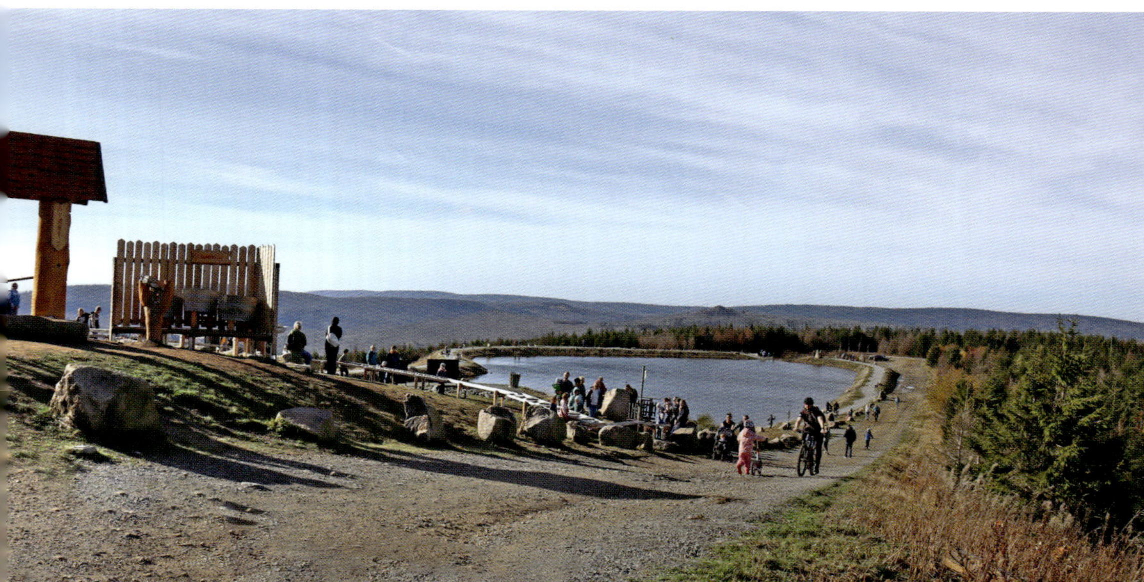

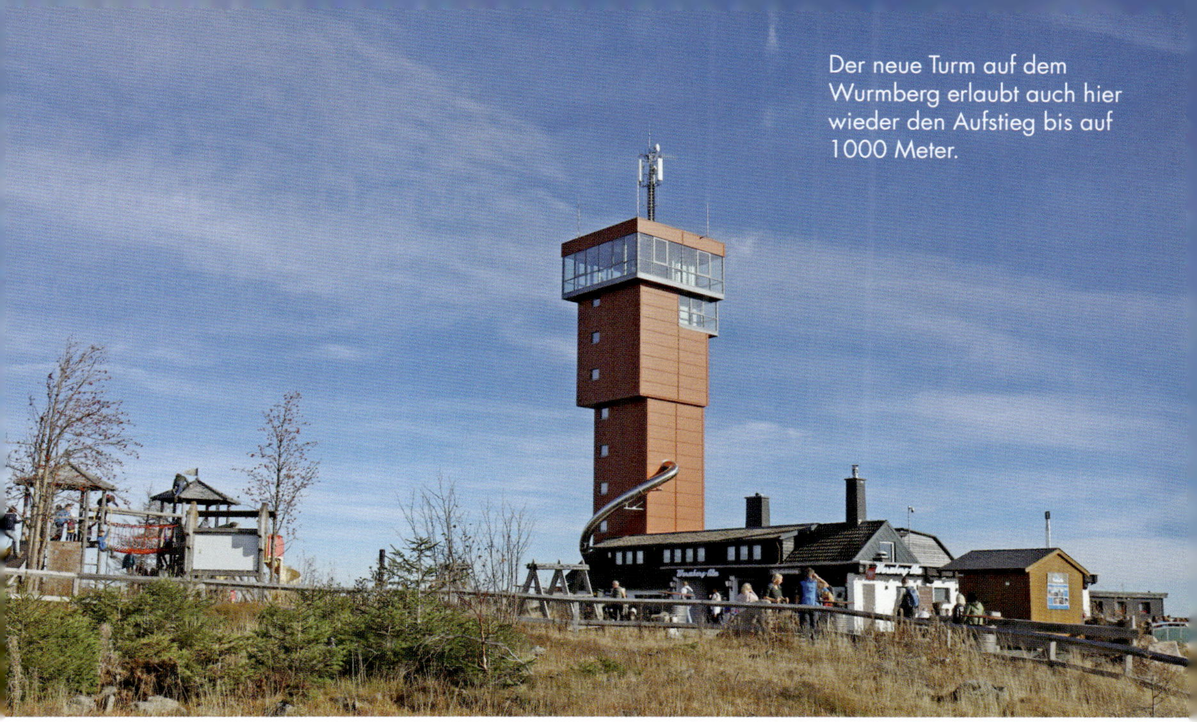

Der neue Turm auf dem Wurmberg erlaubt auch hier wieder den Aufstieg bis auf 1000 Meter.

aufwärts. Sie bietet bald weiten Ausblick zur hier noch fernen Kuppe des Achtermanns. Bei Zäunen quert sie einen großen aufgelassenen Steinbruch. Danach folgen wir bei einer **Abzweigung** 2 dem rechts weiterführenden, teils steinigen Stieger Weg. Er quert etwas ansteigend mit weiten Ausblicken die Hänge bis zur Asphaltstraße Sögdingsstraße. Auf dieser steigen wir weiter zu einer **großen Straßenkehre** 3 auf dem Westrücken des Berges hoch. Über diesen Rücken führt sie nun südostwärts weiter hinauf zum alten Stein **Stieglitzecke** 4 an der Einmündung eines

Aufstiegsvariante

Allen, die beim Aufstieg weniger Asphalt gehen wollen und robust genug sind, einen teils steinigen und hier und da etwas nassen Naturweg zu gehen, denen rate ich oben zum Kuhlagerweg: Am Stein Stieglitzecke kurz nach links und dann gleich wieder rechts den deutlichen alten Weg mit runden Steinen und auch etwas schattiger aufsteigen zum Wasserspielplatz im Gipfelbereich nahe der Bergstation.
Abstieg zur Mittelstation: Wer sich eher weniger anstrengen will, dafür aber gern abwärts geht und das verträgt, folgt der asphaltierten Straße links vom Speicherbecken hinab bis zur großen Straßenkehre auf dem Westrücken des Berges. Achtung, 300 Meter nach der großen Kehre unbedingt links in den zuerst ansteigenden, unbefestigten Stieger Weg einfädeln! (Die breite Asphaltstraße führt nicht zur Mittelstation, sondern recht lang direkt ganz hinunter nach Braunlage!)

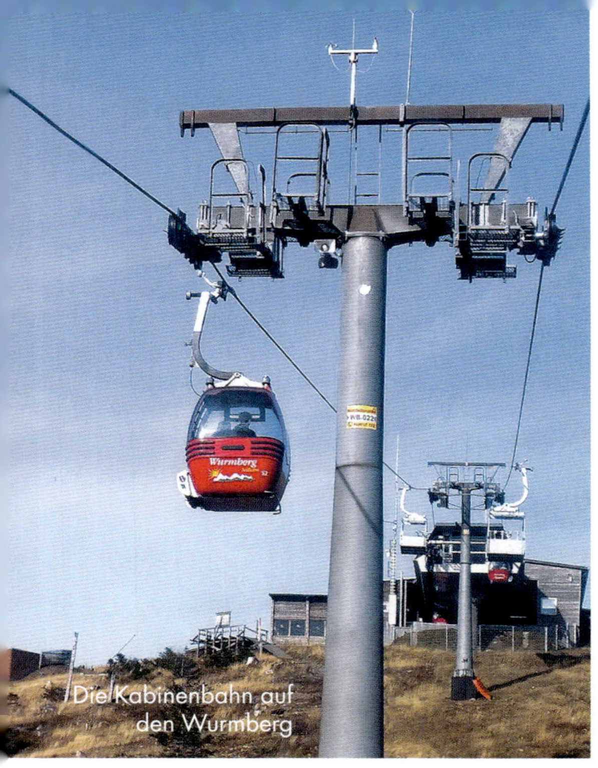
Die Kabinenbahn auf den Wurmberg

breiten Weges. Die Straße verläuft dann mit einer steilen Rechts-Links-Kurve und führt am Speicherbecken für Pistenbeschneiung vorbei. Nach einem ausgedehnten Spielplatz und der Bergstation gelangen wir zum **Wurmberg-Gipfel** 5 (971 m). Hinab fahren wir von der westlichen Bergstation, die etwas oberhalb vom Wasserspielplatz und Speicherteich liegt. (Der auf der Ostseite des Gipfels beginnende Sessellift wird nicht empfohlen. Er bringt uns hinab zu den Parkplatz-Weiten der sogenannten Hexenritt Alm und führt damit weg von der Kabinenbahn. Er verlangt dann eine längere Querung, die auch von Monsterrollern benutzt wird!)

Wurmberg

Der Gipfel des Wurmberges ist einer der touristischen Brennpunkte des Harzes. Nun ist hier nach dem Abriss des verrotteten alten Schanzenturms auch wieder ein schicker neuer und kostenpflichtiger Aussichtsturm erstellt. Mit dem werden wieder 1000 Meter Meereshöhe erreicht. So hat auch Niedersachsen endlich wieder einen 1000-Meter-Gipfel (mit Prothese). Seine Rutsche werden reifere Besucher eher elastischeren Altersklassen überlassen. Wer nur wegen der Aussicht herauffährt, genießt den großartigen Brockenblick und Hohneblick und den Blick zum Südharz aktuell auch schon ohne Turm. Dazu gibt es reichlich Gelegenheit zu diverser Gastronomie und Bespaßung. Die Nord- und Osthänge sind ein Angebot für Skifahrer, wenn es denn mal Schnee gibt. Ebenso bietet der große Steinbruch in winterlichen Frostphasen, wenn es die mal gibt, großartige Eiskaskaden und -säulen für schwierige Eiskletterei. Aber selbst mit den großartig installierten Beschneiungsanlagen ist bei den jetzt im kalendarischen Winter vorherrschenden Temperaturen kein Staat zu machen. In der viel längeren schneefreien Zeit sind die Hänge mit allerlei Pisten das Reich der Fahrer/innen der hier ausleihbaren Monsterroller oder der oft rasant fahrenden, mit martialischen Plastikrüstungen auftretenden Downhiller auf Mountainbikes. Das sind hier nach der Verabschiedung des Schnees im Klimawandel die Sportarten der Zukunft. Von deren Pisten hält sich die beschriebene Wanderung fern.

Wichtiges zur Tour

Tourencharakter

Strammer Aufstieg auf panoramareicher ruhiger Straße zu einem der extremsten touristischen Brennpunkte des Harzes

Ausgangs-/Endpunkt

Talstation der Wurmberg-Gondelbahn in Braunlage Am Amtsweg

Anfahrt

Bus & Bahn: Mit Bahn bis Bad Harzburg, Bus tagsüber stündlich nach Braunlage und einige Minuten zu Fuß zur Talstation
Auto: Mit dem Auto zum Großparkplatz, Braunlage Am Amtsweg. Möglich ist auch die Fahrt zum Großparkplatz Hexenrittalm und von dort 1 km zu Fuß westwärts zum Wegekreuz Bratwurst und schräg hinab zur Mittelstation beim Rodelhaus.

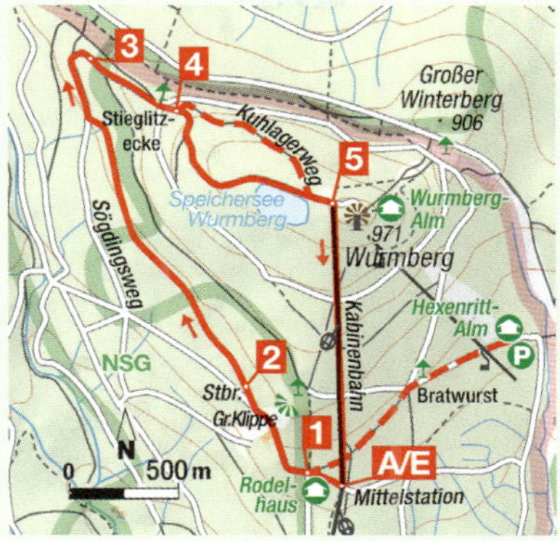

Karte

Blatt »Oberharz« von »Der Harz in 4 Teilen«, 1:30 000, Schmidt-Verlag Wernigerode

Information

www.braunlage.de,
www.wurmberg-seilbahn.de

Einkehr

Am Gipfel mehrere Möglichkeiten

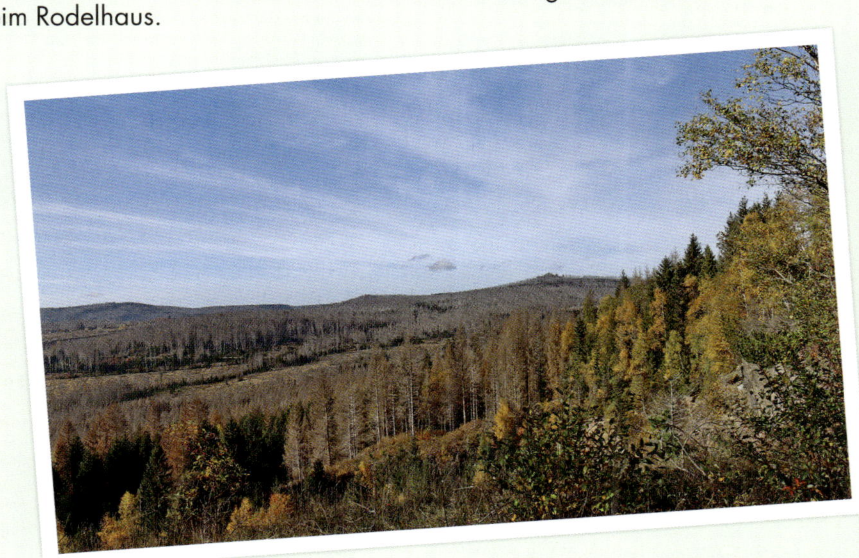

Blick zum Achtermann

28 Auf den unteren Südhängen des Brockens

Von Schierke über unteres Eckerloch und Edelmannshäuweg

mittel

1.30 Std

120 Hm

5 km

Wem der Brockenaufstieg als eine zu große Anforderung erscheint, dem bietet die Runde durch das Quellgebiet der Kalten Bode eine Begegnung mit dieser Landschaft. Vielleicht, um dann doch Mut zu finden für die Wanderung auf eigenen Füßen bis ganz hinauf zum Gipfel. Der weithin schütter gewordene Wald erlaubt durch seine Lücken auch hier unten deutlich mehr Fernsicht als früher.

Ins untere Eckerloch Von der **Jugendherberge** A/E gehen wir links, westlich vom hübschen Bach, die Sandbrinkstraße aufwärts. Nach 800 Metern zweigt nach rechts ein kleinerer Weg ab und führt über eine Holzbrücke und hinauf zur asphaltierten Brockenstraße. Dieser folgen wir kurz nach links bis hinter die Brücke. Dort beginnt nach rechts,

Die Brücke über die Kalte Bode zur Brockenstraße

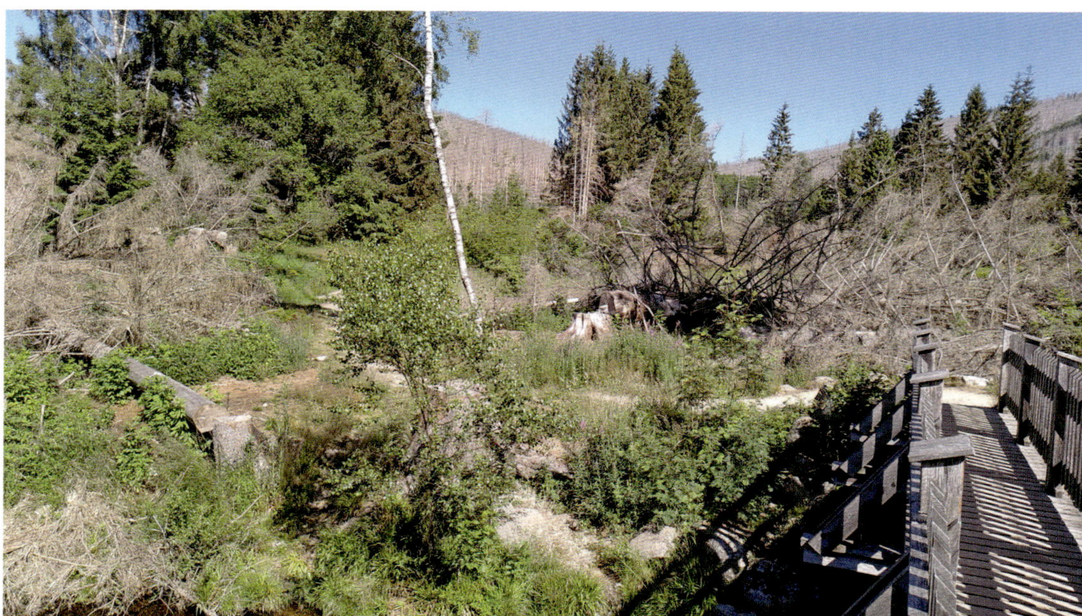

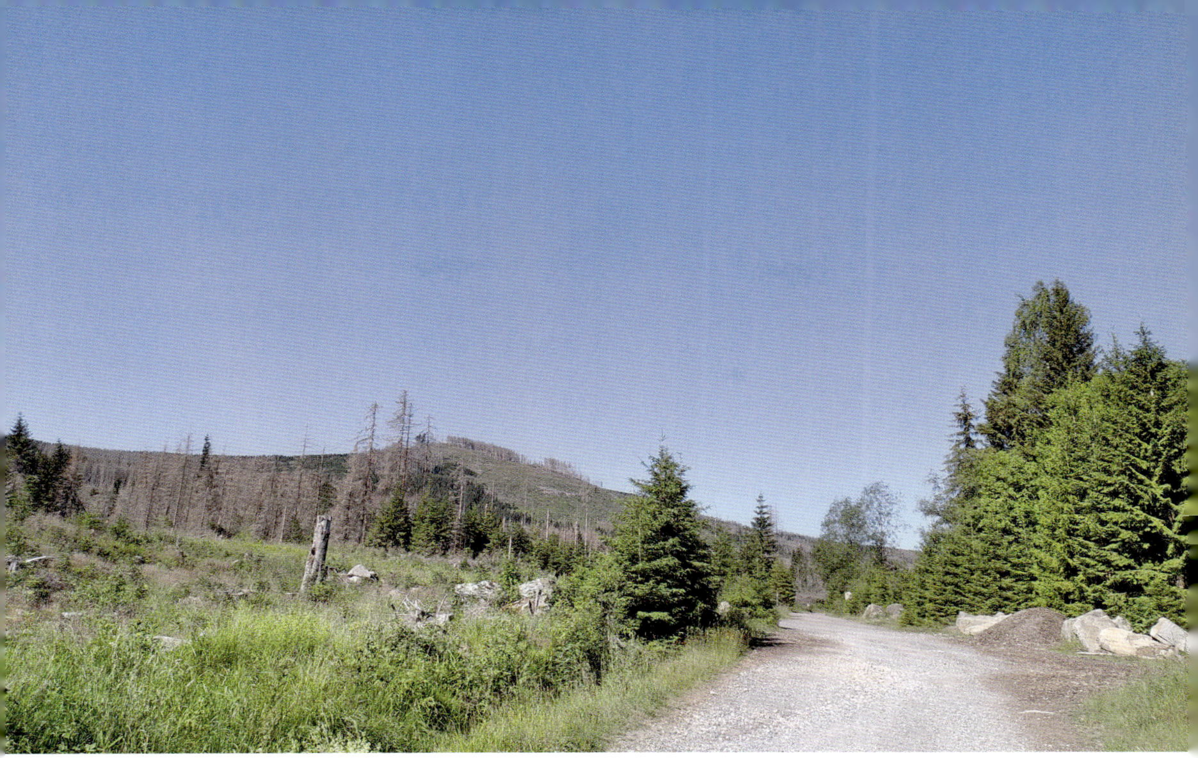

Auf dem Weg wenig oberhalb der Jugendherberge

nordwestwärts, der Steig durch das **Eckerloch** 1. Er war einstmals grob mit lokalen Granitsteinen gepflastert, ist aber seither ausgewaschen und ausgetreten und nicht überall leicht zu gehen. Der früher beidseitig hoch aufragende Fichtenwald ist durch Trockenheit und Borkenkäfer abgestorben und auch weitgehend abgeräumt. Das hat das Ambiente deutlich verändert. Jetzt gehen wir hier mit weitem Ausblick, an einer Stelle sogar bis hinauf zum rotweißen Sendemast am Gipfel. Bei gutem Wetter kann die Sonne im Sommer hier jetzt schon lästig werden. Nach etwa 700 Metern bringt uns dieser Weg weiter oben wieder vor die Brockenstraße zum rechts

Variante

Wer etwas weiter gehen will, kann vom Beginn der Brockenstraße noch ein Stück weiter hinauf folgen. Sie führt bald durch das Tal des Schwarzen Schluftwassers und dann stetig nach rechts hinauf. Kurz nach der Querung der Bahnlinie biegen wir nach rechts in den Bahnparallelweg ein und folgen diesem knapp oberhalb der Bahnlinie mit weiten Ausblicken abwärts bis zur Schutzhütte an der Alten Bobbahn. Nun queren wir wieder die Bahnlinie und folgen auf der Linie der ehemaligen Bobbahn dem recht steilen und teils schuttigen Weg hinab zur Einmündung des Edelmannshäuweges von rechts her. Geradeaus weiter wie in der Hauptroute beschrieben.

beginnenden **Edelmannshäuweg** ❷. (Diese gehtechnisch teilweise herbe Wegstrecke kann auch vermieden werden, indem man auf der asphaltierten Brockenstraße den weiten Bogen ausgeht. Von dieser ist dann zum Beginn des Edelmannshäuweges etwas abzusteigen!)

Über Zuflüsse zur Kalten Bode und zur Alten Bobbahn zurück Noch vor der Mündung auf die Brockenstraße biegen wir nach rechts ab. Wir gehen nun auf dem meist angenehmen, aber teils auch steinigen Edelmannshäuweg fast ohne Steigung quer durch die Hänge. Sie sind von mehreren kleineren Bächen durchzogen. Schließlich mündet der Weg in die schuttige Straße der von oben hinabführenden **Alten Bobbahn** ❸ ein. Wir gehen sie hinab bis zur Abzweigung einer Straße nach rechts. Diese führt deutlich abwärts als »Großmutter Bobbahn« hinab zur Jugendherberge.

Granit

Der Brocken besteht aus grobkristallinem Granit. Der ist bei der Gebirgsbildung hier aus der Tiefe als glutflüssiges Magma aufgestiegen, aber noch vor dem Erreichen der Oberfläche in den Deckschichten steckengeblieben. Deshalb kühlte das Magma nur sehr allmählich ab. So hatten die Mineralien Zeit, sich zu größeren Kristallen zu sammeln. An manchen Stellen blieben im Magma noch ungeschmolzene Klumpen der Deckgesteine erhalten. Sie sind im Granit wie Rosinen in einem Kuchen eingebacken. Bei der Abtragung des Gebirges wurde im Laufe vieler Jahrmillionen auch der Granit freigelegt. Das erstarrte Gestein wurde spröde und es wurde durch Gebirgsbewegungen zerbrochen. Entlang der Kluftrisse nagten sich die Frostsprengung und die chemische Verwitterung in den Gesteinskörper und zerlegten ihn weiter. Die die Hänge überziehenden großen und kleineren Blöcke sind das Ergebnis dieser Vorgänge. In unserem Klima liegen sie weithin unter einem Filz von Boden und Vegetation. Die begünstigen die weitere Zerlegung. Auf den offen liegenden Flächen der Blöcke siedeln sich weithin Flechten an. Diese sehr genügsame und vielgestaltige Lebensform kombiniert Elemente von Pilzen und Algen. Insgesamt staut der Granit das Wasser. Das fließt also oberflächlich in Bächen ab. Auf flacheren Bereichen bilden sich auch über Granit die viel Wasser haltenden Hochmoore.

Wichtiges zur Tour

Tourencharakter
Hübsche Waldwanderung, auf längeren Strecken über steinige und holprige Wege, nur teilweise Straßen. Der benutzte Abschnitt des Eckerlochstiegs kann etwas länger auf der Brockenstraße umgangen werden.

Ausgangs-/Endpunkt
Jugendherberge Schierke am oberen Ortsende an der Brockenstraße

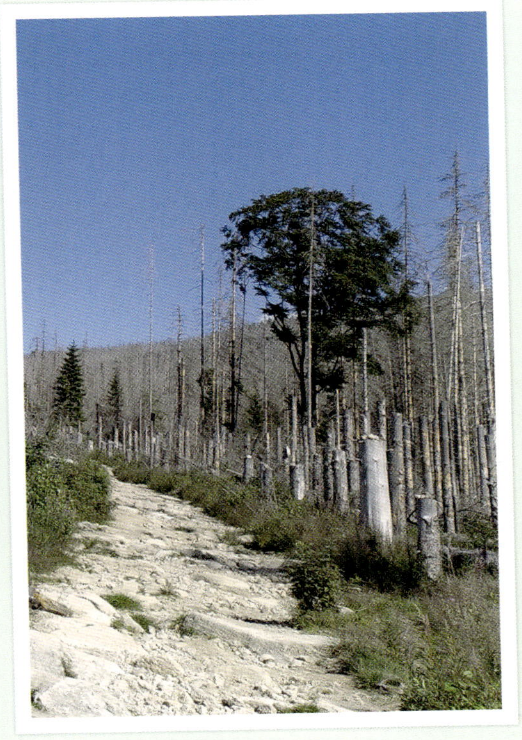

Das neue Gesicht des Eckerlochstiegs mit mehr Sonne statt Aufstieg im Schatten von Nadelbäumen

Anfahrt
Bus & Bahn: Bahn bis Bad Harzburg, Bus bis Braunlage und dann Bus nach Schierke zum Bushalt Jugendherberge. Von der Tiefgarage 600 m Anmarsch auf Fußweg oberhalb der Autostraße

Auto: Mit dem Auto direkt zum Ausgangspunkt

Einkehr
Schierke

Karte
Blatt »Oberharz« von »Der Harz in 4 Teilen«, 1:30 000, Schmidt-Verlag Wernigerode

Information
www.harzinfo.de,
www.nationalpark-harz.de

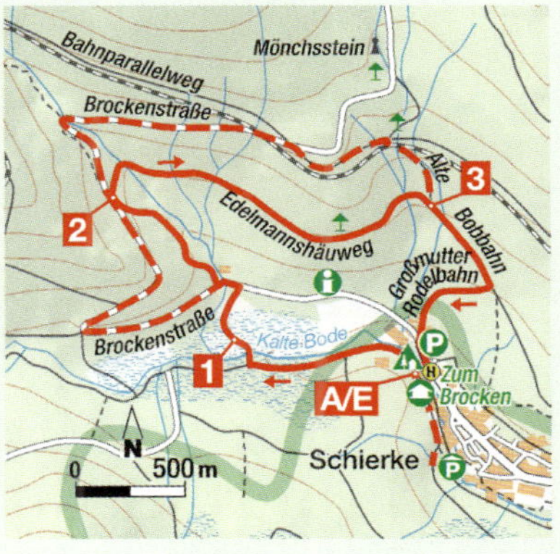

29 Stippvisite auf dem Ackerkamm

Von Stieglitzecke zur Ackerstraße und zur Hammersteinklippe

leicht/mittel

1.30 Std.

50 Hm

4 km

Der behäbigbreite Ackerkamm ist die längste geologische Struktur des Harzgebirges. Er besteht weithin aus hartem und wasserstauendem Quarzit. Deshalb haben dort oben die häufigen und reichlicheren Niederschläge Hochmoore entstehen lassen. Die kurze Tour lässt uns wesentliche Teile dieser rauen Landschaft kennenlernen.

Zum Hochmoor Unser Ausgangspunkt ist der **Bushalt Stieglitzecke** A/E an der Einmündung der Ackerstraße. An einer Wanderhütte vorbei gehen wir auf der Straße mit weiten Ausblicken über die flache Kuppe **Steinkopf** 1 (835 m). Nun abwärts erreichen wir bald die Abzweigung

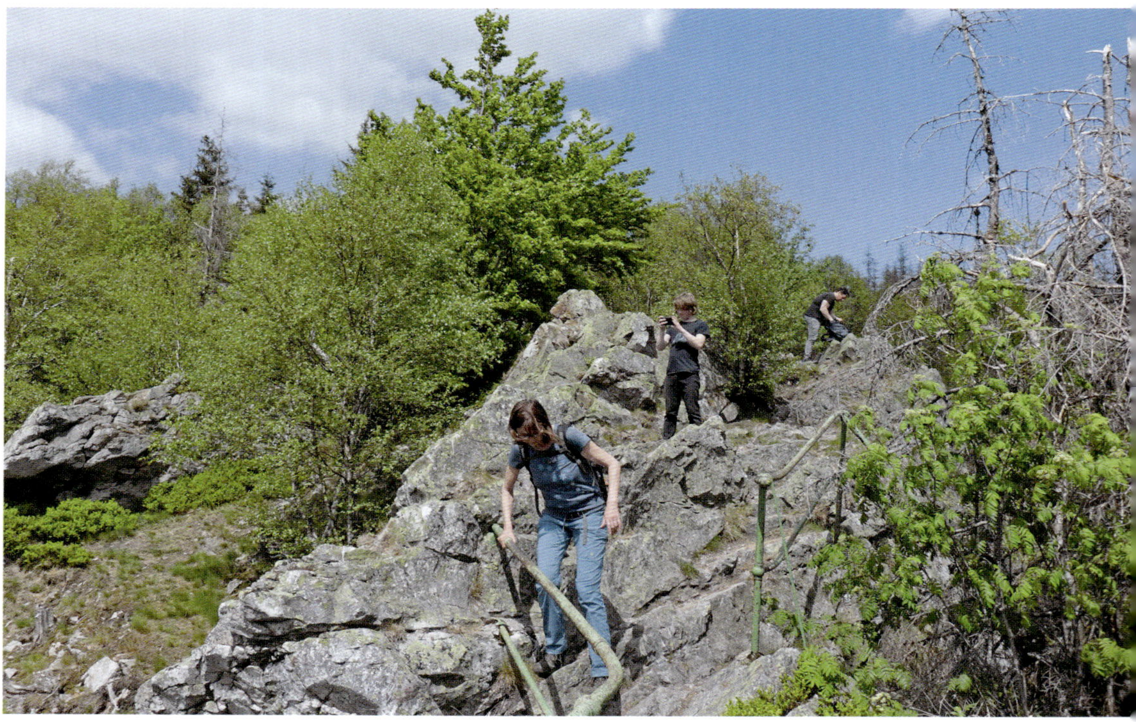

An der Hammersteinklippe

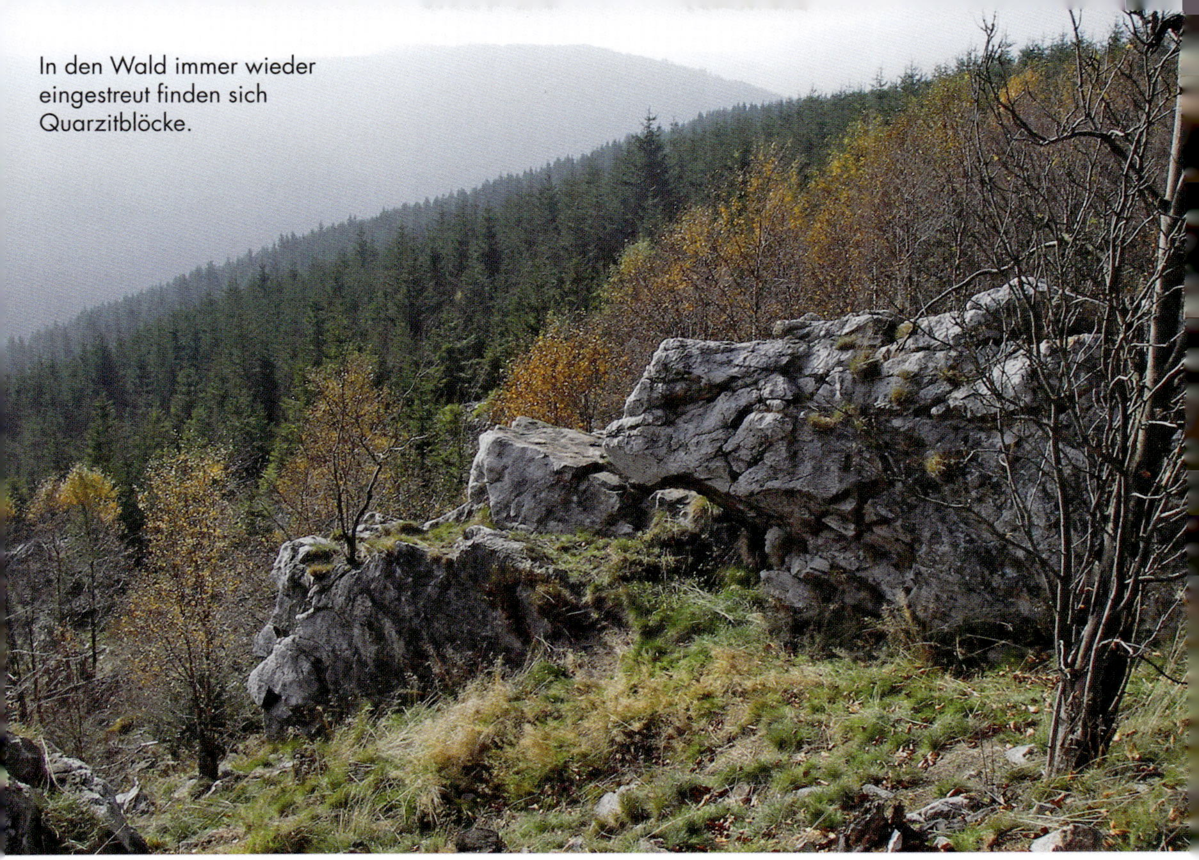

In den Wald immer wieder eingestreut finden sich Quarzitblöcke.

eines **Naturweges** ② nach rechts. Er bringt uns am Rand des Hochmoores entlang, nach längerem Regen etwas rutschig, in wenigen Minuten hinüber zur westseitigen Straße Reitstieg. Diese gehen wir nun nach rechts zurück zur Harzhochstraße B 242 zum Großparkplatz.

Zur Hammersteinklippe Dies ist ein zusätzlicher Spaziergang zu einem reizvollen Ausguck. Wir gehen vom Parkplatz an der Mündung des Reitstiegs westwärts

Zusätzlicher Wandertipp

Für Leute, die so weit gehen können, ist die Wanderung über die Ackerstraße zur beliebten, nur für tüchtige Wanderer erreichbaren Baude Hanskühnenburg und der Rückweg über den markierten und ausgeschilderten Reitstieg vorbei an der kecken Hanskühnenburg-Klippe und nach dem Abstieg bis zum Auerhahnplatz allmählich in den westseitigen Hängen des Bergkamms aufwärts zurück zur Harzhochstraße eine besonders beliebte Rundtour (insgesamt kompromisslose 14 Kilometer).

Aber auch, wenn man die Ackerstraße nur ein Stück weit geht und dann umkehrt, bringt das großartige Einblicke in den wilden Wald der Talhänge des Siebertales und immer wieder mal weite Ausblicke.

am Mobilfunkturm vorbei. Dann folgen wir dem Weg im Bogen nach links abwärts zur Felskanzel, der mit einem Geländer versehenen **Hammersteinklippe** ❸. Die letzten Meter enthalten grobe Felsstufen. Von der Felskanzel bietet sich ein eindrücklicher Ausblick über den Quellbereich der Söse hinweg zum Ackerkamm und hinab auf die weiten Halden aus Quarzittrümmern.

Quarzit und Hochmoore

Quarzit ist ein Gestein aus fest verbackenen Sandkörnern. Es ist also quasi ein verfestigter Strand. Die Körner bestehen aus dem in der Erdkruste häufigen Silizium, das in reiner Form technisch Grundstoff für Halbleiter und Fotovoltaik ist. Das Gestein ist sehr hart, jedoch zugleich sehr spröde. Es bleibt deshalb nur an wenigen Stellen an der Oberfläche als Klippen stehen. Stattdessen zerfällt es unter dem Einfluss der Frostsprengung meist rasch zu Blöcken. So ist die Hammersteinklippe nur relativ klein, die sich unterhalb ausdehnende Halde dagegen riesig. Am weithin aus Quarz bestehenden Ackerkamm sind also Blockmeere typisch und im Wald immer wieder mal eingestreut. Insgesamt staut der anstehende Quarzit das Wasser.

Auf den regenreicheren Höhen gedeihen auf flachem wasserstauendem Gelände Moore. Sie vertragen und brauchen sogar den dort sauren Boden. Sie bestehen aus einem Netz von wasserliebenden Moosen, besonders dem in langen Strähnen wachsenden Torfmoos. Zusammen mit älteren abgestorbenen Pflanzenresten bilden sie einen lockeren Filz. In diesem halten sie Wasser und fördern das weitere Wachstum des Moores. Diese dem Gelände aufliegenden Hochmoore haben eine flachgewölbte, uhrglasförmige Oberfläche. Insgesamt speichern sie Wasser in beträchtlichen Mengen. In trockeneren Zeiten geben sie das Wasser über Quellen allmählich wieder ab. Sie gleichen so die wetterbedingten Schwankungen im Wasserhaushalt aus und fördern damit nachhaltig das gesamte System von Lebensgemeinschaften der Landschaft. Im Nationalpark sind die Moore deshalb wahre Kostbarkeiten. Daher sperrte der Nationalpark den ursprünglich durchgängig auf der Kammhöhe verlaufenden, trotz seines Namens Fastweg öfters sumpfigen alten Wanderweg hier auf mehrere Kilometer. Das Verbot schmerzte besonders die Skiläufer, die hier früher eine faszinierende Schneelandschaft mit weiten Ausblicken durchlaufen konnten. Als Ausgleich werden bei genügend Schnee jetzt im Winter auf der Ackerstraße und dem Reitstieg Loipen gespurt. Und weil die heute üblichen leichten und schmalen Langlaufski für das Gehen im ungespurten Gelände gar nicht mehr taugen, sind alle zufrieden.

Wichtiges zur Tour

Tourencharakter

Ackerstraße und Reitstieg sind breite Straßen, bei Schnee als Loipen beliebt. Der Abstecher zur Hammersteinklippe ist zuletzt ein herb steiniger Naturweg.

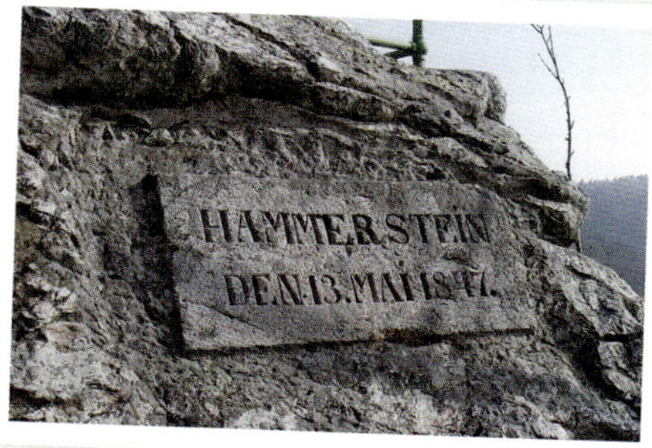

An der Aussichtskanzel

Ausgangs-/Endpunkt

Bushalt Stieglitzecke an der Harzhochstraße B 242 zwischen Clausthal-Zellerfeld und Sonnenberg

Anfahrt

Bus & Bahn: Bahn bis Bad Harzburg, Bus bis Haltestelle Stieglitzeck
Auto: Mit dem Auto bis zu einem großen Parkplatz 200 m westlich unterhalb der Bushaltestelle Stieglitzecke

Information

www.harzinfo.de,
www.nationalpark-harz.de

Einkehr

Unterwegs keine

Karte

Blatt »Oberharz« von »Der Harz in 4 Teilen«, 1:30 000, Schmidt-Verlag Wernigerode

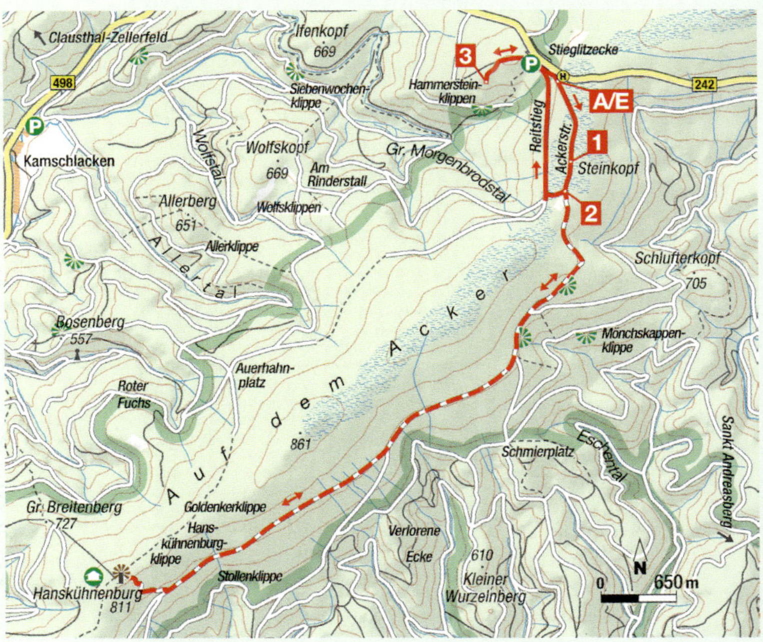

30 Vom alten Bergwerksort zu alten Grabenwegen

Von Altenau über ein Stück des Dammgrabens

leicht

2 Std.

150 Hm

6 km

Die Erbauer der Wassergräben zu den Bergwerken versuchten, das Wasser möglichst mit seinem natürlichen Gefälle zu den Bergwerken abzuleiten. Die minimale Steigung macht heute die Wege auf der Grabenkrone zu einem Sonderangebot für alle, die hier mit wenig Mühen wandern wollen.

Zum Dammgraben Von der Abzweigung der Straße nach Torfhaus mit Bushalt und **Parkplatz** Ⓐ/Ⓔ gehen wir beim Gasthaus Engel in das Sträßchen Am Mühlenberg. Hinter dem letzten Haus führt der Weg steil mit Treppenstufen nach links hinauf zur **Wiesenschulter** ❶. Hier bietet sich ein hübscher Ausblick auf den Ort. Der Weg bringt uns als Wiesenweg weiter in östlicher Richtung an der bewaldeten Kuppe des Mühlenberges vorbei. Er quert eine Mulde und leitet bald wieder ansteigend als Wiesenweg in südöstlicher Richtung nahe dem Waldrand zum Ende der Wiese. In gleicher Richtung führt der Weg zwischen abgeräumten Waldflächen schließlich zum querenden **Dammgraben** ❷.

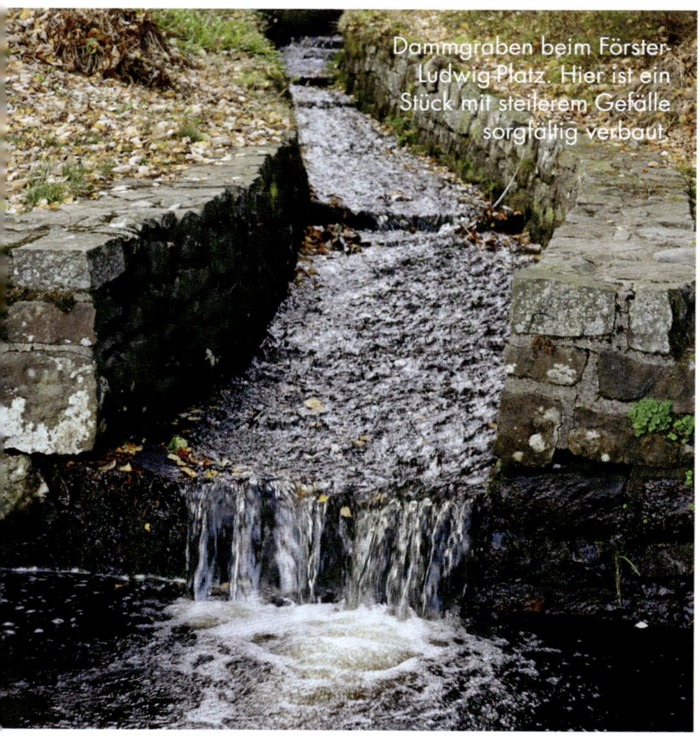

Dammgraben beim Förster-Ludwig-Platz. Hier ist ein Stück mit steilerem Gefälle sorgfältig verbaut.

Auf der Grabenkrone zum früheren Grabenhaus Rose Wir gehen auf der Grabenkrone nach rechts, insgesamt westwärts. Zum Halten der Höhe leitet der

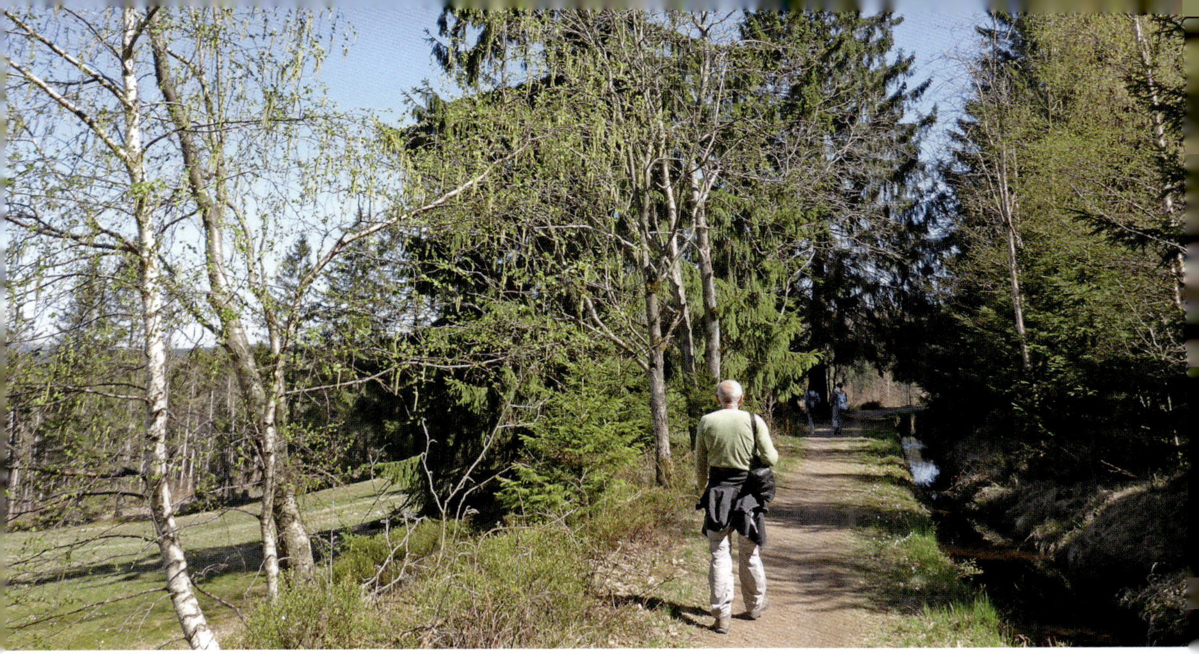

Auf dem Dammgraben

Graben mit Bögen in die Seitentäler hinein und über die Bergsporne hinaus und um sie herum. Dabei öffnen sich immer wieder Ausblicke auf die Bergwiesen. Wir erreichen

Dammgraben und Bergwiesen

Der Dammgraben wurde mit einfachsten Mitteln, aber wohlüberlegt gebaut. Er leitete Wasser vom östlichen Bruchberg über viele Kilometer zu den Bergwerken der Clausthaler Hochfläche. Er gehört zum Weltkulturerbe Oberharzer Wasserwirtschaft. Die Erhaltung und Pflege dieses Kulturdenkmals danken wir dem Betrieb Harzenergie. Das Unternehmen betreibt vorrangig die Unterhaltung der ursprünglich zum Hochwasserschutz und zur Trinkwassergewinnung und nachrangig auch zur Energiegewinnung angelegten Talsperren. Infotafeln erläutern die Details der Gräben, der daran installierten Einrichtungen und der Wasserwanderwege des Weltkulturerbes.

Die Bergwiesen entstanden bereits vor Jahrhunderten, weil die hier angesiedelten Bergleute als Anreiz zum Herkommen auch Weiderechte erhalten hatten. Damit entwickelte sich hier ein lichtliebendes Biotop von großem Artenreichtum. Der Nationalpark will eigentlich die natürliche Dynamik fördern. Wegen des Artenreichtums werden die Wiesen jedoch durch Beweidung oder Grasschnitt weiterhin gepflegt und erhalten. Ohne solche Eingriffe würden sich dort rasch wieder Bäume ansiedeln und die artenreichen Wiesen bald in weit weniger artenreichen Wald verwandeln. Skifahren auf den winterlichen Bergwiesen ist heute nur noch in kurzen Phasen möglich.

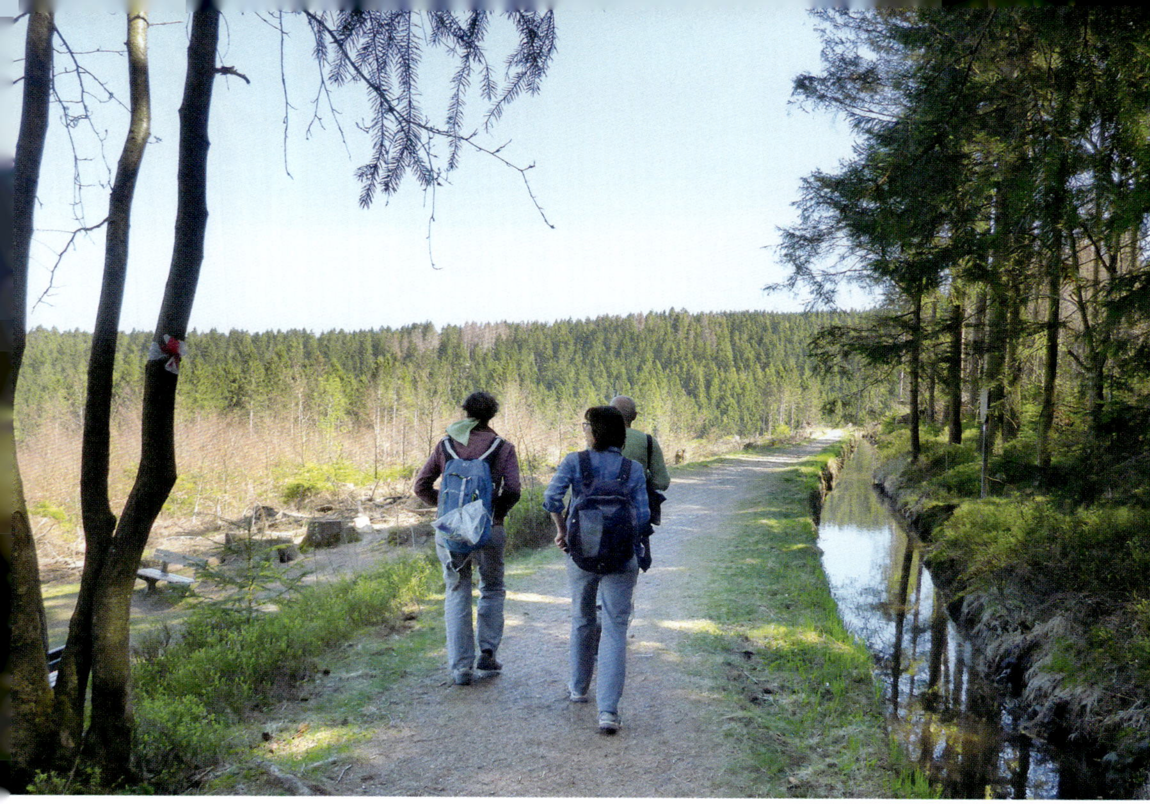

Dammgraben oberhalb von Altenau

schließlich das ehemalige **Grabenhaus Rose** ❸. Zu dem führt von unten eine Straße herauf.

Zurück zum Ausgangspunkt Wir gehen auf der Straße hinab bis zur Autostraße Altenau–Clausthal und dann entlang dieser rechts, ostwärts abwärts. Am Friedhof vorbei gelangen wir so bis zur großen **Rechtskurve** ❹. Hier zweigt nach links der Glockenbergweg ab. Von diesem biegen wir gleich danach rechts in die Oberstraße ein. Auf dieser gehen wird nun ganz hinab zur Nicolaikirche und von dieser hinab zum Kreisverkehr und zu unserem Ausgangspunkt, dem Bushalt beim Parkplatz.

Tipp für ebenes Wandern

Wer nur ohne Steigung gehen möchte, fährt auf der Straße nach Torfhaus 3,2 Kilometer zum Parkplatz beim Kreuzungspunkt mit dem Dammgraben (s. Karte, kein Busverkehr). Auf der Grabenkrone gehen wir ostwärts Richtung Förster-Ludwig-Platz oder westwärts Richtung Baumannweg und Grabenhaus Rose beliebig weit, nur gelegentlich mit kleinen Hindernissen wie Wurzeln oder Steinen. Dabei bieten sich immer wieder weite Ausblicke auf nahe und ferne Berghänge und das Spiel der Wolken am Himmel.

Wichtiges zur Tour

Tourencharakter

Weithin schöne Ausblicke auf Wiesen und den Ort. Gleich zu Beginn verlangt eine Treppe eine herzhaften Aufstieg, danach folgen zuerst Graswege, später feste Schotterwege und Straße. Auch die Wege am früher im Wald verlaufenden Graben sind jetzt sonnig.

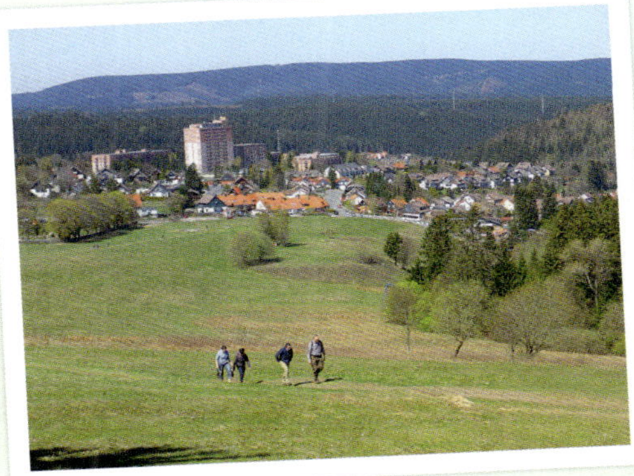

Auf den Wiesen des Kunstberges

Ausgangs-/Endpunkt

Bushalt und Parkplatz Altenau-Markt

Anfahrt

Bus & Bahn: Mit Bahn bis Goslar, Bus nach Altenau

Auto: Mit dem Auto zum großen Parkplatz östlich der markanten Kirche und dem Kreisverkehr um den Baum, an der Straße in Richtung Torfhaus

Einkehr

Bäcker-Café, Altenau

Karte

Blatt »Oberharz« von »Der Harz in 4 Teilen«, 1:30 000, Schmidt-Verlag Wernigerode

Information

www.altenau.de

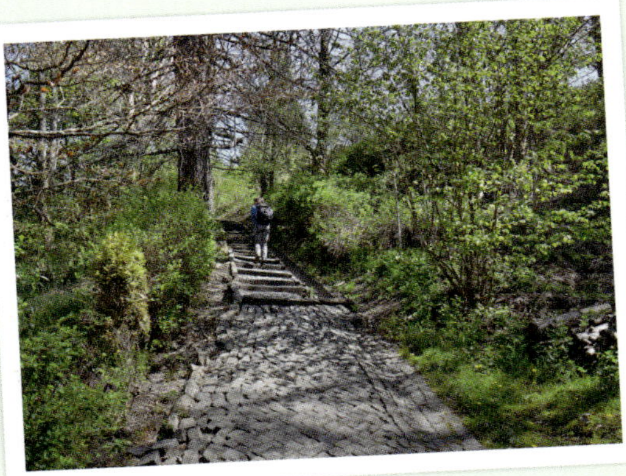

Aufstieg zur Wiesenschulter am Mühlenberg

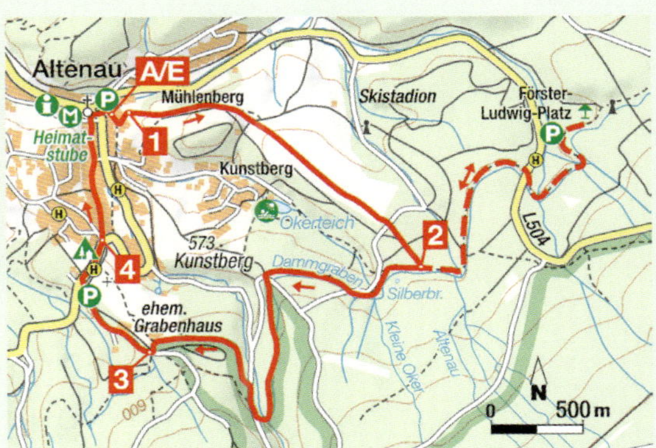

31 Einsame Wege zum Försterdenkmal

Zur Huttaler Widerwaage und zum Schmidt-Stein

mittel

3 Std.

50 Hm

7 km

Diese reizvolle, wenig bekannte Wanderung verläuft südlich der Bergstadt Clausthal-Zellerfeld. Sie führt zu Relikten der mit dem Bergbau verbundenen Wasserwirtschaft. Die Streckenwanderung folgt Wassergräben oder hübsch vergehenden Grabentrassen. Unterwegs bieten sich teils weite Ausblicke. Es sind dabei mit einer kurzen Ausnahme nur geringe Steigungen zu überwinden.

Vom Entensumpf zur Widerwaage Vom **Parkplatz** A/E führt eine Waldstraße südostwärts am rechts gelegenen **Entensumpf** 1 vorbei. Der gilt als Quelle des Flusses

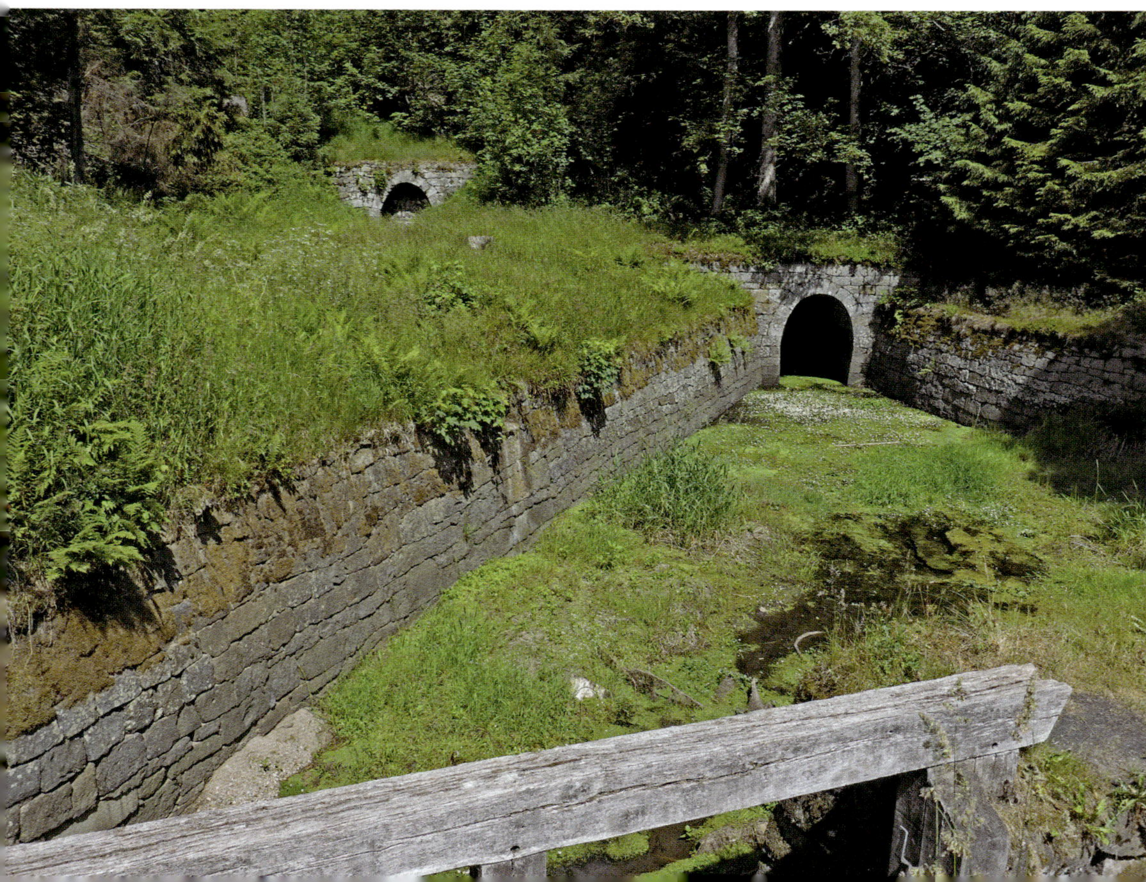

An der Huttaler Widerwaage

Innerste. Nach einer Kuppe biegt die Straße nach rechts. Hier gehen wir geradeaus kurz steil einen Pfad hinab zum Wasserbecken der **Huttaler Widerwaage** 2. Mit der ausgeklügelten Anlage konnte Wasser zu den Teichen bei den Clausthaler Bergwerken geleitet werden. Sie konnte aber auch bei Dauerregen oder plötzlicher Schneeschmelze überschüssiges und für die Bergwerke bedrohliches Wasser ableiten. Sie ließ sich also in zwei Richtungen betreiben.

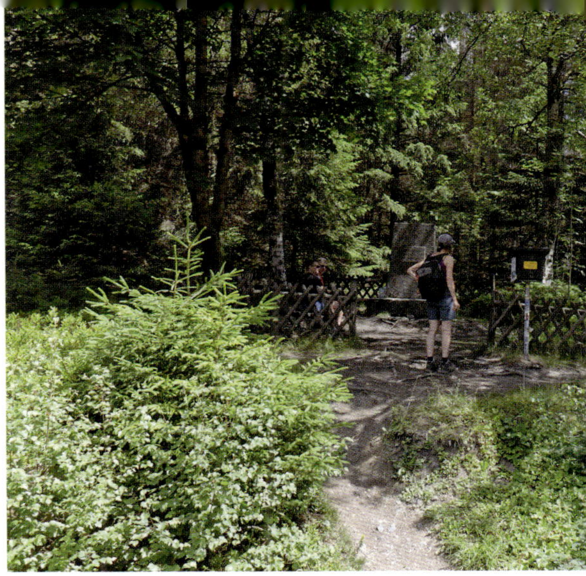

Stempelstelle am Schmidt-Stein

Zum Schmidt-Stein Auf der Krone des unterhalb weiterführenden, genau horizontal angelegten Grabens gehen wir in nordöstlicher Richtung weiter. Nach fast zwei Kilometern gelangen wir zu einem Platz mit **Gedenkstein** 3 für einen verdienten Wasserbauer. Danach bringt uns der

Bergbaurelikte im Wandel der Zeiten

Gräben und Teiche sind auch hier Teile des Welterbes Oberharzer Wasserwirtschaft. Hinter dem Energielieferer Wasserwirtschaft stand natürlich der Bergbau. Dazu können wir in Clausthal-Zellerfeld im **Bergbaumuseum** vieles erfahren. Die Universität Clausthal hat ihren Schwerpunkt in Geologie und Bergbau. Als besonders eindrucksvolle Schaustücke stehen in der Erzstraße bei einem ihrer Gebäude einige nachgebaute Wasserräder. Solche Riesenkonstruktionen wurden Teil für Teil in die Bergwerke gebracht und erst dort zusammengesetzt. Damit konnten dann mit der Kraft des fließenden Wassers die Fahrkunst und die Förderung der gehauenen Erze betrieben werden. Nördlich vom Bereich dieser Wanderung wurden in den 1940er-Jahren beim Betrieb der Munitionsfabrik Werk Tanne die Gewässer stark vergiftet. Teils geschah dies durch Sickerwässer, teils auch durch ausgebrachte Schlämme. Entlang den einst in harter Arbeit geschaffenen Gräben und Teichen können sich Schadstoffe verbreiten. Die Pfauenteiche sind deshalb immer noch mit Badeverbot belegt. Die beschriebene Wanderung bleibt davor aber auf jeden Fall sicher. Am Umkehrpunkt auf dem Bergsporn beim Schmidt-Stein führt sie in einen besonders selten von Wanderern aufgesuchten Bereich des Harzes.

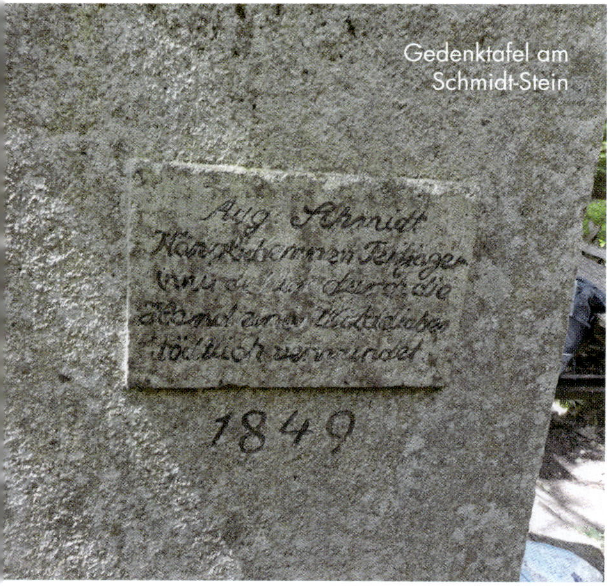

Gedenktafel am Schmidt-Stein

Weg nach rechts bald zu einer breiten Forststraße. Schon kurz bevor wir sie erreichen, folgen wir nach rechts einem schmalen alten Grabenweg. Nach Querung der Straße leitet er weiter am Hang entlang. Mit weiten Ausblicken erreichen wir immer auf einer Höhe bleibend eine breite Straße. Auf dieser gehen wir in gleicher Richtung weiter. Sie quert nach einem Bergsporn ein Tälchen und erreicht auf dem nächsten Bergsporn den Rastplatz am **Schmidt-Stein** (4). Der ist einem von einem Wilderer erschossenen Förster gewidmet. Für den Rückweg empfehle ich den gleichen Weg.

Das Polsterberger Hubhaus

Allen, die am Platz mit dem Gedenkstein für den verdienten Wasserbauer Dr. Schmidt der Harzwasserwerke – ob nun beim Hinweg oder beim Rückweg – Hunger und Durst spüren, kann von hier aus geholfen werden: Auf dem hier nordostwärts (in der vorherigen Richtung des horizontalen Grabens) weiterführenden Pfad erreichen wir nach einem halben Kilometer die Harzhochstraße. Wir überqueren sie und folgen gegenüber dem festen Zufahrtssträßchen 700 Meter über den Polsterberg zum Polsterberger Hubhaus. Das ist ein Schatz – historisch und gastronomisch. Hier hob man mit einem raffinierten System mit Hilfe von Wasserkraft eine kleinere Menge Wasser auf ein höheres Niveau. Nur dann konnte das vom Bruchberg herangeleitete Wasser weiter in Richtung Clausthal zu den dortigen Teichen fließen. In diesem Zusammenhang war zwei Kilometer weiter östlich über die tiefste Senke zwischen dem zentralen Bergland und dem westlichen Harz von 1732 bis 1734 der 940 Meter lange und bis 16 Meter hohe Sperberhaier Damm gebaut worden. Der war für seine Zeit eine Art Weltwunder. Maximal waren 600 Arbeitskräfte eingesetzt, mit einfachsten Mitteln, Picke und Schaufeln und Pferdewagen!
Im Polsterberger Hubhaus wartet eines der feinsten gastronomischen Angebote des Harzes: In den schlichten, liebevoll neu gestalteten Räumen gibt es beste regionale Bioware. Wer hier davon nicht gekostet hat, der kennt den Harz nicht!

Wichtiges zur Tour

Tourencharakter
Ruhige Waldwanderung auf Straße und hübschen Naturwegen, besonders im zweiten Teil mit Ausblicken zu kaum bekannten Tälern und Höhen

Ausgangs-/Endpunkt
Parkplatz südlich an der B242 von Clausthal in Richtung Braunlage

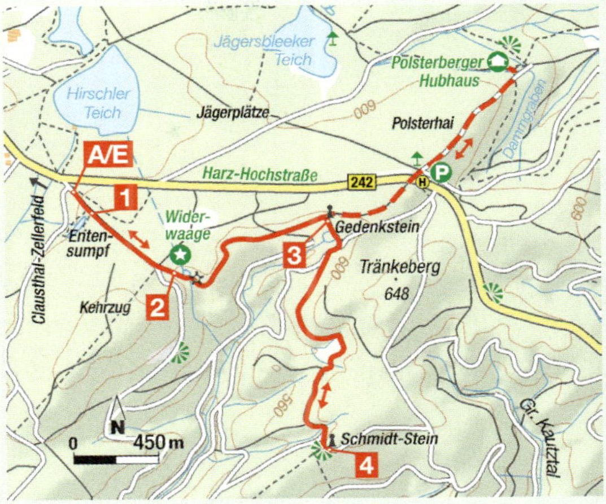

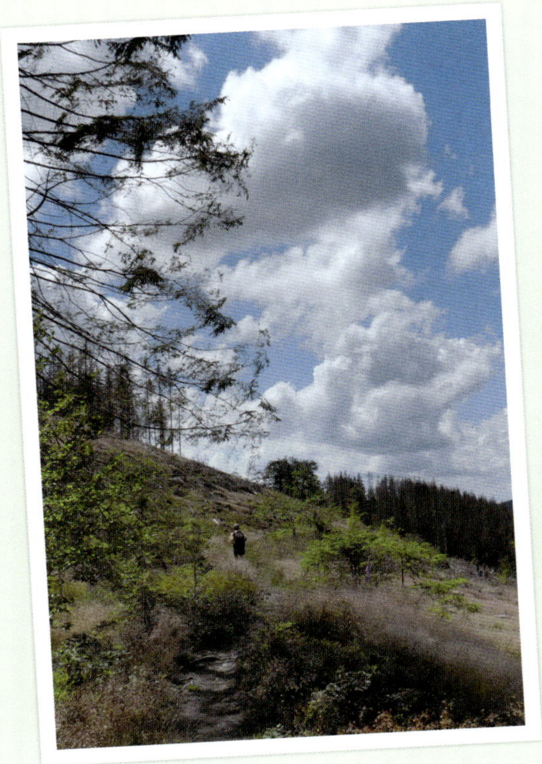

Auf den Resten alter Gräben unterwegs zum Schwarzenberg mit dem Schmidt-Stein

Anfahrt
Bus & Bahn: Mit ÖPNV nur mit zusätzlichen je 2,3 km An- und Rückmarsch von Clausthal zu erreichen
Auto: Mit dem Auto bis zum Parkplatz

Einkehr
Unterwegs keine

Karte
Blatt »Oberharz« von »Der Harz in 4 Teilen«, 1:30000, Schmidt-Verlag Wernigerode

Information
www.harzinfo.de

32 Teichwege um kahle Kuppen

Von Buntenbock um den Ziegenberg

leicht
2 Std.
70 Hm
5,5 km

Diese Wanderung verläuft beim kleinen Erholungsort Buntenbock, auf der Harzhochfläche südlich von Clausthal. Sie führt an Wiesen, Teichen und Wald vorbei, auf guten Wegen, mit geringen Steigungen und Gefälle und einer Fülle reizvoller Nah- und Fernblicke. Mit dem Abstecher zum Turm Kuckholzklippe wird die Tour länger, kann aber auch im zweiten Teil gekürzt werden.

Von Buntenbock bis vor den Ziegenberg Von der Ortsmitte **Buntenbock** A/E gehen wir südwärts auf dem Moosholzweg, bei der Gabelung links, hinauf zum Parkplatz einer großen **Klinik** 1. Etwas weiter ansteigend erreichen wir bei einer Sammlung von mit Kettensäge geschnitz-

Rastplatz am Hexenstieg

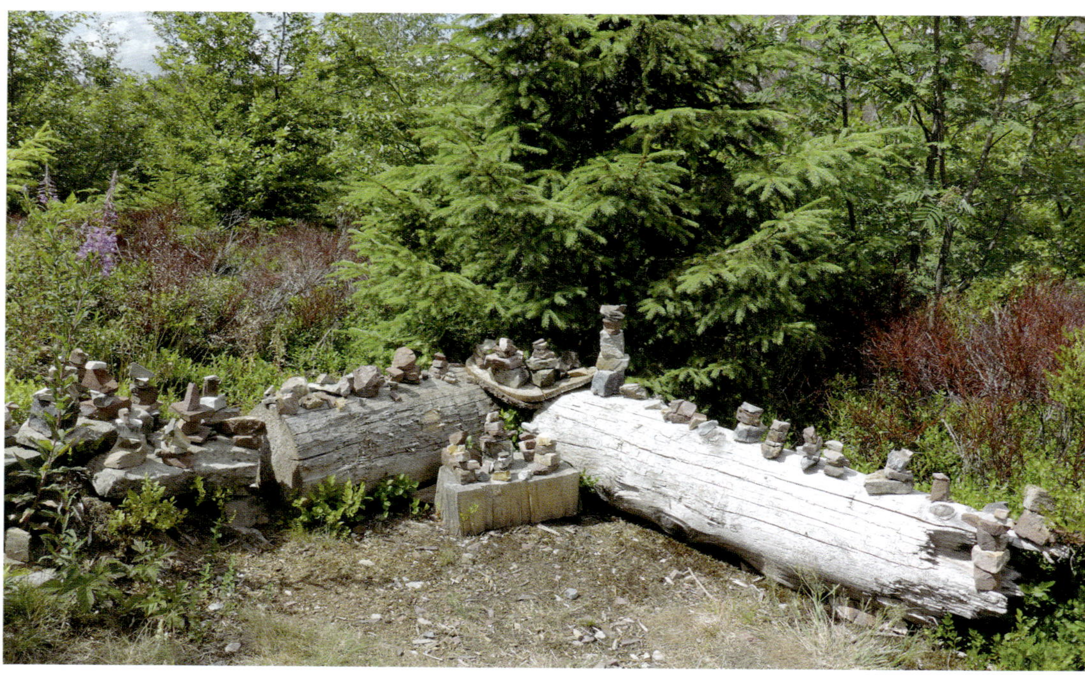

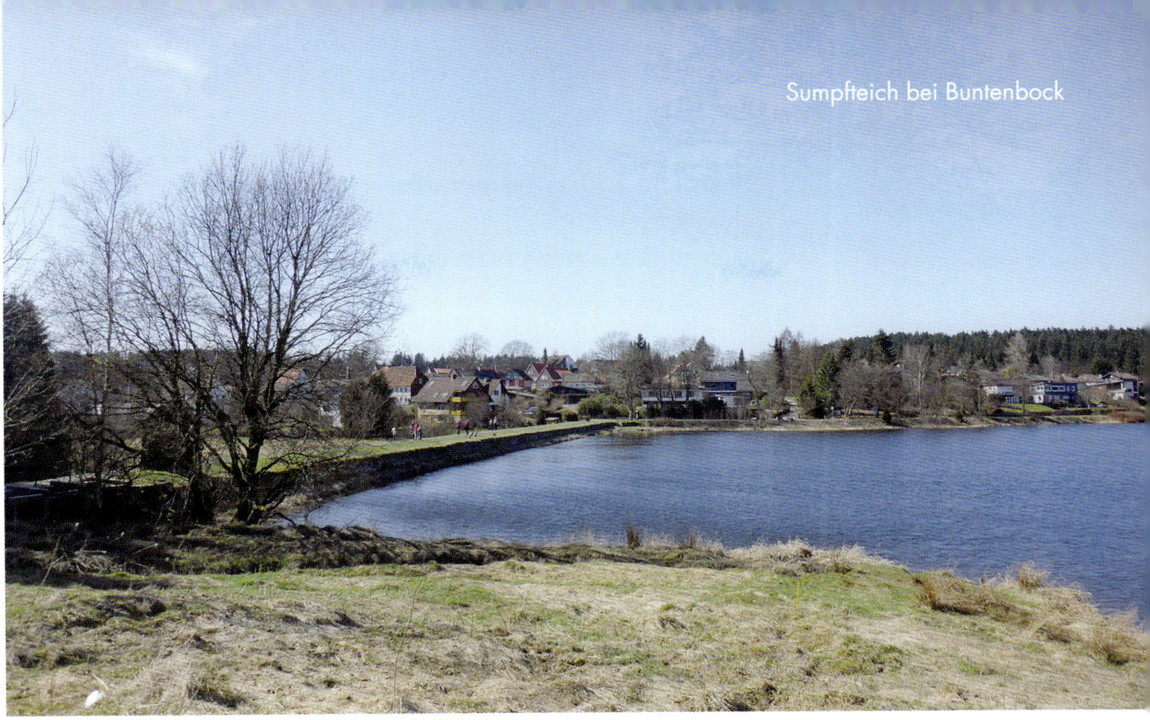

ten Holzplastiken einen Querweg. Scharf nach links bringt er uns im Wald in einem weiten Bogen ostwärts zu Wiesen mit schönen Einzelbäumen. Am Rande der Wiese gehen wir weiter zu ihrem Ende und stoßen dort auf den festen Weg, der von links vom Ort heraufführt (Möglichkeit, von hier direkt zurückzugehen).

Bis vor den Bärenbrucher Teich Wir gehen auf dem erreichten Weg in östlicher Richtung und bei der Gabelung links in der bisherigen Richtung weiter. Nach einigen Hundert Metern erreichen wir eine **Wegespinne** 2 mit dem Hexenstieg. Wir

Turm Kuckholzklippe

Wer in dieser Gegend auch von einem Aussichtsturm weiten Überblick gewinnen will, dem rate ich zu diesem Abstecher (hin und zurück etwa drei Kilometer).

Nach der Klinik mit den mit Kettensäge geschnitzten Holzplastiken gehen wir südwestwärts. Ein breiter, unbefestigter Weg leitet gut einen Kilometer geradeaus über eine aktuell entwaldete Fläche zur Hangkante über dem Tal des Lerbaches. In gleicher Richtung weiter gelangen wir zum markant über dem Lerbacher Tal stehenden Turm. Er verlangt allerdings einige Dutzend Stufen Treppensteigen. Von der Gipfelplattform erlaubt er als Lohn der Mühen einen zu jeder Jahreszeit beeindruckenden Blick auf den früher vom Eisenbergbau geprägten Ort, weit ins Vorland und gegenüber zum Bergkamm der Heidelbeerköpfe. Über den verläuft auch die beliebte Mehrtageswanderung Hexenstieg mit ihrer ersten Etappe.

folgen diesem nun nordwärts weiter, an einem hübschen Rastplatz vorbei, bis vor den Damm des **Bärenbrucher Teiches** 3. (Von hier würde der Ziegenberger Weg nach links im Wald oberhalb von Wiesen direkt zum Ort zurückführen.)

Bis vor den Zeltplatz und zurück Geradeaus weiter bringt uns der Weg über den langen geradlinigen Damm (rechts der Bärenbrucher Teich, links unterhalb der Ziegenberger Teich) und dann etwas ansteigend zu einem schrägen **Wegekreuz** 4 kurz vor dem Campinglatz. Hier gehen wir scharf links und am Ende des Waldes gerade über den Staudamm des Ziegenberger Teiches. Von seinem Ende nehmen wir den Weg nach rechts hinab und folgen ihm in Ufernähe am **Sumpfteich** 5 entlang bis zu dessen Damm. Auch diesen überschreiten wir (links unterhalb fließt das Wasser zur Innerste ab) und gelangen an seinem Ende zum Pixhaier Weg. Dieser bringt uns nach links zurück zum Mittelweg.

Hexenstieg

Der Name dieser 90-Kilometer-Wanderung klingt, als stamme der Weg aus uralter Zeit. Aber er ist eine mit touristischen Überlegungen geschaffene neue Kreation. Als Mehrtageswanderung sollte sie auch Übernachtungen nötig machen und im Übrigen möglichst viele markante Zwischenziele verbinden. Da mussten natürlich alte Handelswegstücke rein und Grabenwege und ein Stück Grenze und der Brocken und das grandiose felsreiche Bodetal als Finale. Dazu suchten die Erfinder besonders schöne und interessante Wegstücke heraus. Schließlich markierten sie die Strecke liebevoll und mit großem Aufwand, wofür offenbar ein beachtliches Budget vorhanden war. Da sind Passagen von alten Wegen mit langer Geschichte, über die Höhen, aber auch am Ufer von Flüssen entlang, und andere, die einfach zur Verbindung der Zwischenziele eingefügt wurden. Um in der Hauptsaison Engpässe bei den Übernachtungen zu vermeiden, wurden auch Varianten geschaffen. Auf jeden Fall ist das Ergebnis ein echter Premiumwanderweg und er ist beliebt und bekannt geworden. Die Benennung nach einem recht vieldeutigen historischen und pseudohistorischen und teils makabren Element als Symbol finden nicht alle optimal. Aber das Kind musste eben einen Namen haben …

Wichtiges zur Tour

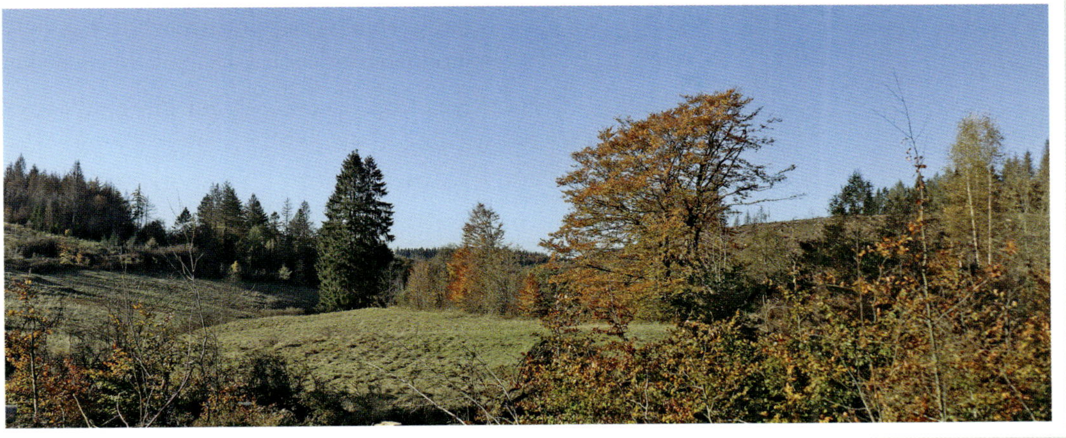

Talanfang südlich von Buntenbock

Tourencharakter

Erholsame ruhige Runde mit hübscher Mischung von Wald, Wiesen und Wasserflächen, mit Möglichkeiten zur Abkürzung

Ausgangs-/Endpunkt

Bushalt Buntenbock Mittelweg

Anfahrt

Bus & Bahn: Bahn bis Osterode, Bus in Richtung Clausthal

Auto: Mit dem Auto bis Buntenbock Mittelweg. Parkplatz vorhanden

Einkehr

Zeltplatz Pixhaier Teich

Karte

Blatt »Oberharz« von »Der Harz in 4 Teilen«, 1:30000, Schmidt-Verlag Wernigerode

Information

www.harzinfo.de

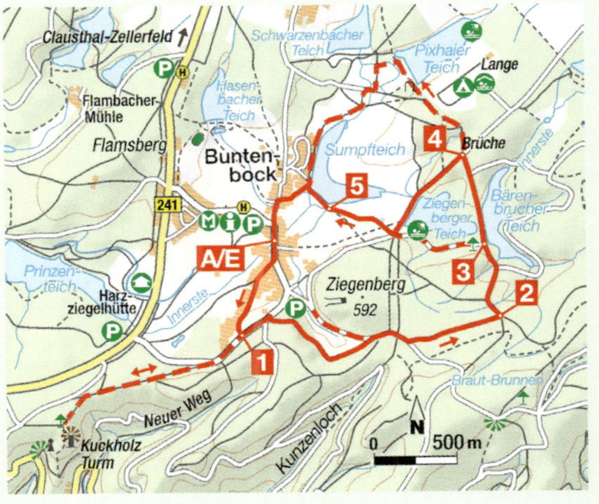

33 Ausblicke über Wasserflächen zu Bergkuppen

Vom Ostende am Sösestausee entlang

leicht

2 Std.

50 Hm

8 km

Auf der Uferstraße des Sösestausees bietet sich eine steigungsarme Wanderung beliebiger Länge. In den See mündende Tälchen gliedern das Ufer, schaffen Abwechslung und überraschende Verlängerungen der Wanderstrecke. Aber gerade diese Geländetaschen sind von besonderem landschaftlichem Reiz, begleitet von den Farbstimmungen durch Sonne, Wolken und Wind.

Die Uferstraße so weit wir wollen Vom **Parkplatz** A/E führt die Straße zunächst ins Lakental, erst dann zweigt nach rechts die **Uferstraße** 1 ab. Diese führt zunächst nordwestwärts und erst später am Hang des Haupttales, immer hoch über dem Wasser, südwestwärts. (In diesem Bereich beginnt der Grasweg nach links auf den Giersberg, siehe Tipp.) Nach zwei Kilometern quert die Straße ein erstes Tälchen auf einem Damm. Später führt sie an Tälern in diese hinein und mit neuen Blickwinkeln wieder heraus. Und auf dem Rückweg alles nochmals. Nach vier Kilometern unter Hängen mit vergangenem, schon abgeräumtem Fichtenwald, aber auch mit frischem, intaktem Laubwald, erreichen wir auf einem weit in den See vorspringenden Sporn den **Sösetalsperre-Aussichtspunkt** 2. Von hier ist nun auch der Staudamm zu sehen. Und wenn wir erst hier wieder zum Ausgangspunkt zurückwollen, misst unsere

Abstecher auf den Giersberg

Gleich nach gut einem Kilometer ab dem Parkplatz führt von der nach Westen führenden Straße ein breiter Grasweg nach links stetig ansteigend hinauf. Nach etwa 70 Höhenmetern erreicht er den breiten Bergrücken des Giersberges. Von hier bietet sich ein anderer Blick hinab zum See. Wenn wir nun auf dem Grasweg nach rechts weiter steil auf dem Rücken aufsteigen, weitet sich der Blick nochmals und öffnet sich auch nach Süden hin zum Ackerkamm. Die Mühe lohnt sich!

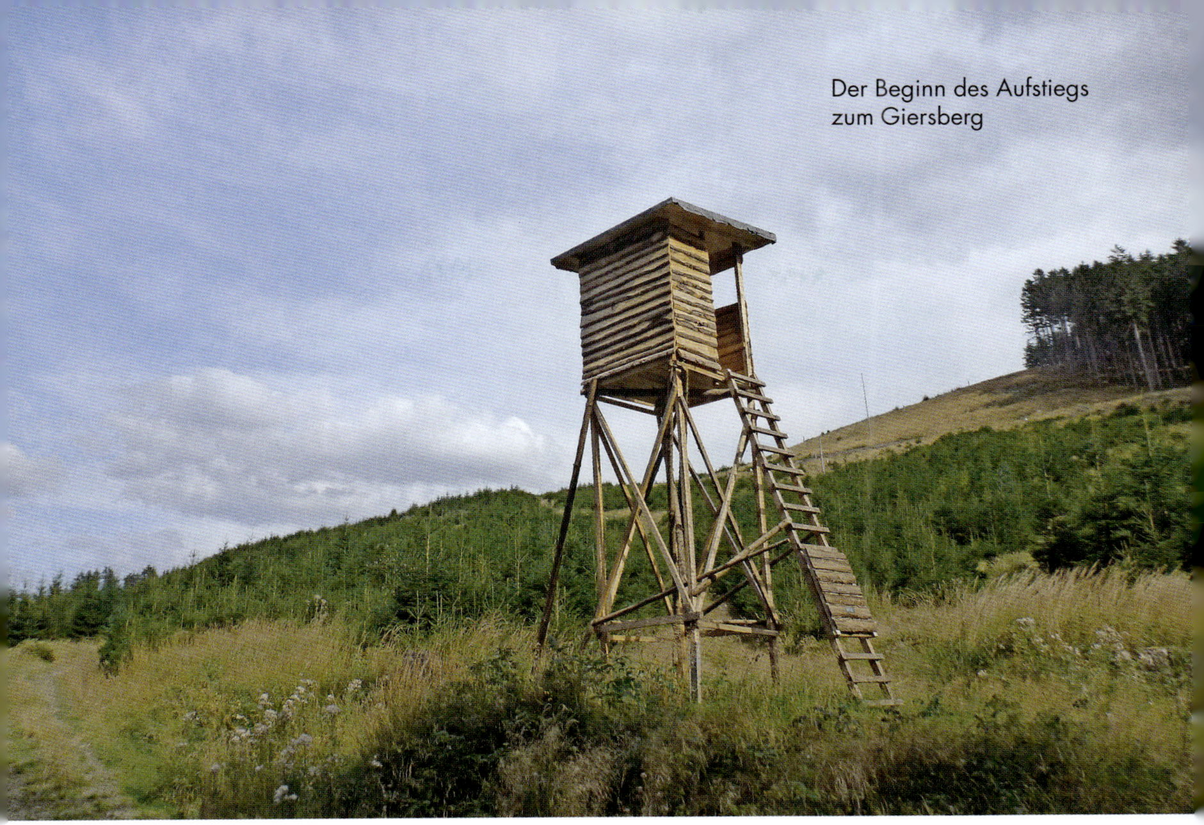

Der Beginn des Aufstiegs zum Giersberg

Wanderung insgesamt immerhin schon acht Kilometer. (Wer sich am Parkplatz Vorsperre absetzen lässt und zu Fuß direkt nach Osterode zurückkehrt, geht zehn Kilometer.)

Die Sösetalsperre

Diese Talsperre wurde von 1928 bis 1931 als erste Talsperre der Harzwasserwerke erbaut. Sie kann hinter dem gut 50 Meter hohen Damm bis zu 26 Millionen Kubikmeter Wasser fassen und dient vor allem der Trinkwassergewinnung. Die Hauptleitung führt über Hildesheim und Hannover bis Bremen. Oberhalb gibt es zur besseren Bewirtschaftung nicht weit von Riefensbeek eine Vorsperre. Talabwärts gibt es unterhalb vom Hauptsperrdamm noch das Becken der unteren Vorsperre. 500 Meter talwärts davon steht eine Wildvogelstation mit geräumigem Parkplatz. Die früher auch betriebene Freizeitnutzung und ein Campingplatz am Stausee konnten sich nicht halten. Dazu mag auch das Fehlen einer Buslinie beigetragen haben. Der Stausee ist besonders fischreich. Zum Wandern und auch (hoffentlich rücksichtsvollem) Radfahren ist das ruhige Ostufer des Sösestausees ein Geheimtipp.

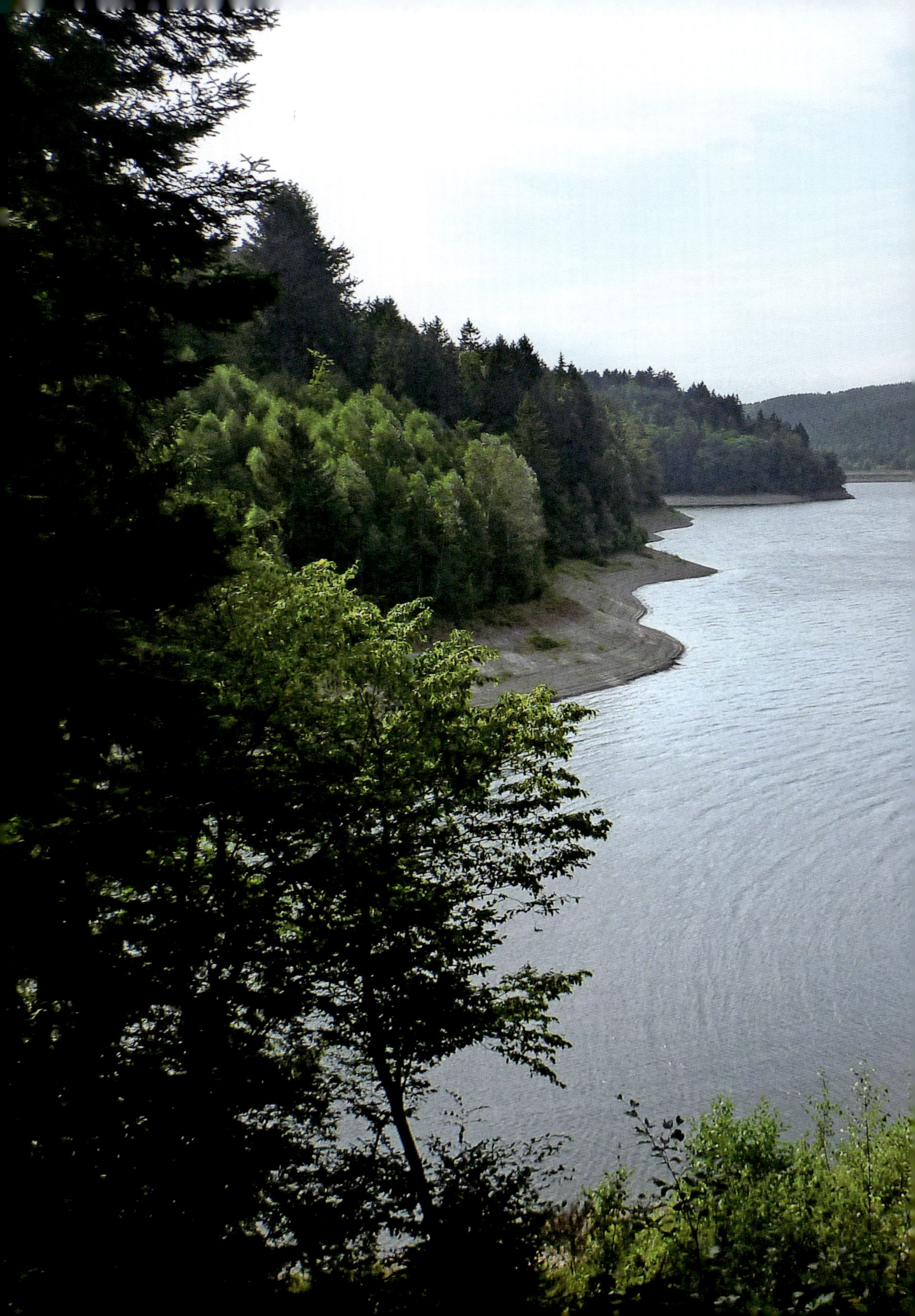

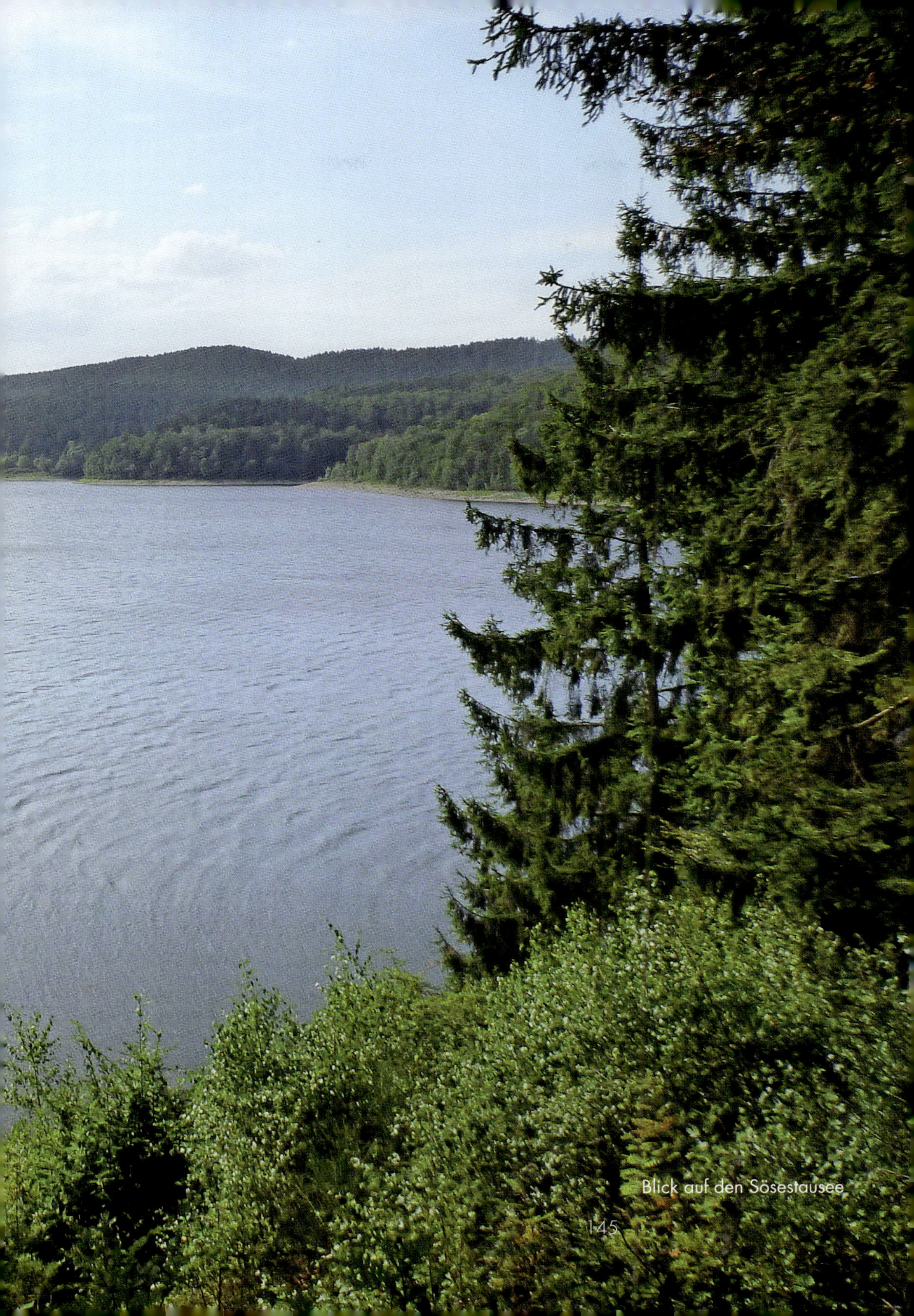

Blick auf den Sösestausee

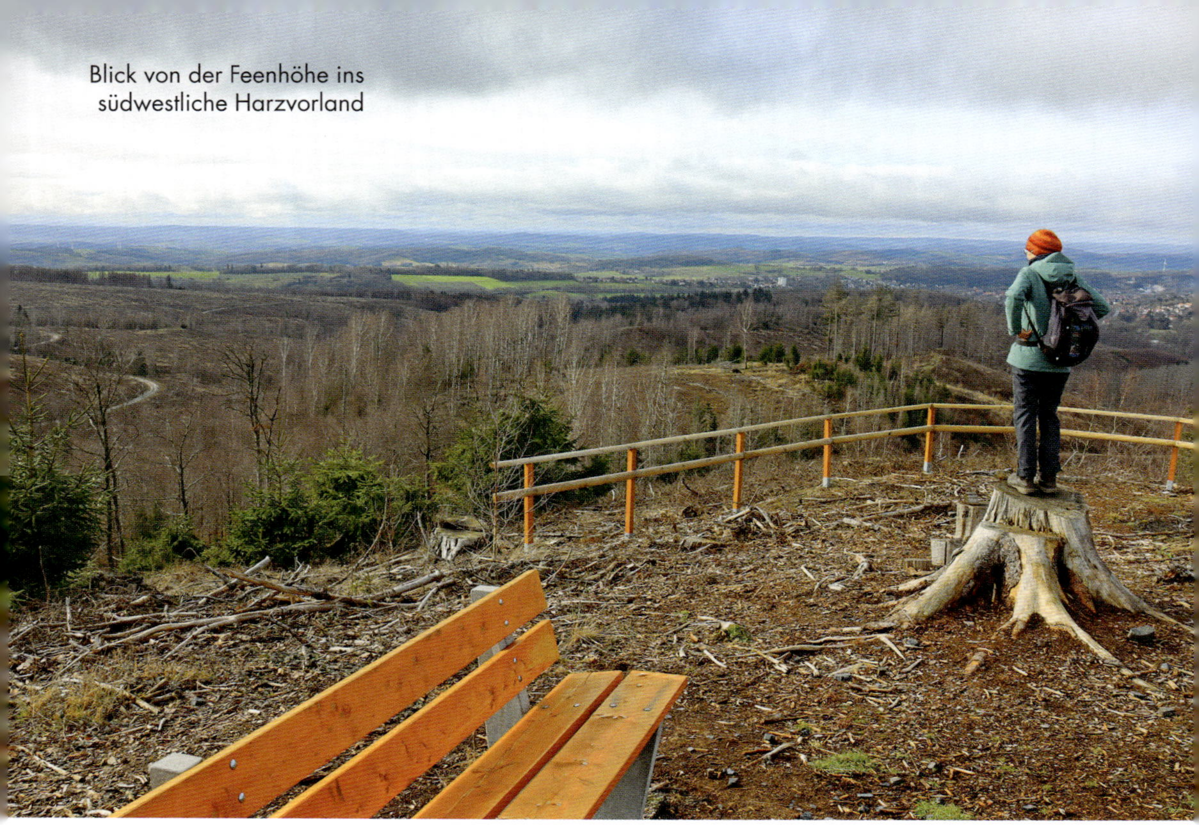

Blick von der Feenhöhe ins südwestliche Harzvorland

Aufstieg zur Feenhöhe

Diese lohnende kürzere Tour ist unabhängig von der Route dieser Wanderung. Sie beginnt am Parkplatz der östlich der Autostraße im Talgrund gelegenen Wildvogelstation, 700 Meter unterhalb der unteren Vorsperre. Vom Parkplatz gehen wir über die Schwarze Brücke und 500 Meter am Bach Eipenke entlang ein Asphaltsträßchen hinauf. Dann steigen wir nach rechts auf breitem Hangweg, in Richtung Schindelkopfköte und Hanskühnenburg, stetig auf bis zu einem Sattel im Bergkamm. Von dort führt ein schmalerer Weg rechts, südlich der Kammhöhe parallel zu einem alten, tief eingeschnittenen Hohlweg aufwärts. Nach 300 Metern bringt uns von diesem ausgeschildert nach links ein Weg rasch zur aktuell kahlen Bergkuppe Feenhöhe (500 m). Die ist jetzt frisch mit Geländer und Bänken versehen. Sie bietet eine großartige Rundsicht. Im Südwesten auf Osterode und den Solling, im Süden auf die Weiten von Göttinger Wald und Eichsfeld und im Norden und Osten auf die benachbarten Harzberge von den Heidelbeerköpfen im Westen bis zu einigen Kuppen des langen Ackerkamms und den aktuell weithin kahlen Bergköpfen um das Eipenketal (zwei Kilometer und 230 Höhenmeter vom Parkplatz).

Wichtiges zur Tour

Tourencharakter
Ruhige Wanderung auf der Straße südlich des Stausees, hoch über dem Wasser, das hübsch anzusehen, aber nicht zu erreichen ist

Ausgangs-/Endpunkt
Östlich des lang gestreckten Sösestausees gibt es oberhalb von diesem eine durch einen Damm aufgestaute Vorsperre. Die B 498 von Osterode nach Riefensbeek verläuft auf dem nördlichen Ufer und wechselt auf diesem Damm auf die südliche Talseite. An der Kurve südlich dieses Damms liegt ein Parkplatz. Er ist der Ausgangspunkt.

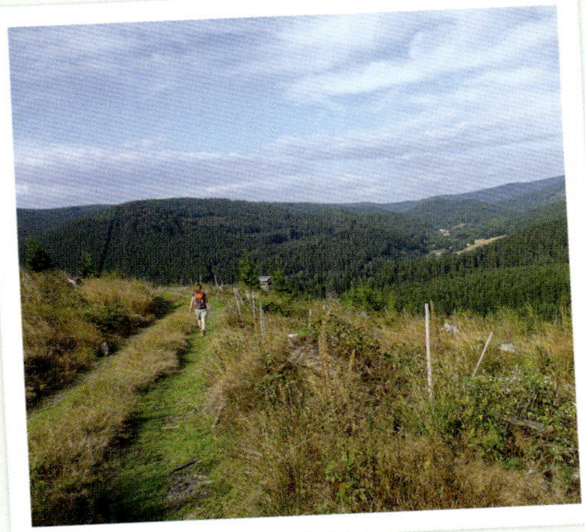

Auf dem Rücken des Giersberges

Anfahrt
Bus & Bahn: Mit ÖPNV nur bis Osterode, dann Taxi
Auto: Mit dem Auto direkt zum Ausgangspunkt

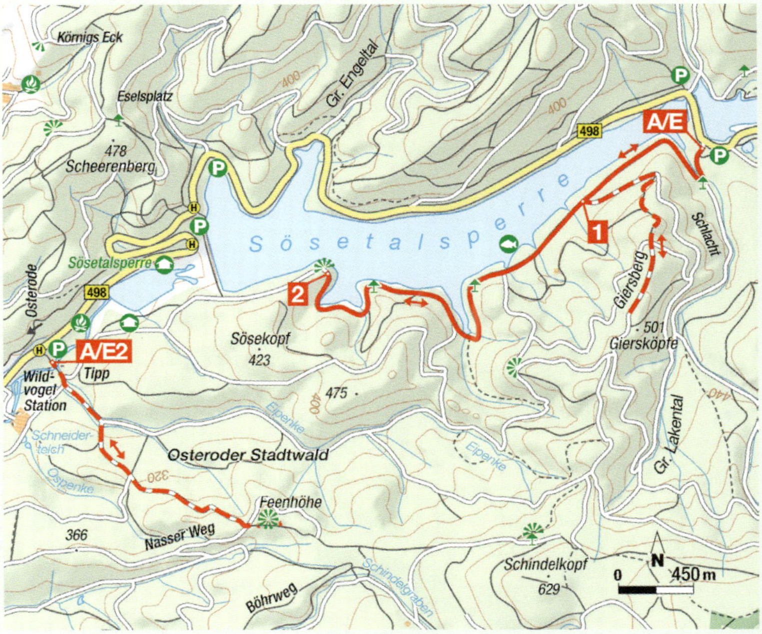

Einkehr
Osterode

Karte
Blatt »Oberharz« von »Der Harz in 4 Teilen«, 1:30 000, Schmidt-Verlag Wernigerode

Information
www.osterode.de

34 Ruhige Runde beim Luchsstein

Vom Sternplatz um den Trogtaler Berg

leicht

2 Std.

70 Hm

7 km

Der Ausgangspunkt ist zwar abgelegen. Aber am Sattel des langen Harzer Westkamms gibt es eine Rundtour um den Trogtaler Berg auf bequemen Hangwegen mit reizvollen Zwischenzielen und allerlei wechselnden Ausblicken.

Über die Tränkebachhütte zum Schnapsplatz Vom **Parkplatz** A/E gehen wir die breite Straße nordwärts zu einer Gabelung und links weiter zum Rastplatz **Luchsstein** 1. Mit diesem wurde einst die hier nach wochenlanger Jagd erfolgreich getätigte Ausrottung dieses schönen heimischen Raubtieres abgefeiert. Was 20 Jahre nach der recht geräuschlosen Wiederansiedlung des Luchses nicht so feiernswert gesehen werden muss. Wir folgen der breiten Waldstraße über einige Windungen in die Westhänge. Hier bringt uns ein kurzer Abstecher hinab zur **Tränkebachhütte** 2 und dem hübschen Rastplatz mit Aussicht ins Vorland. Wieder zurück hinauf zur Hangstraße folgen wir ihr weiter nordwärts zur Wegespinne **Schnapsplatz** 3 (nordwärts 3 km Bergkamm zur Lageswarte).

An der Tränkebachhütte

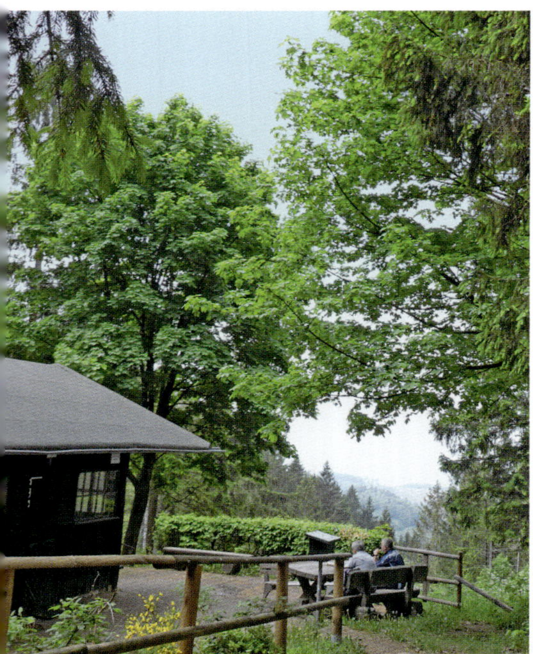

Über den Rastplatz Öhrenbrunnen zurück Die Straße ostwärts bringt uns in einem weiten Bogen zum in einem Tälchen gelegenen, etwas betagten Rastplatz **Öhrenbrunnen** 4. Wir gehen weiter zum **Innerstesee-Blick** 5. Bei der Gabelung nehmen wir den oberen Weg. So erreichen wir schließlich wieder die erste Straßengabelung. Auf dem bekannten Weg gelangen wir zurück zum Parkplatz.

Wichtiges zur Tour

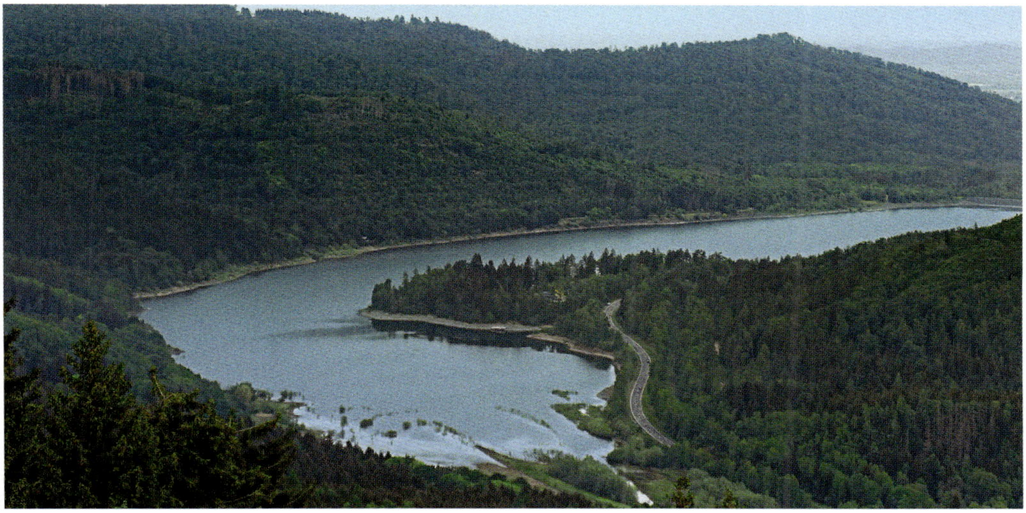

Blick zum Innerstestausee

Tourencharakter
Ruhige Waldwanderung auf breiten Waldstraßen

Ausgangs-/Endpunkt
Parkplatz Sternplatz

Anfahrt
Bus & Bahn: Mit Bahn bis Goslar, Bus bis Lautenthal. Dann nur Taxi
Auto: Mit dem Auto zum Parkplatz Sternplatz im markanten Bergsattel an der L516 Seesen–Lautenthal

Einkehr
Unterwegs keine

Karte
Blatt »Oberharz« von »Der Harz in 4 Teilen«, 1:30000, Schmidt-Verlag Wernigerode

Information
www.harzinfo.de

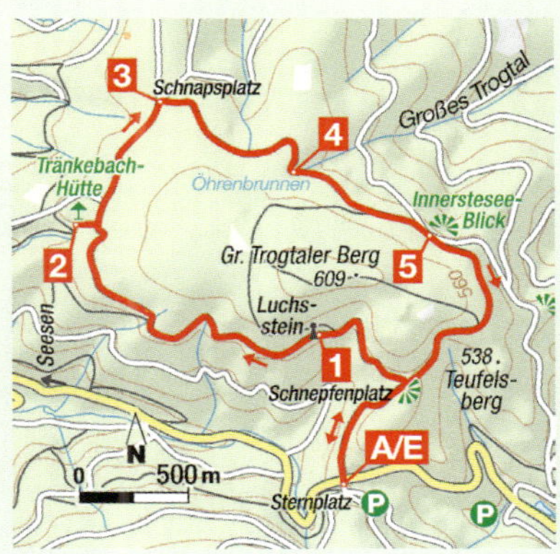

35 Zu den höchsten Kuppen des Ebersberges

Von Bechlerstein und Heimathütte Hohegeiß über den markanten Bergkamm

mittel

2.30 Std.

150 Hm

7 km

Diese Wanderung liegt nahe beim höchsten Ort des Harzes. Sie ist ein Sonderangebot des Waldwandels. Früher ging es über diese Kuppen des südlichsten Vorberges des zentralen Berglandes in dichtem Wald, aktuell mit weitem Ausblick auf den Brocken und seine Trabanten im Norden und die Weiten des Eichsfeldes im Süden.

Über den Hahnestein zum Bergkamm Vom **Parkplatz Bechlerstein** A/E (300 m vom Busstopp Heimathütte Hohegeiß) folgen wir der Straße westwärts etwas abwärts nach 600 Metern zu einem von rechts herabziehenden Wiesentälchen und weiter in gleicher Richtung bis zu einer Wanderhütte. Nun steigen wir nach rechts in einem Tälchen hinauf zum **Hahnestein** 1. Er ist einem verdienten passionierten Waldarbeiter gewidmet. Wir folgen der festen

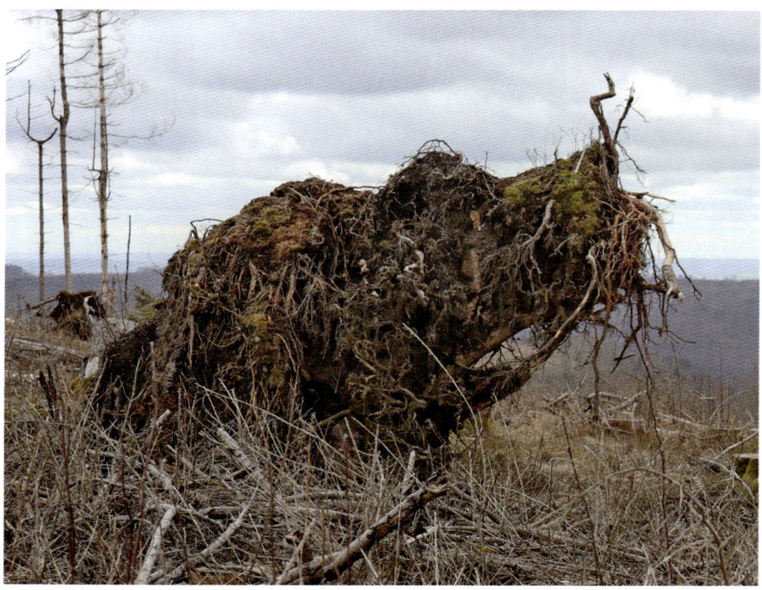

Wurzelungeheuer am Bergkamm

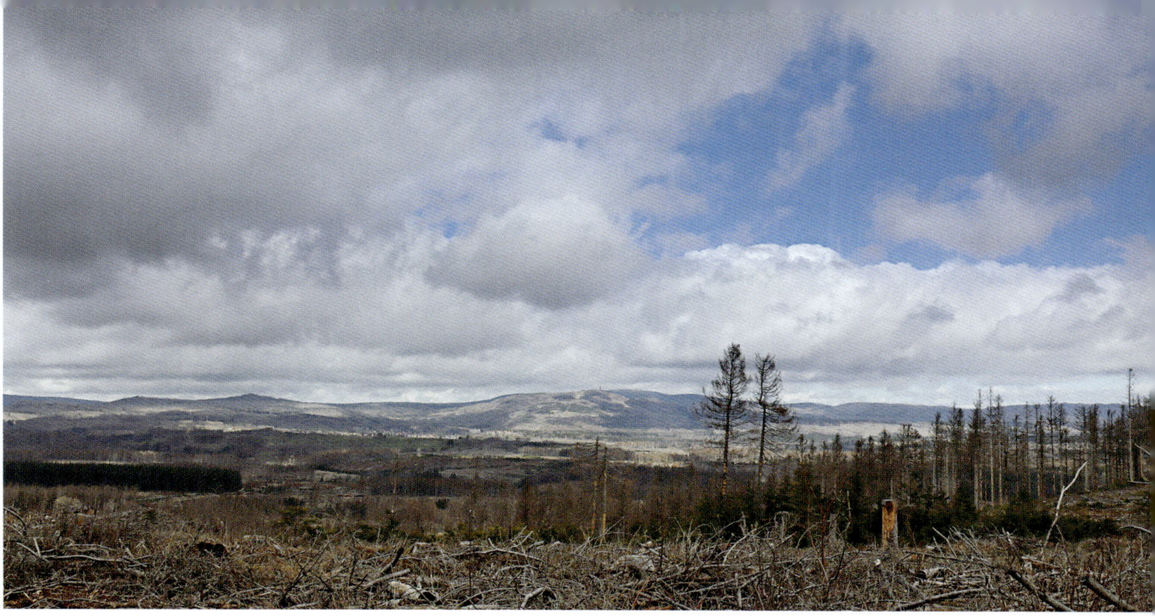

Die zentralen Harzberge um den Brocken vom Ebersberg

Straße im Bogen nach links unter Hängen mit Anzucht von forstlichem Pflanzgut entlang zum nächsten Bergsporn. Dort gehen wir rechts, nordwestwärts den unbefestigten Weg steiler hinauf und erreichen etwas nach links haltend die aktuell kahle Kuppe des **Mittleren Ebersberges** ❷. Sie ist fast ebenso hoch wie der 400 Meter weiter südwestlich gelegene Hintere Ebersberg, bietet aber aktuell die freiere Rundsicht, besonders zu Rehberg, Achtermann, Wurmberg, Brocken und Hohne im Norden, und im Süden zum markanten Großen Staufenberg bei Zorge und über die Weiten des Eichsfeldes.

Tipp

Will man auch den zwei Meter höheren Hinteren Ebersberg überschreiten, so folgen wir vom Bergsporn nach dem Hahnestein dem festen Hangweg noch mit vielen Biegungen weiter und steigen dann über den markanten steilen Bergsporn direkt hinauf zur Gipfelkuppe des Hinteren Ebersberges. Von dort bringt uns der Kammweg nordostwärts zum Mittleren Ebersberg (insgesamt 2,5 Kilometer länger).

Über den Vorderen Ebersberg zurück Wir folgen jetzt dem Weg auf dem breiten Bergrücken nach rechts, nordostwärts insgesamt milde abwärts zu einem Bergsattel mit einem Wegekreuz (u.a. auch mit Loipenschildern für Tage mit Schnee). Mit deutlichem Anstieg gewinnen wir nun die Höhe **Vorderer Ebersberg** ❸. Hinter einer Bank

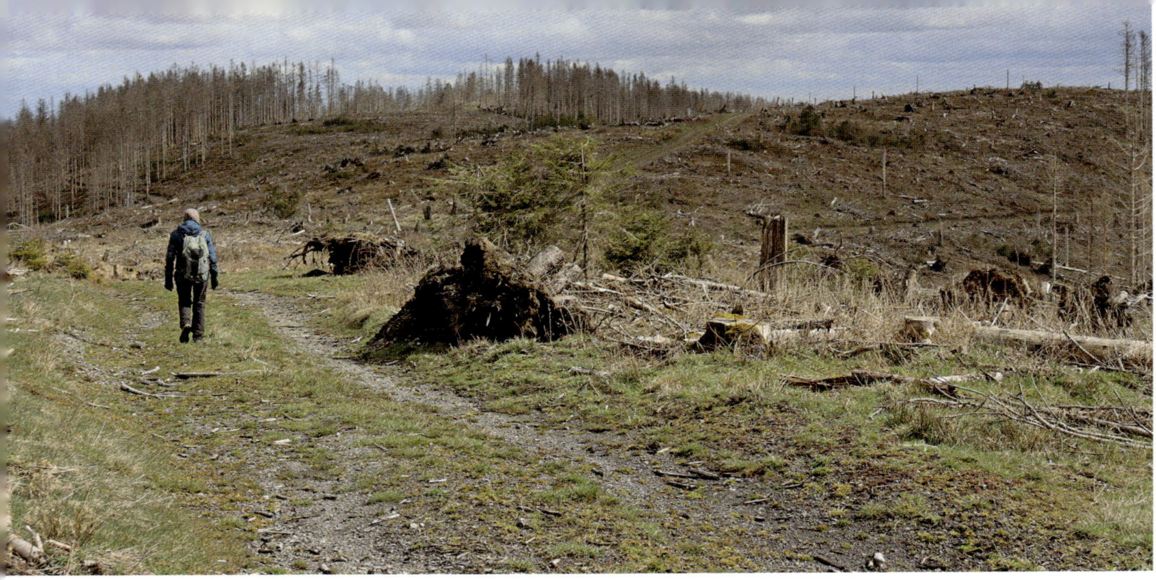

Auf dem Kamm des Ebersberges

liegt seine höchste Kuppe mit dem Vermessungspunkt bereits in einer Gruppe junger Bäume, die die Aussicht bald wieder einengen wird. Wir folgen dem Weg nun rechts im Südhang schräg abwärts mit weitem Blick auf den Ostharz und gelangen zu einem Wegekreuz. Ostwärts folgen wir dem Weg nur 100 Meter hinab und gehen dann rechts in einer hübschen grasigen Schneise direkt hinab zum Ausgangspunkt beim Parkplatz Bechlerstein.

Die ehemalige Johanniter-Heilstätte Sorge

Beim Abstieg vom Vorderen Ebersberg sieht man im Wald östlich der unten verlaufenden Bundesstraße auf der Kuppe Ochsenberg große graue Gebäude aufragen. Die waren Teil einer 1902 von den Johannitern dort errichteten Lungenheilstätte. Sie war erst nur für Frauen reserviert, wurde aber später auch für Männer geöffnet. Sie wurde 1937 groß erweitert und bis in die 1950er-Jahre intensiv betrieben. 1967 wurde sie jedoch angesichts der Lage in Grenznähe in einen nur für Parteikader und führende Ränge der Nationalen Volksarmee reserviert. Die genossen dort offenbar ihre Privilegien, was die Einheimischen für den nun im Sperrgebiet hoch eingezäunten Komplex zur Bezeichnung »Faultierfarm« inspirierte.

Nach der Grenzöffnung standen die Liegenschaften zuerst leer. Sie wurden jedoch dann an eine Familie mit der Zucht von Schlittenhunden verkauft. Seit die den Schwerpunkt ihrer Aktivitäten nach Schweden verlegt hat, ist der Komplex dabei, sich in einen Lost Place zu verwandeln.

Wichtiges zur Tour

Tourencharakter

Die moderate Runde mit dem Glanzlicht Kammweg führt derzeit über eine der großartigsten Aussichtsstrecken des Harzes. Anfangs geht es über einen festen Forstweg, dann über angenehme Naturwege.

Ausgangs-/Endpunkt

Parkplatz Bechlerstein, 300 Meter westlich vom Bushalt Heimathütte Hohegeiß der Strecke Braunlage–Bad Sachsa

Anfahrt

Bus & Bahn: –

Auto: Mit dem Auto über die B 4 direkt zum Ausgangspunkt

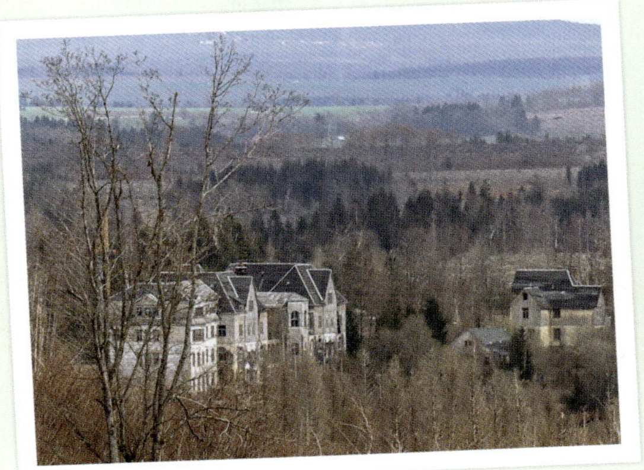

Die ehemalige Johanniter-Heilstätte

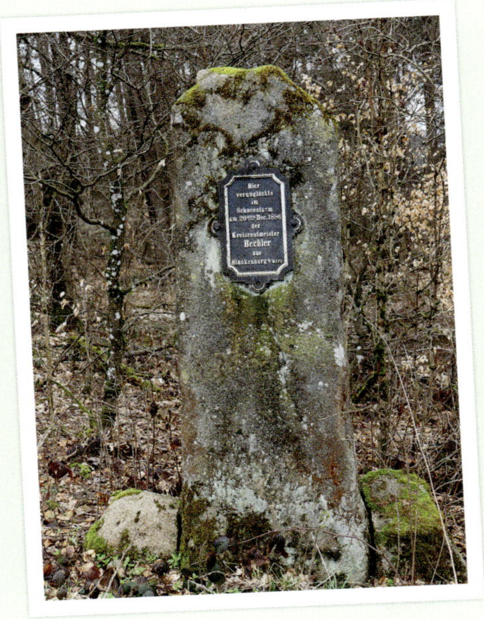

Der Bechlerstein

Einkehr

Hohegeiß

Karte

Blatt »Südharz« von »Der Harz in 4 Teilen«, 1:30 000, Schmidt-Verlag Wernigerode

Information

www.harzinfo.de

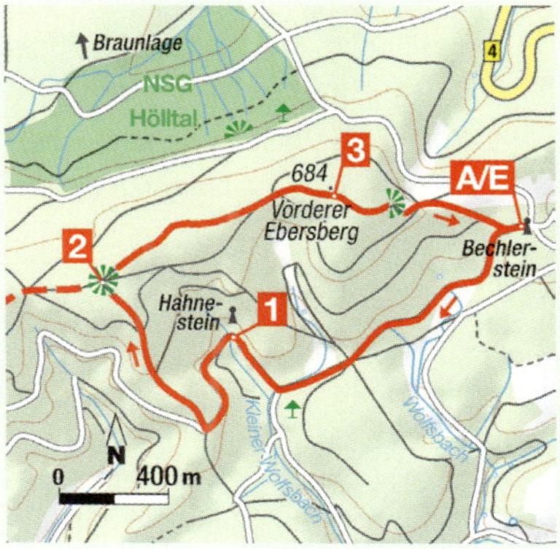

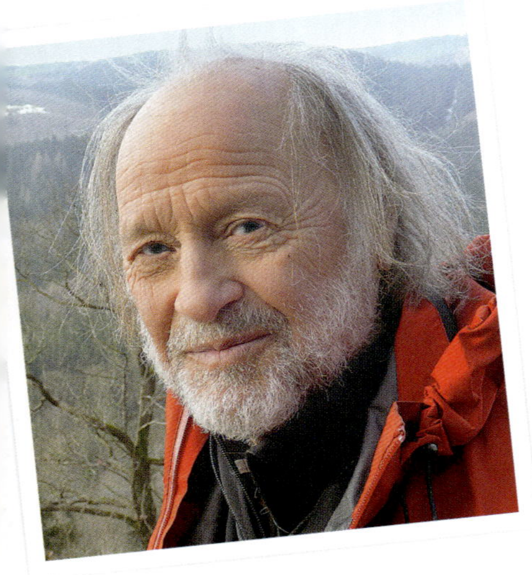

Zugabe

Ziele *können unsere Wünsche bündeln und uns beflügeln, aber wir sollten Herr über sie bleiben. Wenn sie sich als aktuell überfordernd erweisen, können wir sie auch ändern. In der Gegenrichtung sieht Landschaft ohnehin meist deutlich anders aus.*

Wege *wurden zwar sorgfältig überprüft, sind aber veränderlich. Durch darauf fallende Bäume oder Steine. Oder durch tonnenschwere Holzerntemaschinen. Oder durch Starkregen …*

Gehzeiten *sind nur grobe Schätzungen nach Faustregeln. Die tatsächliche Wanderzeit hängt von aktuellen Bedingungen und aktueller Tagesform der wandernden Personen ab. Ich rate dazu, reichlich Zeit einzuplanen, besonders zu den nicht verhandelbaren Abfahrtszeiten von Bussen und Bahnen.*

Wetter *findet immer statt und kann nicht umgetauscht werden. Auch nicht bei der mit den schönsten Icons ausgestatteten App. Vorhersagen stimmen nicht immer, aber immer öfter.*

Winter *ist zwar heutzutage oft erst später oder nicht so lange. Aber beim Wandern kann nicht mit Streu- oder Räumdiensten gerechnet werden. Bei Glätte verschieben wir die Tour besser. Oder legen wenigstens Grödel oder Spikes (z. B. Snowline, Turtles) an …*

Handy/Smartphone *sind an sich Erlebnisbremsen. Sie können aber bei Notfällen über 112 ganz hilfreich sein. In Funklöchern nicht. Im Harz gibt es davon noch viele …*

Viel Freude unterwegs und immer gesunde Rückkehr!

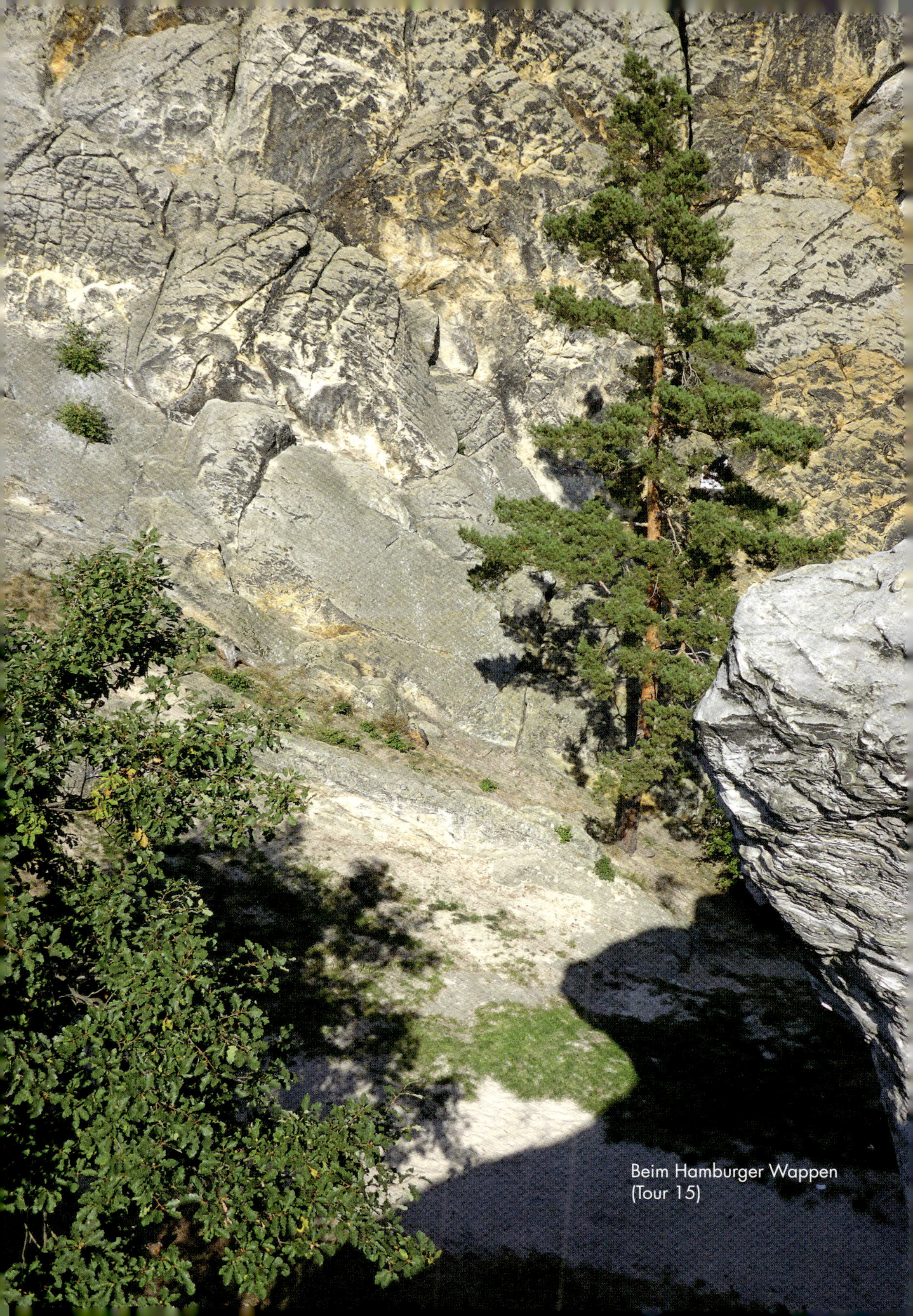

Beim Hamburger Wappen
(Tour 15)

Register

Burg Falkenstein

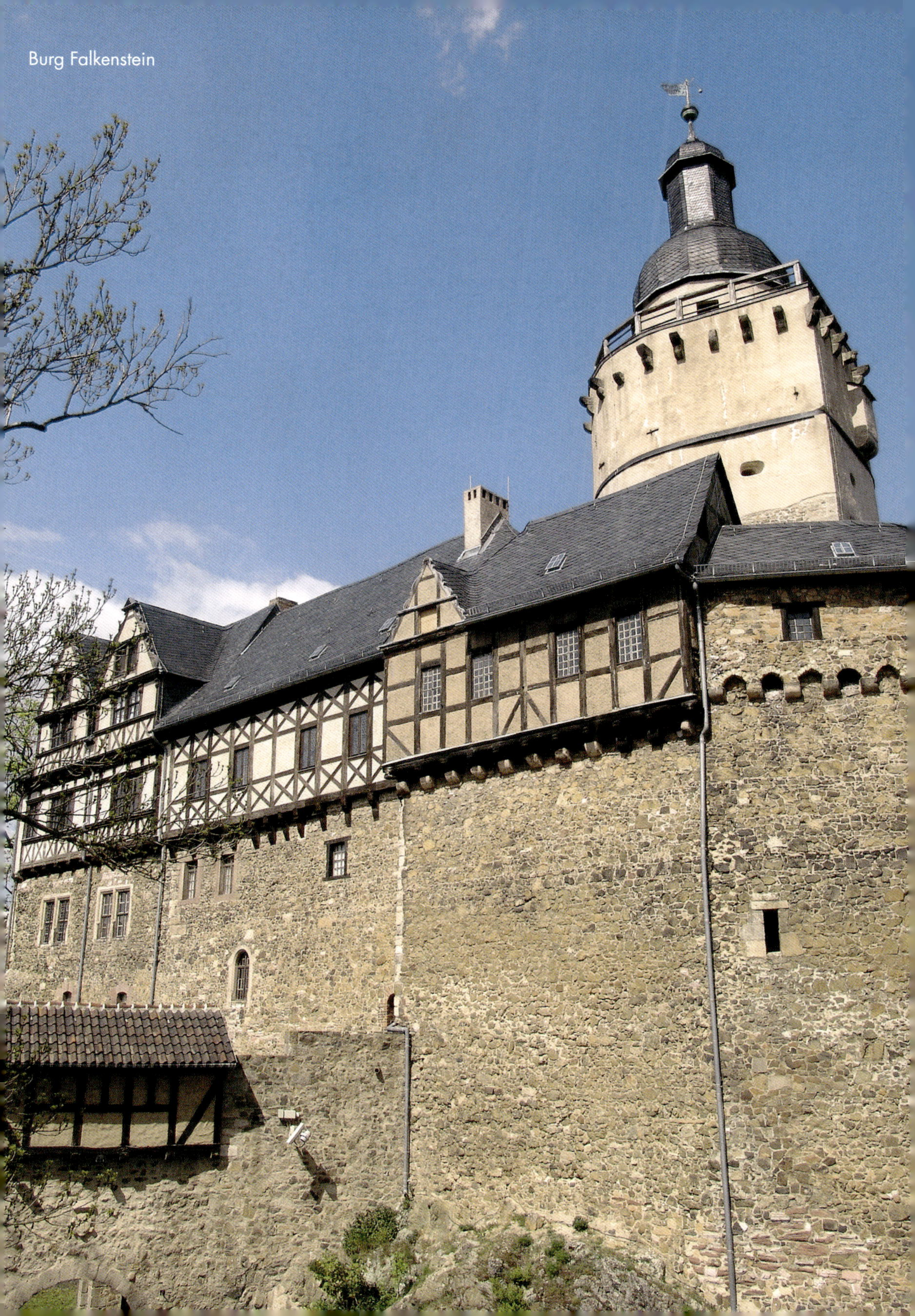

Ebenfalls erhältlich ...

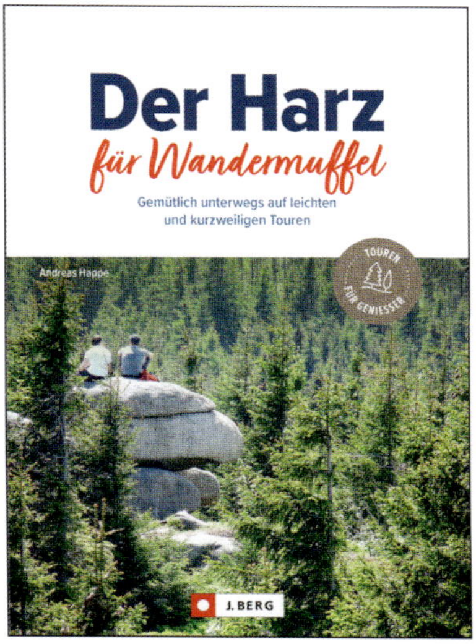

ISBN 978-3-86246-842-3

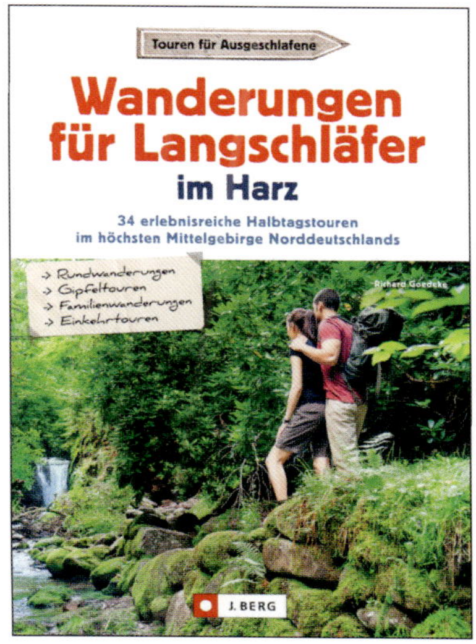

ISBN 978-3-86246-559-0

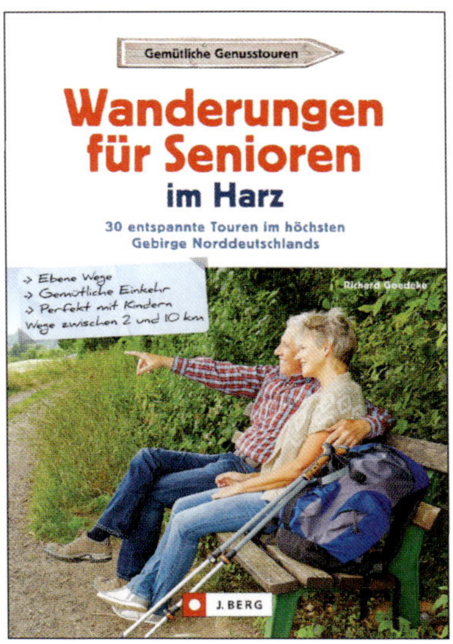

ISBN 978-3-86246-032-8

J. BERG

www.j-berg-verlag.de

Impressum

Verantwortlich: Lea Niesler
Lektorat, Redaktion und Layout: mcp concept GmbH
Kartografie: Bruckmann Kartografie, Heidi Schmalfuß
Repro: LUDWIG:media
Herstellung: Bettina Schippel
Printed in Slovenia by Florjancic Tisk D.o.o.

★★★★★

Sind Sie mit diesem Titel zufrieden? Dann würden wir uns über Ihre Weiterempfehlung freuen. Erzählen Sie es im Freundeskreis, berichten Sie Ihrem Buchhändler, oder bewerten Sie bei Onlinekauf. Und wenn Sie Kritik, Korrekturen, Aktualisierungen haben, freuen wir uns über Ihre Nachricht an J. Berg Verlag, Postfach 40 02 09, D-80702 München oder per E-Mail an lektorat@verlagshaus.de

Unser komplettes Programm finden Sie unter www.j-berg-verlag.de

In diesem Buch wird aus Gründen der besseren Lesbarkeit das generische Maskulinum verwendet. Weibliche und anderweitige Geschlechteridentitäten werden dabei ausdrücklich mitgemeint, soweit es für die Aussage erforderlich ist.

Empfehlung der Redaktion
Sie sind auf der Suche nach weiterführender Literatur? Dann empfehlen wir Ihnen den Titel »Panoramawege für Senioren Schwäbische Alb« von Dieter Buck. Oder Sie werfen einen Blick in die Zeitschrift BERGSTEIGER. Hier werden Sie bestimmt fündig.

Bildnachweis: Alle Bilder im Innenteil und auf den Umschlagseiten stammen vom Autor mit folgender Ausnahme: Umschlagvorderseite (dmaphoto/AdobeStock)
Umschlagvorderseite: Blick von den Hahnenkleeklippen (Tour 26)
Umschlagrückseite: Aussicht auf den Brocken (Tour 3)

Die Deutsche Nationalbibliothek verzeichnet diese Publikation in der Deutschen Nationalbibliografie; detaillierte bibliografische Daten sind im Internet über http://dnb.d-nb.de abrufbar.

Infanteriestraße 11a
80797 München

ISBN 978-3-86246-929-1